乾隆出巡记

大清帝国的得与失

赵云田 著

江西人民出版社
Jiangxi People's Publishing House
全国百佳出版社

图书在版编目（CIP）数据

大清帝国的得与失 ： 乾隆出巡记 / 赵云田著. --

南昌 ： 江西人民出版社，2017.1

ISBN 978-7-210-08893-6

Ⅰ．①大… Ⅱ．①赵… Ⅲ．①乾隆帝（1711-1799）

－生平事迹－通俗读物②中国历史－清前期－通俗读物

Ⅳ．①K827=49②K249.09

中国版本图书馆CIP数据核字(2016)第269736号

大清帝国的得与失：乾隆出巡记

赵云田 / 著

责任编辑 / 冯雪松

出版发行 / 江西人民出版社

印刷 / 固安县保利达印务有限公司

版次 / 2017年1月第1版

2017年1月第1次印刷

720毫米×1000毫米　1/16　18印张

字数 / 268千字

ISBN 978-7-210-08893-6

定价 / 39.80元

赣版权登字-01-2016-688

前言

中国古代的帝王出巡，指的是最高统治者离开都城到自己所统治的地方巡行的一种活动。其实，帝王出巡在我国远古时期就产生了。据《尚书·舜典》记载："二月，东巡守，至于岱宗"；"五月，南巡守，至于南岳"；"八月，西巡守，至于西岳"；"十有一月，朔巡守，至于北岳"。这表明，我国早在远古舜的时候就已经开始出巡，当然，这反映的是部落首领的出巡情况。帝王出巡活动到周朝又有了发展。《尚书·周官》中记载："又六年，王乃时巡，考制度于四岳。"《左传》中记载得更为明确："周制十二年一巡守，春东，夏南，秋西，冬北，故曰时巡。"《孟子·梁惠王下》中对巡狩做了解释："天子适诸侯曰巡狩。巡狩者，巡所守也。"这里的巡狩，也就是出巡。上述典籍中的记载，基本上反映了秦朝以前我国奴隶社会和封建社会早期帝王出巡的主要内容。

秦朝建立以后，最高统治者称皇帝。从秦始皇开始，历朝历代皇帝为了巩固统治，或者别的原因，都曾出巡。不过，因为他们所面临的具体情况不同，出巡次数的多少、规模的大小都有所区别，其中尤以秦始皇、汉武帝、隋炀帝、唐太宗这些统一王朝的皇帝出巡次数最多。秦始皇（公元前259—公元前210）5次出巡，最后死在了出巡路上。汉武帝（公元前156—公元前87）34次出巡。隋炀帝（568-618）8次出巡，最后在出巡地江都（今江苏扬州）被部将杀死。唐太宗（598-649）出巡也在10次以上。清朝皇帝的出巡活动，就是我国历史上皇帝出巡这一封建社会普遍现象的延续和发展。

清朝顺治皇帝在位18年（1644-1661）。他曾1次出巡内蒙古，20次去南苑，2次猎于近郊，2次到南台射箭。康熙皇帝在位61年（1662-1722）。他108次巡视京畿地区，其中包括33次去南苑，12次去汤泉，2次去玉泉山，33次出巡京郊，1次去保定，27次谒孝陵。此外，他还3次东巡盛京（今沈阳），40次北狩塞外，4次西巡五台山，1次出巡西安，6次南巡到江浙地区。雍正皇帝在位13年（1723-1735）。他没有远行，只7次拜谒东陵。乾隆皇帝在位60年（1736-1795），又当太上皇3年多（1796-1799），是清朝统治最长的皇帝。他80次巡视京畿地区，其中包括44次拜谒东、西陵，17次到南苑行围，13次登上盘山，6次出巡天津。此外，他1次到河南，5次去山东祭孔祀岱，6次西巡五台山，4次东巡盛京谒祖陵，52次北狩，6次南巡江浙。

应当说明的是，乾隆皇帝统治时期，清朝国力由盛转衰。一方面，国家进入全盛时期，经济上农业发展，手工业繁兴，生产了大批粮食，人口增加到3亿多，国库储备多达七八千万两白银；军事上武功极盛，扬威边陲，既有反对外敌的入侵，又有对农民起义的镇压；多民族统一国家得到了空前的巩固和发展；文化上学术和文学艺术色彩纷呈，一片繁荣。另一方面，统治阶级的生活更加奢靡，吏治败坏日甚一日，民众反抗的烽火此起彼伏。往日一度强盛的大清帝国，已经隐入暮色苍茫的黄昏之中，表现为对知识分子镇压的文字狱时有发生。在对外关系中，继续实行闭关锁国政策，夜郎自大，不认识世界发展的潮流，从而拉大了中国和西方国家的发展差距。伟大和渺小，光明和黑暗，强盛和衰微，先进和落后，就是这样鲜明地体现在乾隆皇帝所处的时代中。

在这样的时代背景下，乾隆皇帝出巡对大清帝国产生了怎样的影响？它给予今天的我们以什么样的启发？此外，乾隆皇帝出巡在民间有着广泛影响，至今仍有种种传说。然而，历史的真实情况到底怎样，却很少有人去揭示。本书力图通过丰富的材料，以流畅的语言，透过历史的迷雾，再现乾隆皇帝频繁的外出巡幸活动。阅读本书，人们可以沿着乾隆皇帝当年走过的道路，观赏祖国的名胜古迹、山水园林、行宫别墅，也可以了解那个时代的民族习俗、社会风貌、礼仪制度。当然，更为重要的是，人们可以通过本书撩起的历史帷幕的一角，认识18世纪的中国社会，认识乾隆皇帝出巡给大清帝国带来的得与失，为今天的人们认识过去和开拓未来，吸取历史经验教训，提供有益的借鉴。

下面，就让我们穿越历史的时空，回到大清帝国的乾隆朝，看看乾隆皇帝出巡给大清帝国带来了怎样的得与失。

目录

匆匆京畿行

第一章

临近京城的地区称京畿。

乾隆皇帝一生中，在京畿地区往来匆匆。他曾44次拜谒东、西陵，18次到南苑行围，13次登上盘山，6次出巡天津。

拜谒东、西陵

　　东陵，位于河北省遵化县城西北马兰峪附近昌瑞山下。这里有昭西陵、孝陵、孝东陵、景陵。昭西陵是乾隆皇帝的曾祖顺治皇帝母亲孝庄文皇后的陵墓。孝庄文皇后去世晚于顺治皇帝，她死前留有遗命，以在沈阳的皇太极昭陵奉安年久，未便合葬，建造兆域，必近孝陵，于是，在康熙二十七年（1688），在孝陵南面建暂安奉殿，雍正二年（1724），雍正皇帝恪遵文皇后慈旨，仰体康熙皇帝孝恩，将暂安奉殿建为昭西陵。顺治皇帝的孝陵，在遵化县西70里昌瑞山麓，孝康章皇后、端敬皇后合葬。昌瑞山原名凤台山，这里峰峦层秀，顶如华盖，群岫环拱，规模宏整。孝惠章皇后的孝东陵，在孝陵东边。康熙皇帝的景陵，在昌瑞山东面，孝诚仁皇后、孝昭仁皇后、孝懿仁皇后、孝恭仁皇后合葬，敬敏皇贵妃附葬。在景陵东边，有景陵妃园寝，埋葬着康熙皇帝的22位嫔妃。西陵，位于河北省易县城西永宁山太平峪，这里有乾隆皇帝的父亲雍正皇帝的泰陵，孝敬宪皇后合葬，敦肃皇贵妃附葬。永宁山是太行山的支脉，巍峨耸拔，灵岩翠岫，前有白涧河旋绕，后有巨马河萦流。孝圣宪皇后的泰东陵，在泰陵东边。孝圣宪皇后即乾隆皇帝生母。乾隆元年（1736），乾隆皇帝奉孝圣宪皇后懿旨，以雍正皇帝梓宫奉安之后，宜永远肃静，不必预留分位，于是，便仿照昭西陵、孝东陵之例，修建了泰东陵。在泰东陵的东南，是泰陵妃园寝，埋葬着雍正皇帝的4位嫔妃。

景陵图。该图全面展示了景陵的建筑格局。

　　清朝皇帝标榜以孝治天下，不忘祖宗恩德，规定有四时致祭陵寝的制度，即每年以清明、中元（七月十五日）、冬至和岁暮为大祭日，这在康熙皇帝即位初年已成定制。乾隆皇帝即位后，遵从定制，逢大祭日，常常是亲往谒陵。谒东陵时，中途要在烟郊、邦均、淋河住宿。谒西陵时，中途则停宿在黄新庄、半壁店、五里河等地。乾隆皇帝拜谒东、西陵时，随从的有文武百官。经过地方的文武官员要在道右百步以外的地方跪迎。到达陵区时，除值班的守陵官员外，其他官员也要在道右跪迎。谒陵的那天，乾隆皇帝及随从的王公百官都要着素服。随从王等均于下马牌下马，贝勒以下、大臣侍卫三品官以上，在未至下马牌下马。谒泰陵时，随从王等在东山角下马，其他人员在未至山角处下马。在谒陵时，乾隆皇帝未至陵内碑亭，即降舆痛哭，步入隆恩门，到宝城前三奠酒，行礼。王以下文武大臣官员也都跟随行礼，礼毕即退。

在清明节拜谒东、西陵的时候，乾隆皇帝要行敷土礼。届时，他更换素服，由帮扶抬土大臣随同进至宝城前。陵寝内务府官员进献护履，乾隆皇帝接受后穿上。这时，陵寝内务府官员挑着土筐，到明楼东阶前进土，奉献给乾隆皇帝。乾隆皇帝前后各有一位大臣帮扶，由宝城东蹬道上到宝城上石栅栏东，帮扶大臣接过土筐，将两筐土合为一筐，抬到宝顶正中敷土处，跪进给已在宝顶正中跪着的乾隆皇帝。乾隆皇帝跪接后，拱举敷土。敷土完毕，乾隆皇帝将筐授给帮扶大臣，并脱履。接着，行大飨礼，礼毕，更换青长袍褂，再到明楼前行礼、奠酒、举哀。按明朝制度，敷土要用13担，即26筐。乾隆皇帝的祖父康熙皇帝、父亲雍正皇帝时，沿用了明朝制度，敷土13担。乾隆皇帝即位后，感到这需要往返多次，过于繁琐，所以从乾隆二年（1737）起，便把敷土改为1担了。

在拜谒东陵的时候，乾隆皇帝銮辇所经过的地方，沿途驻跸四座行宫。一是燕郊（烟郊）行宫，属三河县，建于康熙年间，乾隆二十年（1755）在旧址以南重建。二是白涧行宫，属蓟州（今天津市蓟县），乾隆十八年（1753）建。三是桃花寺行宫，属蓟州。原来，蓟州南有桃花山，山顶有泉，流绕山麓，进入向河，泉上有桃花寺。乾隆九年（1744），该寺奉敕重修，并在寺旁恭建行宫。四是隆福寺行宫，属蓟州。隆福寺创于唐初，乾隆九年奉敕重修，并在寺西建行宫，乾隆皇帝拜谒东陵，在此驻跸。此外，还要提及的是，乾隆皇帝拜谒东陵，沿途经过六个州县，即大兴、宛平、通州、三河、蓟州、遵化州（今河北省遵化县）。

乾隆皇帝拜谒西陵，銮辇要经过六个州县，即大兴、宛平、良乡、房山、涞水、易州（今河北省易县）。沿途所设行宫四座。一是黄新庄行宫，属良乡县，建于乾隆十三年（1748）。二是半壁店行宫，属房山县，乾隆十三年建。三是秋澜行宫，属涞水县，建筑年代不详。四是良各庄行宫，属易州，乾隆十三年建。

乾隆皇帝在拜谒东、西陵过程中，发布过许多上谕，人们从中可以了解到他的所思所想。乾隆二十八年（1763）二月，他谕示军机大臣等：

朕祇谒东陵，所过京东地方，见去年被水之区情形，实多竭蹶。悉心为之擘画，已明降谕旨，将成灾极次贫民，及五分灾极次贫户，三月之后，再行加赈一月。其无力不能乘时播种者，并令地方官迅速查明，分别借给籽种。并将勘不成灾于例不应征之处，一体加恩停缓。又恐一切需用不敷，并拨户部库银八十万两以资应用。该督奉到此旨，当速饬各属，实力奉行，务令泽必下究，副朕轸念至意。所过广平、大名等处，该督自己督率筹办，如其中尚有应行酌量加恩之处，并著即速奏明办理，可一并传谕知之。

他还谕示军机大臣等：

此次恭谒东陵，道经通潞，见途次车运粮食，颇为拮据，询知即系前次奏明采运塔子沟等处米食一项。今据观音保（直隶总督）奏称，此次米食原办十二万余石，而此赴通者，才及四万余石。是虽设法催趱，终属力勤费大，恐于贫民不能速济。现已明降谕旨，令于本年山东、河南新漕内，再行截留十五万石，分给附近此次被灾州县，俾得银米兼赈，尤为有济实用。所有口外运米，自可停其趱运，以免周章。可传谕该督等，现在尚未起运之米，固可存留别用，即经起运，亦可酌量于近口之密云、怀来、遵、蓟等州、县，乘别留贮，以为赈济平粜之需。方观承等其即饬属妥协遵办，副朕加惠黎元至意。

这两道上谕，讲的都是赈济灾民的问题，考虑得不可谓不周细。古语说民为国本，在乾隆皇帝的上谕中确实得到了体现。

然而，此后一个月，乾隆皇帝又发布了一道上谕，是针对闹事百姓讲的。他说：

　　观音保奏，遵化州刁民因借仓粮，率众哄堂，现在分头查拿，俟讯明为首主使及党恶各犯，另行通详律拟一折。上年因直属洼地曾被水潦，降旨加恩抚恤，前后截漕七十万，发帑一百六十万，展赈直至今年四月，而借给籽种，缓征钱粮，且破例遍逮五分灾及不成灾之地。筹画不遗余力，犹恐有奉行不能尽善，屡谕该督等实力董率察勘，俾灾民不致失所。凡属编氓，苟有人心，自当循理安分，顺受恩施。即因灾重事繁，州县官经理偶有未协，亦当赴该管上司声明饬办，岂有藉借粮之名，纠众哄堂，推案挤栅，肆行无忌！且折内所称蜜户庄头家人，皆内府所辖，如此不法横行，宪典安在？为大吏者，遇此等抗官重案，一获要犯，讯明情由，即当一面通谕众人，以岁事不齐，乃同阎气数偶绌，国家如此沛泽频仍，至再至三，若等即有委曲，何难据情控吁；至一经哄堂闹署，即属不逞之尤，渠魁法在必行，胁从并不滋蔓，使小民无不洞悉；一面从权请出王命，将为首数犯立行正法。既可示惩一儆百之义，且凶徒不致稍稽显戮，庶为允协。著传谕观音保，星速遵谕妥办。其应治罪者，不得因循延案，应贷者亦不得辗转株连，总在法信知惩，毋庸通详具题，转致有乖事体，亦不必俟方观承审鞫定拟。将此并谕该督知之。

　　看了这道上谕，使人感到杀气腾腾。无论如何，不准百姓造反，这就是乾隆皇帝的逻辑。恩威并用，宽猛相济。

　　在拜谒东、西陵的旅途中，乾隆皇帝还写了大量诗文，表达他的思想和愿望。有些诗，咏叹了民间的疾苦，反映了乾隆皇帝的不安心情。乾隆七年（1742），乾隆皇帝拜谒西陵，途经易州，看见一位从山东逃荒来的老人，孤独一身，没有家室，佣工度日，贫病交迫。乾隆皇帝了解到他的悲惨遭遇后，挥笔写道：

> 我闻凄然悲，所悲非野父。
>
> 曾记周诗云，君子民父母。
>
> 教养违其方，黎民失怙恃。
>
> 命医施针砭，或可离痛楚。
>
> 白金稠其窘，屋居免露处。
>
> 固知煦妪仁，所愧泽末薄。

同一年，在拜谒东陵，行进在遵化路上，乾隆皇帝又看见一位贫穷老农，在交了租赋之后，已一无所有，无法维持生活，于是，提笔写了这样一首诗：

> 路旁一农父，倚杖愁默默。
>
> 租吏下乡来，款接完赋额。
>
> 吏去业主来，逋欠坐求责。
>
> 吾农三时劳，曾无一日适。
>
> 我闻凄然悲，执政无良划。
>
> 罔民焉可为，恒产究安则。
>
> 翁其善保躯，展转增叹息。

也有一些诗，寄托了乾隆皇帝对康熙皇帝和雍正皇帝的深切怀念，表达了他要继承祖、父的未竟之业的心情。在一首《恭谒景陵感成长句》的诗中，乾隆皇帝写道：

> 瞬息光阴逝水翻，种松龙老郁陵园。
>
> 讴歌四海犹思祖，绳继千秋已逮孙。

不觉惊心胆隧象，几番翘首望椴门。

宵衣益勉乾乾志，恐负当年覆载恩。

乾隆皇帝还写了一首《恭谒泰陵感成长句》的诗：

岁月真惊鼓与春，攀髯已绝叹无从。

久睽诗礼庭前训，频有音容梦里逢。

松郁新阴笼隧象，山蟠佳气护灵龙。

九年治末臻康理，景仰安能继圣踪。

乾隆皇帝在拜谒东、西陵过程中，还写了一些风景诗，描绘了沿途
的柳色春光，读后使人倍感清新。在一首《蓟州道中作》的诗中，乾隆
皇帝写道：

蓟州南郭经行处，每有新诗赋物华。

十里绿荫笼客路，一湾流水护农家。

十里绿荫，一湾流水，农户人家，这宛如一幅色彩绚丽的田园画，
而乾隆皇帝正是行进在这如诗如画的土地上，既表示对其先辈的敬意，
也昭示后人要进行效法。

泰陵一览。泰陵是清西陵中建筑最早、规模最大、体系最完整的一座帝陵。

南苑行围

南苑，也称南海子，在永定门外 20 里。元朝时，这里是飞放泊。因为元朝有个制度，每当冬春之交，皇帝要亲自到近郊，放飞鹰隼博击长空，以尽临幸之乐，名为飞放。当时的土地只占 40 顷。明朝时，对这里的周垣桥道多次修葺，永乐皇帝在位时又扩大了面积，周围达 120 里。清朝建立后，沿袭了明朝制度，设海户 1600 人，每人给土地 24 亩。每年春、冬，皇帝要到这里打猎，练习武功，锻炼军队。如果遇到军事，在出征前，部队要到这里集中，供皇帝检阅。

南苑作为皇帝的御园，狩猎和阅军的场所，条件非常好。这里有水泉 70 多处，树木茂盛，水草丰美。天鹅鸠鹊在空中飞翔，獐鹿雉兔在地上奔跑。不仅如此，南苑还有整齐的建筑物，完备的管理机构，既供皇帝使用，又可防止一般百姓私自闯入。

南苑旧有四门，清朝建立后，顺治皇帝在位时增置九门。正南是南红门，东南是回城门，西南是黄村门，正北是大红门，稍东是小红门，正东是东红门，东北是双桥门，正西是西红门，西北是镇国寺门。设总尉一人，正四品，防御八人，正五品，驻守在大红门内的官署房。

进入大红门，是更衣殿，南向，门三层，大殿三间。更衣殿建於乾隆三年（1738），殿额"郊原在望"四字是乾隆皇帝御笔，殿联"旧题在壁几行绿，晓日横窗一抹殷"也是乾隆皇帝所题。更衣殿南边是地藏庵，东边是小龙王庙。

元灵宫在小红门内西边，顺治十四年（1658）建，乾隆二十八年（1763）重修。山门三楹，南向，门额为"宅真宝境"四字。山门内是朝元门，中构元极殿十二楹，圆殿重檐，有24门，供奉的是玉皇上帝。殿额"帝载元功"四字是乾隆皇帝御笔。殿后是元佑门，门内是凝始殿，供奉三清四皇像。东面是翊真殿，供奉九天真女梓潼像。西面是祉元殿，供奉三官像。殿前有穹碑2块。

旧衙门行宫，宫门三楹，前殿五楹，二层、三层殿宇各五楹。该行宫在小红门西南，建自明朝，清朝顺治十五年（1659）重修。前殿殿额是"阅武时临"四字。后殿是荫榆书屋。西为西书房，南为书室。

永慕寺在旧衙门西边，大殿五间，东西配殿各三间，后边是经库。永慕寺建于康熙三十年（1691），乾隆二十九年（1764）重修，原是太皇太后祝厘之所，殿内供奉释迦佛像。

德寿寺在旧衙门东边，山门三间，大殿五间，东西配殿各三间。该寺建于顺治十五年，后毁于火，乾隆二十年（1755）重修。大殿供奉释迦佛及阿蓝迦舍佛。

关帝庙在德寿寺西南1里处，建于明朝，清朝乾隆三年（1738）重修。该庙有山门一楹，前殿、二层殿、后殿各三楹。前殿供奉关帝，二层殿供奉真武，后殿供奉三世佛。

永佑庙在德寿寺东南2里处，山门三楹，大殿三楹，后宇九楹。该庙建于康熙十七年（1678），大殿内供奉天仙碧霞元君。

晾鹰台在南苑大兴县界内，原是元朝的仁虞院，即鹰场，明朝时也称按鹰台。台高6丈，直径19丈，周径127丈。这里是举行阅兵式的地方。

宁佑庙在晾鹰台北6里许，有山门三楹，大殿三楹，后殿五楹，东西御书房各三楹。该庙建于雍正八年（1730），大殿内供奉南苑安禧司土神像。

南宫行宫在南红门内里许，宫门二重，前后殿各五楹，建于康熙五十二年（1722）。

新衙门行宫在镇国寺门内约5里处，宫门三楹，左右垂花门内对面房10间，前殿三楹，后殿五楹。宫门前有一对铁狮子，是元朝时制作的。该行宫为明朝所建。行宫后殿东边，是裕性轩，轩西是澹思书屋，轩后是陶春室，轩旁为古秀亭。

团河行宫在黄村门内6里处，有宫门3间，前后殿各5间。团河源南北宽60余丈，东西50余丈，旧称团泊。乾隆四十二年（1777）重加疏浚，拓开数十丈。团泊流出南苑墙即为团河。团河后来流入凤河，再流入永定河，汇入大清河后入海。

南苑内除以上所述行宫和寺庙外，还有一处景点名双柳树。双柳树在南苑正中的地方，旧有古柳二株，先后凋枯，后经补植，长得郁郁葱葱。双柳树旁有水一道，名为饮鹿池，池西立昆仑石，石四面刻有乾隆皇帝写的《双柳树赋》等诗。昆仑石东边地势较高的地方有一石幢。

乾隆皇帝一生中多次到南苑行围打猎，检阅出征的军队。每次行围时，统围大臣督率八旗统领等，各率所属官兵先到围场布列。镶黄、正白、镶白、正蓝四旗，按次序列于左边。正黄、正红、镶红、镶蓝四旗，按次序列于右边。两翼各建旗纛以为标志，两哨前队用两白，两协用黄，中军用镶黄。合围以后，乾隆皇帝亲御弓矢，来到合围处所。各种野兽这时已经汇拢。乾隆皇帝亲射后，令御前大臣侍卫随射。如果有野兽逃出围外，乾隆皇帝就命令随围官兵追射，射中的记下姓名，以备奖赏。行围结束后，乾隆皇帝回到行宫，对有关人员给以不同的赏赐。

在南苑检阅军队和行围打猎则有所不同。检阅日期要由有关王大臣奏请，交与钦天监择定。检阅的前二日，各旗要往南苑设立连营。演兵王大臣等会同领队大臣，率官兵前往住宿。武备院要在南苑晾鹰台设御营帐殿，帐殿后设圆幄，恭候乾隆皇帝到来。銮仪卫在帐殿前左右设三旗蒙古画角。侍卫班领设亲军海螺。兵部设八旗传令海螺。在台下乘马，依次排到鹿角前。八旗在本旗汛地各建号纛。八旗汉军鹿角列阵前，次列汉军炮车，左右列满洲炮车。鸟枪护军马甲依次排列。八旗前锋在火器营兵之后首队之前排列。其次护军马甲，各按本翼本旗排列成阵。次队护军马甲在首队兵后按翼按旗排列。在首队两旁又设两翼援兵，各张旗帜。

军队列阵排好以后，兵部堂官奏请乾隆皇帝阅操。乾隆皇帝来到晾鹰台圆幄，身披甲胄。扈从内大臣侍卫亲军等也都身披铠甲。兵部堂官奏请乾隆皇帝检阅队伍。内大臣兵部堂官在前面引导，后扈大臣及总理演兵王大臣随从，乾清门侍卫、满洲大学士等也都随行。在后面随行的，还有豹尾班侍卫，黄龙大纛，上三旗侍卫。从火器营兵开始，从左到右，阅队一周，然后乾隆皇帝返回晾鹰台帐殿。部院堂官全部穿蟒袍补服，在黄幄前两旁排列。豹尾班、三旗侍卫量地按翼排列。豹尾班旁树立黄龙大纛。三旗侍卫按队环卫。八旗传宣官在台下两旁乘马排列。侍卫每翼 6 人，乘马在传宣官前面，近台排列。新满洲、索伦、蒙古侍卫内马上娴习的人，共30 名控马在传宣侍卫后面，按翼排列。这时，兵部尚书来到乾隆皇帝面前跪奏请鸣角。随后，帐殿前蒙古画角先鸣，亲军海螺、传令海螺依次递鸣。声至鹿角前，首队次队海螺齐鸣。传令海螺逐渐退回台下两边排列。举鹿角兵闻击鼓而进，鸣金而止。挥红旗则炮枪齐发，

团河行宫乾隆御碑亭。乾隆御碑亭四方形，亭内有乾隆皇帝题诗碑一座，碑身四周镌有乾隆四十五年(1780)至乾隆五十三年(1788)御制团河行宫诗作四首。

鸣金则止。如此重复九次。到第十次时，连环齐发，鸣金三次，连环才停止。满洲炮至第七次停发，把炮驮载马上，人队随行。连环发结束，鸣金以后，鹿角分为八门。首队前锋护军马甲排开驻立，次队也跟随前进，在炮枪之后驻立。首队排齐候鸣螺，都大声呼喊前进。两翼应援兵也斜向前进。在殿后兵前进后，八旗火器营炮位，鸟枪护军马甲，首队前锋护军马甲，按数各到本旗号纛相近处驻立。这时鹿角分为八行，鸣螺而回，在原排列处排立。首队兵回后鸣螺，殿军也结队回鹿角内，在原排列处排列。堂官奏阅兵礼成，乾隆皇帝来到圆幄，脱下甲胄，随后前往行宫。随从大臣等人也都脱下铠甲，各率本部兵，排列队伍陆续进城。

乾隆戎装大阅图。此图描绘了乾隆皇帝在南苑举行阅兵式时的情景。

阅兵结束后，乾隆皇帝对参加受阅部队要给予奖励。每旗官兵赏馈宴50席，猪20，羊20，还有薪炭等物。由总理阅兵王大臣等行文该衙门预备，监看赐食。每旗的王大臣，则由总理演兵王大臣行文宗人府，以及吏、兵二部，咨取职衔，奏请乾隆皇帝钦点，适当提职加薪。

南苑作为行围狩猎、检阅军队的场所，为什么还建筑了许多寺庙呢？对此许多人不解。乾隆皇帝也感到这是个问题，于是，他在《重修德寿寺碑记》一文中，进行了解释。原来，南苑是顺治皇帝在位时修葺的，顺治皇帝崇信佛教，认为佛可以福佑群生，所以修建了许多寺庙，给出征将士以及行围狩猎的人们以平安。但是，佛不主张杀生，而顺治皇帝偏偏在杀生的围场内修建寺庙，岂不滑稽？于是，乾隆皇帝又说，顺治皇帝是如来身，手扶金轮，安立世界，对凡世间的十方生众，无不悲悯，正是这种悲悯心，才使顺治皇帝在南苑内修建寺庙，以便邀福庇民。后来，康熙皇帝、雍正皇帝，直至乾隆皇帝自己，继承了顺治皇帝的因缘，阐如来心，演如来事，即使历千万劫，也要利益众生。这样，就使得习武备、和佛事本不相涉的南苑，修建了德寿寺、永佑庙、元灵宫等寺观。

乾隆皇帝多次到南苑行围和阅军期间，写下了不少诗篇。乾隆五年（1740）秋，他奉皇太后驾幸南苑，有感而发，一连写下八首诗，其中一首是这样写的：

从来稽古戒禽荒，宵旰勤劳敢刻忘！
欢乐正饶还止辇，属车侍从有东方。

诗中表现了乾隆皇帝的勤政精神，即使在秋天郊游的时候，也吸取了历史的教训，乐不忘忧，未敢一日懈政。乾隆皇帝的这一思想，在乾隆七年（1742）他写的一组《射猎南苑即事诗》中也得到了体现。这组诗中有这样的句子："今日翠华恁赏处，要知忧思几番经"；"承平讵肯忘戎事，万户饥寒更惕心"；"省耕省歛古曾闻，望处西成意亦欣。

漫把丰年容易看，几多忧虑窶宵分"。承平不忘武事，这正是乾隆皇帝行围南苑的目的。在一些诗中，乾隆皇帝直接描写了行围狩猎的情景。乾隆十九年（1754），在一首题为《行围》诗中，他写道：

南苑临春暮，青郊试小蒐。

略观虞者技，宛忆少年游。

劳众宁堪巫，携孙自有由。

翻犁见耕父，谘稽每延留。

乾隆二十三年（1758），乾隆皇帝南苑行围后，又写了三首《行围》诗，其中一首是这样写的：

春郊取便命春蒐，弓燥偏欣手更柔。

绿野平铺天鹿锦，好教亲试佶闲骝。

诗中所写的佶闲骝，是乾隆皇帝所乘马的名字。在乾隆皇帝写的诗中，也有一些记述了阅军的情景。乾隆四年（1739），乾隆皇帝的《大阅》诗是这样写的：

时狩由来武备修，特临南苑肃貔貅。

龙骧选将颇兼牧，天驷抡才骥共骝。

组练光生残雪映，旌旗影动朔云浮。

承平讵敢忘戎事，经国应知有大猷。

从乾隆皇帝的诗中，可以看出南苑行围和阅军，规模都不是很大，特别是行围狩猎，远远不能和木兰秋狝相比。不过，规模尽管有大小之别，目的却都有相同的一面，这就是不忘武事。在乾隆皇帝南苑行围所写的诗中，有一些是写景诗，寓情于景。他描写双柳树时写道：

南苑双柳树，昔年何葱青！

两株立平原，千丝织晚晴。

因循失其一，独树若无荣。

至今行路人，犹道双柳名。

岂无补植者，枯萎率不生。

嗟哉草木质，尚有相怜情。

徘徊不能去，长歌代柳鸣。

乾隆皇帝在南苑除行围打猎和检阅军队以外，偶尔也接见从新疆来的少数民族上层人士，用以巩固多民族国家的统一。这在乾隆皇帝写的诗中也有体现。乾隆二十三年（1758）元宵节，乾隆皇帝在南苑赐哈萨克、布鲁特、塔什罕回人等观烟火，后来他写了几首诗，记述这件事情。诗中有"灯火城南六十春，重观因赍远来人。村民遥近扶携至，不禁金吾例可循"等句，表现了对新疆少数民族王公来京的重视。原来，康熙二三十年间，每逢元宵节，都要在南苑陈放烟火。后来因为在西郊修建了畅春园，元宵节观灯放烟火便改在畅春园进行。乾隆二十三年，为迎接远方来人，乾隆皇帝特意在南苑陈放烟火，这中间已经过去了60余年。

时过境迁，现今的南苑已经面貌大变，往日的围场和许多建筑物已不复存在。但是，通过乾隆皇帝行围南苑和阅军所写的诗句，人们对那一时代在南苑所发生的事情，彷佛还是那样熟悉，未感到丝毫的陌生。

盘山览胜

　　盘山，在蓟州（今天津市蓟县）西25里，号称京东第一山。这里是乾隆皇帝拜谒东陵的必经之地。乾隆七年（1742），乾隆皇帝拜谒东陵后，第一次登上盘山。乾隆九年（1744），有些大臣认为盘山是皇帝銮舆去东陵要经过的地方，应当构筑殿宇，作为驻跸之所，得到乾隆皇帝同意后，便在盘山下玉石庄东边修建了盘山行宫，乾隆皇帝赐名"静寄山庄"。此外，在盘山上天成寺等处，也都修建了房屋，作为乾隆皇帝登盘山观赏景物时休息的处所。

　　盘山旧名四正山，又名田盘山。有人说魏田畴隐居这里，故名盘山。也有人说古时候有田盘先生从齐国来，居住在这里，故名盘山。这两种说法到底哪个更接近实际，已经不可考了。不过，盘山确实是一个游览的胜地。这里山峰林立如削，非常奇特，远远望去，层峦叠嶂，崒嵂排空。盘山方圆百里，南距沧溟，西连太行，东放碣石，北负长城，人称仙佛胜区，天壤大观，的确是当之无愧的。

　　盘山最高的地方称上盘，山顶上有一块巨石，用手轻轻一摸，就微微晃动。山顶上还有二龙潭，天气干旱的时候，能兴云造雨。大石下面有潮井，还有泽钵泉，不论什么时候，潭中的水总是那么多。盘山的中部称中盘，这里蔚然深秀，怪石突起，日暮山光岚气，濛濛如雨。上有古寺，山南有小岭，陡绝难行，泉水沿石隙流下。盘山的底部称晾甲石，一块巨石平坦可铺席，能坐百余人。相传晾甲石是当年唐太宗东征晾铠甲的地方。盘山上中下三部，上盘以松树取胜，中盘以奇石取胜，下盘以流水取胜。松树从石缝中长出，弯弯曲曲，彷佛和奇石争怒。山上泉水流到下盘以后，奔泻之声如雷鸣，被称作响涧，到晾甲石以后，再流下盘山。泉水从山上往下奔流过程中，彷佛悬空的一条白练。盘山又称东五台，北台是自来峰，南台是先师台，中台是紫盖峰，东台是九华峰，西台是舞剑台。每年清明谷雨时节，万壑青松，十里红杏，远望盘山像一幅天然图画。这时如果坐在盘石上，看白云，听流水，别有一番情趣。

盘山行宫在盘山南侧，前冈如屏，后嶂如扆。自玉石庄迤逦东达于缭垣以南，文石垒墙，周遭十余里，随山径高下为曲直。数道泉水流入墙内，山下设闸，随时可以启动，控制水流。

盘山及盘山行宫有十多处景点，乾隆皇帝把它们分为内八景和外八景。内八景有静寄山庄、太古云岚、层岩飞翠、清虚玉宇、镜圆常照、众音松吹、四面芙蓉、贞观遗踪。外八景是天成寺、万松寺、舞剑台、盘谷寺、云罩寺、紫盖峰、千相寺、浮石舫。

静寄山庄图。行宫以静寄山庄为名，表现的是崇俭的美德。

静寄山庄是盘山行宫的名字，没有彩绘，看上去很朴素。取名静寄山庄，乾隆皇帝曾有解释。他说：静是山体，寄于天地，永远存在；人生而静，静是人体，不能永远存在，因为人体不如山体。所以这样取名，观山以观我生，是为了自警。以山庄为号，则是为了效法康熙皇帝取名避暑山庄的例子。静寄山庄外有山峰环绕，里面树木成荫，有的地方还开畦种庄稼，的确是休息的好地方。太古云岚在半山腰中，随山势高低而建成楼馆殿室。山中升云，瞬间万态。乾隆皇帝认为人只知今之云不同于昨，却不知自古以来无日无云，并无太大变化。云无古今，山无古今，万事万物无古今，所以取名太古云岚。层岩飞翠是山庄里面的一组建筑，在这里放眼四望，千岩万壑，烟鬟翠螺，尽收眼底。乾隆皇帝认为这里是最佳所在，云起树中间，泉分山四宇，时时落花雨。清虚玉宇位于盘山行宫东边偏北，是一座道教建筑，为上清碧虚玉帝之宇，因而得名。乾隆皇帝认为到了这里，就成了游仙天半人。镜圆常照在盘山行宫西墙内，是一座佛教建筑。户外有白云，庭间有古树，是作佛事的好处所。众音松吹的景物别具特色，水石相击锵然成韵，像环佩声，像弹琴声，又像笙竽钟磬声，泠泠入耳。偶尔一阵清风，或长风号空，则又像惊涛声，正是八音繁会的地方。四面芙蓉是盘山行宫里面的一座亭式建筑，在这里远看诸峰，秀绝无比，四望霞表，层涌叠出，围合像屏嶂。乾隆皇帝说这里"芙蓉朵朵标银汉，恰是香庐日照明"。贞观遗踪指的就是晾甲石，在南涧中间，乾隆皇帝认为唐太宗因此遗迹而流传楷模，是石不泐，名不灭，得失之图不可不审察。

天成寺又名福庆寺，唐朝时修建，乾隆八年（1743）重修。寺门楼额是"江山一览"，大殿额是"清净妙吾"，都是乾隆皇帝手书。从盘山行宫宫门西行，越过莲花池，沿着山涧北上 3 里许，就到了天成寺。站在寺楼上，鸟瞰山麓，彷佛深巷屈曲，涧泉苔石，历历可数。远眺林峦攒簇，成一幅天然图画。万松寺旧名李靖庵，康熙皇帝赐名万松寺，乾隆十年（1745）奉敕重修，殿檐上悬挂着乾隆皇帝御书额"慈育万物"。寺左有仙人桥，寺右有橐佗石。站在寺门远望，两崖石壁，秋云朵朵，野草寒林，麋鹿成群，古刹斜阳，香烟袅袅，别是一番景象。舞剑台在万松寺的西边，相传是唐朝李靖舞剑的地方。李靖是唐朝的军事家，曾任兵部尚书等职。舞剑台上原来刻有"唐李从简来游"六字，每字直径5寸，后来因为历经风雨，风化作用，石上的字多已模糊不清了。盘谷寺旧名青沟禅院，康熙皇帝赐名盘谷寺。该寺位于盘山青沟地方，这里群峰围绕，水汇一处，然后逆流而西，从天成寺水口流出山外。康熙十年（1671），僧人智朴到此建成该寺。乾隆皇帝曾为该寺题写寺联："虚窗不碍疏还密，诘迳何妨静以深。"云罩寺在盘山之巅，又名降龙庵，建于辽代，明朝时多次扩修。寺中有舍利塔，塔内藏戒珠16颗，佛牙1具。寺额"金界常明"，寺联"青山白云常自在，禅悦法喜悟无生"，都是乾隆皇帝御笔。该寺黄龙祖师殿比较有名，殿六角，以象天圆地方，角方各阔1丈，通高2丈9尺，重檐青瓦，殿楼内有一大钟，重2000斤。因为该寺处于盘山顶端，云瀚然若拥若覆，从下往上看，或见云不见寺，而在寺中有时又看不见山，故名云罩寺。紫盖峰又称中台，在盘山中央，这里圆峭离立，单椒秀泽，蔚如华盖，诸峰骈罗，若拱而伏，形势非常独特。千相寺原名佑唐寺，也名千像寺，在九华峰上。九华峰又名东台，也名削玉峰，还名莲花峰。千相寺建于唐代，故原名祐唐寺，近代僧人希悟重修，在溪谷涧石上刻千佛像，所以又名千像寺。乾隆十年奉敕重修，乾隆皇帝御书殿额"雨花福地"四字。浮石舫在盘山上甘涧东北峰顶，形状如海船，在烟雨晦冥时望之浮浮欲动，故名浮石舫。对此，乾隆皇帝也曾解释说：山中云气，郁勃弥漫，浩浩如雪海峰峦，出没其中，如烟樯乘风。上甘涧东北峰顶有石如艨艟万斛，当云起时，几欲驾飞涛凌茗渤矣。由此也可以看出乾隆皇帝观察景物是非常细致的。

除上述景点外，盘山上还有一些游览胜地，也深深地吸引着乾隆皇帝，主要是：盘山山麓有广济寺，寺东有一频婆果树，大可合抱，有人说江南桔柚50棵树也不及这1棵树，每年结的果实可卖钱2万。盘山最高处有挂月峰，峰顶有定光佛塔。相传有除夜佛灯，灯出通州（今北京市通州）弧山塔上，分为数千百，远绕盘山诸寺，至定光佛塔而止。有人说这灯光就是佛塔中的舍利光。千像寺后半里有摇动石，该石长2丈，宽1丈5尺，一人推之则动，众人推之则不动。也有人说，众人推之则不动是一种讹传。总之，摇动石的确是一个奇怪而又令人感兴趣的景点。

乾隆皇帝多次游览盘山名胜，写下了不少诗文。他在《御制游盘山记》一文中写道："连太行，拱神京，放碣石，距沧溟，走蓟野，枕长城，是为盘山。"文章起笔很有气势。他在文章中还描写盘山是"地僻而山秀，树密而谷深"，"晓岚豁开，泉白山青，飒然林空，郁然松翠。"乾隆皇帝还写了许多诗描绘和赞美了盘山众多具体的景点。乾隆七年（1742），他在《盘山怀古》诗中写道：

田畴不卖卢龙塞，李靖空余舞剑台。
月镜团圆谁挂得，峰莲崒崒自飞来。
定光灯影犹飘忽，茶子松精类诡谈。
只有开堂传宝积，求心何处一言该。

在《经唐太宗晾甲石》诗中，乾隆皇帝寓情于景，追述了历史，他在诗中说：

石名晾甲枕山陂，遗迹贞观藉抚追。

若使当年无此役，何须重建魏征碑。

乾隆皇帝还写有《题李靖舞剑台》诗：

壮士今何在，空余舞剑台。

名随流水去，客共白云来。

松韵雄风谡，川明匣水开。

几多评古意，清咏久僵徊。

舞剑的壮士已经随流水而去，留给诗人的，只有对历史的追思，以及对白云、清风、松涛、泉水等眼前景物的描绘。在《青峰寺》一诗中，乾隆皇帝所写青峰寺景色显得格外清新：

初地今初到，青峰最上峰。

千秋金相好，一朵翠芙蓉。

松籁风中静，莎茵雨后浓。

福田非所慕，净业偶相从。

境是琉璃界，僧忘洞济宗。

诗成跋马去，云外听鸣钟。

乾隆皇帝盘山览胜，一般停留的时间不是太长。乾隆七年（1742）九月里，停留三天。九年（1744）十月里，停留四天。三十五年（1770）二月里，停留七天。一般说来，乾隆皇帝在盘山停留的时间，少则二三天，多则六七天，从季节上说，或在春季，或在秋天。在盘山驻跸期间，乾隆皇帝照常处理政务。乾隆三十五年二月驻跸盘山行宫期间，就处理了贵州省桐梓县百姓起事事件。桐梓县民赵式璧等人，因为该县派办军需，典史将总甲周文伦等枷号，便聚众百余人，勒令典史开放，随后又打毁贡生等房屋器物。后来，赵式璧等人被拿获。乾隆皇帝在处理这一事件时认为，贵州省吏治败坏，才造成刁民聚众滋事，若不亟为整顿，恐怕事件会接连发生。于是，乾隆皇帝更换了贵州省的巡抚。

天津阅河

乾隆三十二年（1767）正月初八日，乾隆皇帝颁布谕旨：朕于二月二十五日启銮，巡幸天津，阅视河堤，所有应行备办事宜，著各该衙门照例预备。就这样，乾隆皇帝开始了第一次巡幸天津的准备工作。

天津一名源于明朝永乐年间。这里原是一个渡口，周围产盐。永乐皇帝还是燕王的时候，以"入靖内乱"为名，从他侄子建文皇帝手中夺取帝位。叔侄交战期间，燕王朱棣曾从这个渡口经过，前往沧州。后来，朱棣成了永乐皇帝，命令在这个渡口地方筑城凿池，并赐名天津，设立了三个卫所，即地方行政机构。津即渡口，天津，就是指天子从此经过的渡口。清朝建立后，在天津设关，置总兵镇守。雍正三年（1725），改天津卫为直隶州，九年（1731），升为天津府，属直隶省。

乾隆皇帝第一次巡幸天津，是乾隆三十二年二月二十五日，从圆明园启銮，中途驻跸黄新庄行宫、涿州行宫、紫泉行宫、赵北口行宫、于家村马头大营、左格庄马头大营、扬芬港行宫、台头行宫、王家场马头大营，于三月初四日到达天津，驻跸天津府行宫。十一日，由运河回銮。十二日，到达南苑。十三日，在南苑行围。十六日，回到畅春园。这一次往返天津，总计17天。

乾隆三十五年（1770）三月初五日，乾隆皇帝奉皇太后从圆明园启銮，拜谒泰陵，并第二次巡幸天津。因为先去泰陵，所以中途所驻行宫有黄新庄行宫、半壁店行宫、秋澜村行宫、梁格庄行宫，初九日拜谒泰陵后，又返回秋澜村行宫。以后中途驻跸行宫基本上同于第一次。十七日到达天津，驻跸天津府行宫。二十一日，乾隆皇帝奉皇太后从天津回銮，走水路，中途御舟先后驻跸兴福寺码头、定福庄、河西务、张家湾，二十六日奉皇太后回到畅春园。这次巡幸天津所需时间，总计19天。

乾隆皇帝第三次巡幸天津，是在乾隆三十八年（1773）三月初八日，拜谒泰陵之后，皇太后从畅春园启銮，会于秋澜村行宫。十六日到达天津。二十日回銮。中途驻跸兴福寺大营、忭观屯大营、桐柏村行宫、洛图庄行宫，二十五日到南苑行围。二十七日回到圆明园。巡幸天津所用时间总计17天。

乾隆五十三年（1788）二月十八日，乾隆皇帝从圆明园启銮，开始第四次巡幸天津。一路驻跸行宫，二十七日到达天津，驻跸柳墅行宫。三月初四日从天津回銮，初七日到达南苑，十三日回到圆明园。这次巡幸天津计20天。

乾隆皇帝第五次到天津，是乾隆五十五年（1790）四月，巡幸山东之后，初七日至初九日，在天津驻跸柳墅行宫。

乾隆五十九年（1794）二月十三日，乾隆皇帝从圆明园启銮，开始第六次、也是他最后一次巡幸天津。沿途驻跸行宫，二十四日到达天津，驻跸柳墅行宫。二十七日从天津回銮，三月初二日到达南苑，初七日回到圆明园。总计20天。

乾隆皇帝巡幸天津，主要是为了阅视河堤淀闸，指示机宜，求得畿辅地区民生安全。天津地区河道纵横。有南运河，即卫河，从河间府东光、交河二县流入，经沧州城西，北入滹沱旧河，并有老漳河从西来汇入，再流经天津县西，与子牙河、北运河汇合，人称三岔河。有北运河，又名白河，在天津县北，也称潞河，从顺天府武清县流入至县北三岔口，与南运河汇合。有子牙河，即滹沱下流，自河间府献县西南，分流入静海县，东北流入天津府城北，与南北二运河汇为三岔河。有滹沱河，从河间府献县完固口流出，经青县南，与老漳河汇，流入南运河。此外，还有许多沽和淀，例如直沽，亦称海河；塌河淀，周百里，是北运河等容蓄地。

天津地区的河、沽、淀，经常形成水患。有的河与淀通，易致淤塞。有的沽地势平衍，每遇暴雨，便群流涨溢，茫无际涯。乾隆二十七年（1762），直隶地区夏雨成涝，田禾淹损，有的地方水势汪洋，平地深一、二、三尺至丈余不等，造成了很大危害。对天津地区的水系，乾隆皇帝即位后，多次整修。南运河在乾隆二年（1737）以后，屡经疏治，增筑堤坝。三十年（1765），又以青县鲍家嘴地方是众水所归，每当南运河盛涨时，鲍家嘴不能下注，反虞运河倒灌，便在青县十里洼开挑引河，由新河口下入于千金泊，归子牙正河；又在鲍家嘴建石闸一座，视内外水势盈缩，以时启闭。结果，旁流无壅，运道益安。为了预防子牙河发生水患，乾隆十年（1745），自王家口北，庄儿头起筑格淀堤，使大河别由陈家泊改溜东行。对塌河淀，乾隆九年（1744）也曾疏浚，十一年（1746）又挑浚宽深，使淀水畅流，无盈溢之患。乾隆皇帝巡幸天津，主要是为了解决水患问题。

乾隆皇帝第一次巡幸天津时，察阅了子牙河堤。按图披览淀河堤闸之后，他发现，在千里长堤上，从三滩里起，到格淀堤庄儿头止，中间并无堤岸。经过向直隶总督了解，乾隆皇帝才知道，这一段地方原来就没有堤岸，所以每遇淀水长发，地亩民居，不无淹浸。乾隆皇帝对于这种情况感到殊堪轸念，特命人分道往勘。调查人报告说；无堤处所，东西约长十里，其中间有民修堤埝，被水冲缺数处。每当雨水过多之年，村民一二千户，地亩千余顷，常被水患。村民见有钦差前往踏勘筑堤，无不欢欣踊跃，都说从此子子孙孙皆可永远需恩，堤内之地亦可尽成膏腴，实于居民有益。于是，乾隆皇帝命直隶总督方观承再行详细相度，接筑长堤。接筑的长堤自文安县属三滩里千里长堤起，至大城县属庄儿头格淀堤止，共长 2772 丈，顶宽 1 丈 6 尺，底宽 5 丈，酌就地势，高五六丈不等。需用土方估银 6900 余两，由大城、文安二县分段兴筑。乾隆皇帝命这段工程务必在汛前完工，该管官员子牙厅和天津道要加强督察。

在第一次巡幸天津时，乾隆皇帝还察看了减河形势，见坝身出水处，高于河底 7 尺，则泛涨时，所减之水下注过猛，易致跌落成坑，排桩不无撼动。他认为：应在石工之外，接筑灰工 15 丈，使坦坡渐平，以导其势。至于王家务、捷地、兴济三处碱河，都是为了宣泄盛涨，保卫堤工，别由一路入海，不使三岔河水汇积，是畿南水利的关键，也应一律疏浚留淤，以便深通易达。乾隆皇帝还认为：子牙河故道，自谷家庄以下，至吴家沟一带，河身狭窄，也应普律展宽，用消沥水，以卫民田。乾隆皇帝命直隶总督方观承，按工核实估计奏闻，动帑兴修，务使疏泄得宜，俾河务民生，永资利赖，副朕省方畴咨至意。

乾隆皇帝第二次巡幸天津时，察看了文安堤。第三次巡幸天津时，沿途阅视了永定河堤，察看了淀河。他还发布上谕说：文安大洼连络四淀，向来积水难清，前此曾命协办大学士兆惠往勘，设法疏治，水即退涸。三十二年经行阅视，业已遍种春麦，弥望青葱，省览实深忻慰。迨三十五年巡阅所经，又多积水。此次所见，仍复汪洋一片。若久远难以涸出，恐妨民业，致完无田之粮，朕心深为轸念，特命周元理查明水占顷亩钱粮数目，并交军机大臣，将作何筹办之处，会同该督核议。军机处大臣奏称，此次洼地，每遇积水未消时，村民捕鱼为业，水涸后普种稻粱，即成沃壤，即水占未涸，小民尚可收鱼虾之利。乾隆皇帝对此谕示说：所有地亩，本藉耕艺资生，若积水占田，粮从何出？虽该处赋则本轻，水小时尚可佃渔觅利，究不若力田收获之多。嗣后此洼地，视积水之多寡，以定赋粮之等差。水大则全行蠲除，水小则量为减租，若水涸耕种有收，仍按额征收。如此则恒业不致有失，民力并得常舒，俾濒洼黎庶，永沐恩膏，共臻安阜，以示观民行庆至意。

乾隆皇帝巡幸天津，除阅视河工外，还有阅兵等项内容。他曾多次检阅天津驻防满洲兵，天津镇标兵，以及其他驻防兵，还多次到阅武楼阅兵。他曾针对士兵拉弓不力、射箭不准的现象提出要求，务必勤于操练，严戒荒嬉。他还曾到盐场视察盐工。当然，乾隆皇帝巡幸天津，也有游山玩水的成分。第六次巡幸天津过程中，乾隆皇帝曾说：朕此次临莅津淀，原为当令时巡，省方问俗，并非为游玩适情。其实，当令时巡，多少也有点游玩的味道，只是乾隆皇帝不便于直接承认罢了。因为天津地区有许多古迹，例如沧州故城的铁狮，朗吟楼。还有许多名寺，例如天津县东的望海寺，寺前有海河楼，在这里俯瞰波流，遥瞻海色，极为壮观，乾隆皇帝每次巡幸天津，都到这里。天津县南的海光寺，殿宇宏敞，四围植柳万株，寺前平旷，别具特色。

乾隆皇帝巡幸天津过程中，考虑到翠华临莅，宜沛恩施，所有经过地方及天津府属，都蠲免本年应征钱粮的十分之三。对沿途夹道迎送的老人，则令地方官照恩诏之例赏赉。对办差的文武官员，任内如有降级、罚俸、住俸的，也都一律开复，没有这种情况的则各加一级。考虑到经过的陆路水程，地方官预备行宫，应销公项银两可能不敷需用，便在长芦应解内务府银两内，适当赏银数万两，以为办差之费。为了使直隶省军流以下的人犯，也能受到恩惠，各个监狱要进行清理，重新查核案情，分别减等发落。对于水手，考虑到他们多从南方来，已经等候多日，口食未免拮据，决定每名水手每天给银5分常价之外，再增给银3分。对于读书人，也给以一定的嘉惠，所有直隶本年入学名数，大学增额 5 名，中学增额 4 名，小学增额 3 名。对于迎銮赋诗的士子，则令分别考试，考取一等的，赏给内阁中书，考取二等的，赏给大缎 2 匹，对于没有完卷或有抄袭行为的人，则要给以斥责，以示惩劝儒林之意。对于商人，考虑到他们捐献资财，筹办行宫，情殷意切，也要施以恩泽，一般都是把应完引票课银，延长时间带征，以纾商力，以资饶裕。对于跟随巡幸的王公大臣侍卫等，则随时赏赐食品。

乾隆皇帝六次巡幸天津期间，写下了大量诗篇。他的《观海》诗，记述了第一次巡幸天津时观看渤海的情况。《望海寺》诗和《海河楼》诗，则记述了每次到望海寺和海河楼的感受。不过，乾隆皇帝巡幸天津所写的诗中，大多都是阅堤、阅河的内容。在《闻永定河堤有泛滥处书以志怀》一诗中，乾隆皇帝写道：

> 永定古桑干，荡漾延数县。
>
> 虽获一麦收，难免三伏漫。
>
> 制堤以束之，其初颇循岸。
>
> 无何淤渐高，泛滥乃频见。
>
> 下口凡屡更，扬沸岂长算。
>
> 今夏雨略多，盈壑致旁灌。
>
> 或云听其然，功倍于事半。
>
> 试看无堤初，何无冲决患。
>
> 近是究难从，哀哉彼饥浐。

永定河志。本书成于嘉庆二十年(1815)，记载了康熙帝、乾隆帝对永定河的治理。本图为嘉庆年间刻本《永定河志》封面及内页。

诗中叙述了永定河泛滥的原因，以及如何治理举棋未定的心境。在《阅滹沱河堤工》一诗中，则表现了治河初见成效的一种愉快心情：

前岁视滹沱，近堤虞侵城。

今岁视滹沱，堤脚淤沙平。

临流施网处，秋麦芃新耕。

复见好消息，中泓向南经。

北堤免冲啮，万户庆居宁。

建坊旧驻所，感德由至诚。

维予自忖度，转觉愧怩生。

一时偶指示，讵有安澜能。

设能回狂澜，水定相视曾。

夏霖乃溃决，讫今堤未成。

是河亦浑流，来往岁每更。

所幸有余地，不与水相争。

长堤护城止，曾匪束之行。

居功而诿过，中人以下情。

我常恶彼为，何须颂扬声。

由滹沱河想到永定河，由愉快心情转变为生愧感情，这正是乾隆皇帝巡幸天津，希望治好一切害河的根本目的的反映。

乾隆皇帝匆匆京畿行，特别是南苑行围和天津阅河，对大清帝国来说，是属于正能量的。首先，通过天津阅河，减轻了水患，有利于社会生产的恢复和发展，有利于改善民生。其次，通过南苑行围和阅兵，锻炼了军队，提高了清军的战斗力，为维护国家的统一和社会的稳定奠定了基础。第三，乾隆皇帝在南苑举行各种活动，接见各少数民族的使者，融洽了各民族的关系，有利于巩固国家的统一和各民族之间的和谐相处。第四，在出巡过程中，乾隆皇帝采取的一些奖励措施，有利于当地经济和文化的发展。

当然，乾隆皇帝的京畿行，对大清帝国的负面影响也不少，特别是行宫的建设，浪费了民力和财力。乾隆八年（1743）七月，乾隆皇帝曾谕示军机大臣：桃花寺、白涧、燕郊三处行宫工程，现令三河于今岁办料，明岁兴工。第思燕郊为回銮驻跸之所……若于十月内可以告竣，即一面办理，一面具折随本奏闻。这道上谕使我们认识到，当年修建行宫完全是为了乾隆皇帝个人的需要，而且几个地方同时开工。不仅如此，乾隆皇帝对行宫的景点尤为关注。桃花寺行宫有乾隆皇帝御题八景：涌晴雪、小九叠、吟晴簌、坐霄汉、云外赏、涤襟泉、点笔石、绣云壁。隆福寺行宫有乾隆皇帝御题六景：翠云山房、翠微室、碧巘丹峰、天半舫、挹霞叫月、翼然亭。团河行宫充分吸取了江南园林以景取胜的特点，就地掘土成湖，余土堆积成山，山上广植奇花异草，利用团泊的碧水清流环绕山石林木间，楼阁曲廊掩映于苍松翠柏之中，极具江南水乡的风韵。宫内的璇源堂、涵道斋等主要建筑瑰丽辉煌。特别是盘山静寄山庄的修建，更是满足乾隆皇帝的个人需要，以致于有这样的传说：早知有盘山，何必下江南。这一切，都极大地浪费了国家的人力和财力。

更为严重的是，乾隆皇帝出巡，地方官为了讨得皇帝的高兴，大多踵事增华，过于繁缛，沿途设置景点，有的则给皇帝进贡礼品。乾隆皇帝第一次巡幸天津时，直隶总督在直隶淀河一带预备彩棚戏台，设立采莲船只。乾隆皇帝第三次巡幸天津时，有一官员名叫王亶望，进贡的物品中竟有嵌珠金如意一枝。乾隆皇帝第六次巡幸天津时，直隶督抚在扬芬港地方预备了龙舟，以及戏剧杂技。对于临幸处所，商人也多有点缀。而乾隆皇帝对于地方官员的备办排当点缀等事，内心深处实际上是高兴的。这些，就像鸦片一样，败坏着社会的风气，也像毒瘤一样，侵蚀着大清帝国的肌体。

在豫、鲁大地上

第二章

河南省简称豫，山东省简称鲁。这两省土地辽阔，人口众多，既有名山大川，又是文化发达地方，乾隆皇帝观风问俗，祭孔祀岱，巡幸的足迹也留在了豫、鲁大地上。

省方问俗到河南

乾隆十四年 (1749) 五月初一日，乾隆皇帝谕示军机大臣，表示要出巡河南。乾隆十五年（1750）八月十七日，巡幸的车队从京师出发。九月初三日，乾隆皇帝奉皇太后谒泰陵后，便向河南进发。一路上先后驻跸保定府行宫、高玉堡行宫、定州众春园行宫、赵村大营、正定府行宫、乐城北大营、正元寺大营、金题店大营、旧家村大营、吕仙祠行宫、高庙大营、万安庄大营，于十八日到达河南彰德府（今河南安阳）。在直隶境内行进途中，乾隆皇帝在正定府北门外检阅了军队，多次赐扈从王公大臣及直隶总督等官宴，在公项钱粮内各赏银 1 万两给直隶、河南两省，作为修葺古迹名区费用，对办差务的营汛兵丁，赏给两月饷银，对巡幸两省经过的地方，加恩蠲免钱粮十分之三。

乾隆皇帝到达彰德府当天，就到文庙行礼。文庙即孔子庙，孔子在唐朝被封为文宣王，孔子庙也被称为文宣王庙，元朝以后便通称文庙。乾隆皇帝还去了精忠庙，遣官祭祀了关帝庙。精忠庙也称岳武穆祠，在汤阴县西南，是祭祀宋朝岳飞的庙宇。在精忠庙，乾隆皇帝写了一首《岳武穆祠》诗：

翠柏红垣见葆祠，羔豚命祭复过之。

两言臣则师千古，百战兵威震一时。

道济长城谁自坏，临安一木幸犹支。

故乡俎豆夫何恨，恨是金牌太促期。

诗中颂扬了岳飞的精忠报国精神。在汤阴县大营驻跸后，乾隆皇帝的巡幸车队进入卫辉府。十九日，乾隆皇帝谕示：朕巡幸中州，该省官民俱经行庆施惠，所有分驻旗人，亦应一体加恩。于是，命河南巡抚将河南省驻防官兵，年70、80以上者查明分别赏赍。此后，沿途驻跸杨家庄大营、司马庄大营，二十一日，驻跸百泉行宫。二十二日，乾隆皇帝奉皇太后到白露园进早膳，赐扈从王公大臣及河南巡抚等官宴。御书百泉孔子庙匾"至教永垂"四字。乾隆皇帝还到了百泉书院。百泉书院在辉县西北7里苏门山麓，建于明朝成化十七年（1481）。乾隆皇帝在百泉书院写了两首诗，以及《奇树歌》一首，其中有一首诗写道：

清跸来游卫水源，小加构筑俨林园。

洛中名胜山川秀，秋杪风光松菊存。

座俯沧池下鸥侣，阶含碧藓育桐孙。

读书近溯周程旨，恰喜明窗暖日暾。

二十三日，乾隆皇帝又谕示：朕今岁初次巡幸豫省，銮舆所过，既已叠沛恩施，惟是薄赋省刑，事宜并举。他决定所有河南军流以下罪犯，均查明减等发落，俾予自新。乾隆皇帝巡幸车队进入怀庆府境后，二十四日，他又谕示：朕数日所过州县，体察农功，夏麦告丰，晚禾觉欠，秋牟播种，亦复待时，甚为轸念。于是，决定将歉收地方再加恩蠲免十分之五。在恩村大营、孟县东大营驻跸后，二十七日，乾隆皇帝奉皇太后渡过黄河，进入河南府，先后驻跸孟津县西大营、洛阳县东大营、李村大营。三十日，乾隆皇帝谕示：此次巡幸河南，省方问俗，所至推恩，尤念祥符为省会之区，登封实望秩之所，銮舆驻跸，宜沛优施，著将该二县乾隆辛未年（即十六年，1751）应征地丁钱粮，全行蠲免。在这里，乾隆皇帝明确说出他巡幸河南的目的是省方问俗，也就是巡察地方，了解民情。乾隆皇帝还决定，把巡幸所经过的河南、直隶两省有关州县地区，年龄70岁以上的老年人，均照从前恩诏之例，分别赏赉。

在少林寺行宫驻跸后，十月初一日，乾隆皇帝来到嵩阳书院。嵩阳书院在登封县太室山麓，五代周时修建，初名太室书院，宋朝景佑年间更名嵩阳，是当时全国著名的书院。明朝末年倾圮殆尽。清朝建立后，康熙十三年（1674），知县叶封复建。十六年（1677），少詹事耿介增修。乾隆皇帝在嵩阳书院，为了发扬文治教化，写了这样一首诗：

书院嵩阳景最清，石幢犹记故宫名。

虚夸妙药求方士，何似菁莪育俊英。

山色溪声留宿雨，菊香竹韵喜新晴。

初来岂得无言别，汉柏荫中句偶成。

嵩阳书院。乾隆十五年（1750），乾隆皇帝到嵩阳书院，有御制嵩阳书院诗。

初二日，乾隆皇帝到中岳庙致祭。中岳庙在登封县东8里华盖峰下，汉朝始建，初名太室庙，后魏太延元年（435）重建。以后历代均有增修。该庙规制宏敞，为河南全省祠宇之冠。乾隆皇帝在中岳庙写有匾额"镇兹中土"、"神岳崇岩"、"灵符万寓"等，还写了《谒岳庙》及《岳庙秩祀礼成》诗二首。随后，乾隆皇帝登上了嵩山。嵩山在登封县北，古称外方，又名嵩高，是著名的风景胜地。嵩山是总称，由太室山和少室山等组成。太室山高1494米，少室山高1521米。嵩山雄峙中原，群峰耸立，层峦叠嶂，地处开封、洛阳之间，自古就是文人荟萃之地。乾隆皇帝登上嵩山后，写了一首《登嵩山华盖峰歌》，并刻石山顶，希求永垂。该诗是这样写的：

嵩高峻极周雅谈，居中镇东西朔南。

宇宙以来鲜比参，时巡秩祀驻绛縿。

殷礼崴事神人欢，一登绝顶众妙探。

宿噬丹药求仙岩，无事登封埋玉函。

侍臣告我初寒添，太空黯黕凝云岚。

我笑谓之正所耽，不宜返辔山灵惭。

神区奥壤贵静恬，千乘万骑纷奚堪。

策马减从遵路巉，异哉所见真不凡。

二十四峰左右咸，中为华盖尊且严。

俯视罗列如孙男，不须偻指其名拈。

少室三十六峰尖，向者背者都包含。

以河为带颍为襟，为唐为宫复为龛。

隆崇案衍窈以窆，崒嵂巀峨菲葐嵌。

丹黄紫翠青碧蓝，声兮卉歆气兮馣。

博大富有莫不兼，幻以云容技毕覃。

英英霭霭滃昙昙，变远为近夷为险。

黄山云海歌德潜，如遇嫱旦矜无盐。

泰山昔亦陟岩岩，引兴未似今兹酣。

携来双鹤其羽铦，放去聊任王乔骖。

卓午蹑景归骖骒，纷迎老幼围层嶦。

警跸不饬任就瞻，尊亲亦可民情觇。

呼万岁者奚啻三。

乾隆皇帝的这首诗歌，叙述了他攀登嵩山的过程，道出了无限风光在险峰的真理，也描绘了嵩山顶峰的神奇变幻。语句平易，毫无雕饰造作之感。

嵩山图。嵩山雄峙中原，地处开封、洛阳之间。

初四日，乾隆皇帝奉皇太后回銮。初七日，他在返程途中，发布上谕说：朕举行秋狩，觐岳省方，盖欲周览民情，懋登治理。凡地方之利弊，官吏之贤否，与夫政令之得失，所到之处，多方寻问。河南位于中土，素称淳朴。今值禾稼丰收，巡途中亲见老少欢欣，民俗敦庞，社会宁辑，深为欣慰。顾惟因时保治之方，其权实操之自上，抚臣表率，通省藩臬任寄旬宣，以至郡守牧令与民愈亲，则导民尤切，应仰体朕心，力行善政，敦本训俗，除恶安良，教养兼施，屏虚文以求实效。其在小民，亦当敦礼让，务农桑，崇俭去奢，力田孝悌，以求共享升平之福。朕于该省臣民有厚望焉。乾隆皇帝的这番话，有以下几层意思：一是他说明了省方问俗的内容，主要是地方利弊，官吏贤否，政令得失。二是对河南省淳朴民风表示满意。三是谈到了要保持社会稳定，官和民都有关系。乾隆皇帝对官和民应当怎样做都提出了具体要求。最后表示对于河南省寄于希望。乾隆皇帝的这番话，其实是对河南巡抚讲的。对此，河南巡抚鄂容安不得不有所考虑。

初八日，乾隆皇帝在开封府检阅了军队。阅兵之后，对军事训练问题他又做了新的谕示，强调弓箭的重要性，要将现有鸟枪收回。从这种见解出发，乾隆皇帝还对河南省的武官进行了调整。初九日，河南提督冶大雄、总兵陈其英陛见乾隆皇帝后，乾隆皇帝认为他们的弓马均属平常，尤以陈其英马箭更属不堪，人也庸陋琐碎，难胜总兵之任，决定降为副将。乾隆皇帝还说：将领近来技艺平常者居多，而马箭尤多荒废，大抵一为提镇，即不复留心骑射。不知统领大员，不能以身率先，将何以训练戎行，整饬武弁。嗣后各提镇等务须时时亲自练习，不得耽于安逸，以致日渐生疏。将来陛见至京，朕将亲加试验，其有马步箭庸劣者，必严加议处。

在返程途中，乾隆皇帝的车队在十三日驻跸卫辉府大营。十五日，驻跸汤阴县大营。进入直隶以后，沿着来时的路线，驻跸行宫也和来时一样。十一月初三日，乾隆皇帝奉皇太后返回京城。从八月十七日离京，到十一月初三日回宫，乾隆皇帝总计在外停留了两个半月。其中，巡幸河南整整用了60天。

乾隆皇帝回到北京以后，也许是对河南的官员有所了解了，他先后谕令河南布政使富明销去记录四次，降二级使用。巡抚鄂容安也因疑惧失措，被谕令痛加惩改，以赎前愆。从此以后，乾隆皇帝再也没到河南巡幸。

去山东祭孔祀岱

　　乾隆皇帝曾经五次直接从京城前往山东。第一次是乾隆十三年（1748）。这一年二月初四日，乾隆皇帝奉皇太后出巡山东，车驾发京师。沿途驻跸董公庵、庐村、当陌村、高桥、雄县十里堡。初九日，在赵北口奉皇太后阅水围。此后又驻跸任邱县五里铺、河间府、卢家庄、阜城县、景州七里铺、德州七里庄、靳家庄、兴隆屯、东阿旧县、凤凰台、安乐县，二十四日，驾临曲阜，驻跸曲阜县。在曲阜活动结束后，二十六日，前往泰安，沿途驻跸兴隆镇、南留，二十八日到达泰安府。乾隆皇帝一行在泰安停留三天，进行各种活动。三月初二日，启銮前往济南。沿途驻跸湾德、开山。初四日，到达济南府，前往趵突泉。在济南府停留三天，这期间，乾隆皇帝奉皇太后检阅了济南、青州、兖州三营兵，他本人还亲御弓矢，连发皆中的。初八日，乾隆皇帝奉皇太后回銮。沿途驻跸高家庄、王家庄、桃源站。十一日，驾至德州登舟。这一天亥刻（晚上九时到十一时），皇后崩。结果，乾隆皇帝命人奉皇太后御舟缓程回京，他驻跸德州水次。十四日，启程回京，驻跸天津府、河西务，十七日回到京城。往返总计44天。

　　第二次是乾隆二十一年（1756）二月十三日，自圆明园启銮。乾隆皇帝先往泰陵谒陵，然后再往曲阜。十六日离开泰陵，行进路线和第一次稍有不同。沿途驻跸秋澜行宫、涿州行宫、紫泉行宫、赵北口行宫、张铺大营、太平庄大营、红杏园行宫、新庄大营、德州大营、恩县大营、禹山大营、西树大营、凤凰台大营，三月初一日，到达曲阜。在这里活动结束后，初三日，回銮。经过泉林行宫、小厂大营、张家塘大营、凤凰台大营、新庄大营、恩县大营、德州大营、红杏园行宫、张铺大营，十七日，驻跸赵北口行宫。然后，经过南苑，前往孝陵、景陵。二十四日，谒陵后，于二十九日回到京师畅春园。第二次巡幸山东前后总计47天。

乾隆皇帝第三次巡幸山东，是乾隆三十六年（1771）二月初三日，奉皇太后自圆明园启銮。这次是由水程来往。离开京城后，先到南苑行围，驻跸新衙门行宫，初五日，从南苑南红门行宫出发，驻跸桐柏村行宫后，在宝稼营登舟。船队先后驻跸南仓、湖洋庄、杨家园、司马庄、花园、冯家口、霞口、史家庄、袁楼，十六日，乾隆皇帝奉皇太后在德州登陆，驻跸德州行宫。此后，乾隆皇帝一行先后驻跸李刘庄行宫、晏子祠行宫、潘村行宫、灵岩寺行宫，二十四日，到达泰安府。二十八日离开泰安，前往曲阜，途中驻跸四贤祠行宫、中水行宫、泉林行宫，三月初四日到达曲阜。初七日，乾隆皇帝奉皇太后回銮。经过济宁州行宫、大长沟、王老口、五里铺、刘家湾、朱官屯、新庄、珠泉屯、甲马营、十屯汛，十八日，到达德州行宫。此后，又先后驻跸霞口、花园、冯家口、司马庄、湖洋庄、宝稼营，在宝稼营登陆后，经过南苑，于四月初七日回到京师畅春园。这次往返总计64天。

第四次是在乾隆四十一年（1776）。这年二月初九日，乾隆皇帝自圆明园启銮，先拜谒西陵，礼成后，奉皇太后巡幸山东。二十日，拜谒泰陵结束后，即前往山东。一路驻跸行宫，二十七日，在宝稼营登舟。御舟沿运河南下，三月初八日，在德州登岸。沿途驻跸行宫和第三次相同。十五日，到达泰安府。在这里举行登岱瞻礼活动后，即前往曲阜。二十四日，到达曲阜，在这里停留三天，进行各种拜谒活动。二十七日，回銮。三十日，登舟，沿运河北上。在德州稍事停留，继续北行。在宝稼营水营登岸，乾隆皇帝恭送皇太后还京师，他自己则于四月二十五日，在桐柏村行宫举行了献金川俘馘于庙社礼，二十七日才返回京师。这次巡幸山东往返总计 68 天。

乾隆皇帝第五次巡幸山东，是在乾隆五十五年（1790）。这一年二月初八日，他从京师启銮，先拜谒东、西陵。二十日，前往山东。沿途驻跸行宫，基本上同于第二次。三月初四日，到达泰安府。十四日，到达曲阜。返程时经过天津。四月十五日返回京城圆明园。总计时间 67 天。

此外，乾隆皇帝还有六次南巡经过山东，时间分别是乾隆十六年（1751）、二十二年（1757）、二十七年（1762）、三十年（1765）、四十五年（1780）、四十九年（1784）。乾隆皇帝一生中，巡幸山东所花费的时间，当在 300 天以上。

乾隆皇帝多次巡幸山东的基本情况已如上述。这里要问：他巡幸山东的目的是什么？概括说来，大致有以下几个方面：

一是为了表现崇儒重道的政策，并通过祭祀泰山，表示自己统治的合法性。乾隆皇帝第一次巡幸山东时曾说："国家崇儒重道，尊礼先师，朕躬诣阙里，释奠庙堂，式观车服礼器，用慰仰止之思"。这句话体现了清朝尊崇儒家学说，并用这种学说治理国家的思想。孔子是儒家学说的创始人，山东曲阜是孔子的家乡。中国历代统治阶级，都尊孔崇儒。最早是孔子死后，鲁哀公称他为尼父。汉朝追谥为褒成宣尼公。后魏改谥文圣尼父。后周封邹国公。唐朝尊为先圣、宣父、太师、文宣王。宋朝改谥至圣文宣王。元朝加号大成至圣文宣王。明朝改称至圣先师孔子。清朝沿袭了明朝的称谓。从清世祖福临顺治皇帝开始，就重修孔子庙，此后，康熙、雍正皇帝也多次对孔子庙进行维修。康熙皇帝还亲自到曲阜祭奠孔子。乾隆皇帝即位后，和他的前辈一样，继续执行尊孔崇儒治理国家的政策，为此多次巡幸山东，亲临孔子故乡。另外，自秦始皇封禅泰山后，历朝历代帝王不断在泰山封禅和祭祀，并建庙塑神，刻石题字，以答谢天帝的"授命"之恩。从明朝开始，将原来的封禅改为祭祀。乾隆皇帝也想通过祭祀泰山，感谢上天的"授命"之恩，求得国家的富强和百姓生活的安定，同时也表示自己统治的合法性。

二是省方观俗，了解民情。乾隆皇帝在第一次巡幸山东时，曾阅览《山东通志》，从中看到康熙皇帝谕旨，谕旨中说："东省小民，俱依有身家者耕种，丰年所得者少，凶年则己身并无田产，有力者流于四方，无力者即转于沟壑。"康熙皇帝谕旨中还说："此等情况，东省大臣庶僚及有身家者，若能轻减田租，亦名赡养其佃户，不但深有益于穷民，即汝等田地，日后亦不致荒芜"。乾隆皇帝认为康熙皇帝的谕旨，训谕谆谆，诚切中东省民生利弊。从康熙皇帝谕旨颁布时起，几十年过去了，现在山东的情况怎么样呢？乾隆皇帝想了解这些情况，因此他要亲自巡幸山东。

三是战争取得了胜利，为了庆贺胜利，要前往山东曲阜躬祭孔子。乾隆皇帝第二次巡幸山东，正是清军抚定伊犁、准噶尔蒙古首领达瓦齐被俘之后，所以乾隆皇帝说："朕因抚定伊犁，躬祭阙里"。阙里即孔子故里，其家所在之地。乾隆皇帝第四次巡幸山东，是在平定大小金川之后，当时乾隆皇帝也说："朕因平定两金川，奉皇太后巡幸山东，告成阙里"。为什么在战争取得胜利之后，乾隆皇帝要巡幸山东、拜谒孔子故里呢？因为乾隆皇帝也和历朝帝王一样，讲求文治武功，一张一弛，文武之道。治理天下虽然说离不开武功，但是不能完全靠武功，从根本上来说，还要靠文治，这就是利用儒家学说进行统治，从思想上教育百姓。乾隆皇帝深谙此道，文治和武功相结合，以文治为主。正因为此，在每次战争取得胜利之后，乾隆皇帝基本上都要到山东曲阜，拜谒孔子故里，表明自己心迹，以示战争是迫不得已。

四是应山东大吏之请求，巡幸山东。乾隆皇帝第三次巡幸山东时，曾说这是因东省大吏之请，只奉皇太后恭诣岱岳拈香，并顺道躬谒阙里。山东大吏为什么请乾隆皇帝巡幸山东？原来，乾隆三十六年是乾隆皇帝生母即皇太后80岁诞辰，皇太后想去泰山祭祀，祝嘏延禧，即保佑平安康泰。山东大吏了解到了这一情况，为了讨乾隆皇帝和皇太后的高兴，也是给乾隆皇帝和皇太后一个台阶。泰山被称为东岳，亦名岱宗，山上有岱庙，从秦始皇开始，到汉武帝、唐太宗、宋太祖等，都到过这里封禅祭祀。皇太后80寿辰，到这里祭祀，当然也有特殊意义。这就是山东大吏请乾隆皇帝及皇太后巡幸山东的原因。

乾隆皇帝巡幸山东，一般是在当年二月从京师出发，而准备工作则在正月里就开始了，有的甚至在上年末就开始了。一般说来，由乾隆皇帝颁布谕旨，各有关衙门分头准备，包括衣食住行几个方面。其中，各地行宫的准备很重要，为此，地方官就要操办一段时间。乾隆皇帝个人的准备，是安排好留在京城的办事官员。乾隆十三年正月初十日，乾隆皇帝谕大学士等：本年二月内，朕恭谒孔林，著履亲王、平郡王，大学士讷亲、张廷玉在京总理事务。二十四日，乾隆皇帝又谕示：朕此次东巡，户、兵二部俱少正卿。在京户部尚书事务，著来保暂时管理，兵部尚书事务，著史贻直暂时管理。后来几次巡幸山东，乾隆皇帝也都注意安排好在京值班官员。

乾隆皇帝巡幸山东，进入山东境内之后，地方官员和孔子后裔要前来接驾。乾隆皇帝一般都写诗记述这些事情。在一首《衍圣公孔昭焕来接诗以赐之》的诗中，乾隆皇帝写道：

春风二月又巡东，释奠今年为献功。

讵止荣卿一家独，可知尊圣百王同。

携来四氏齐迎辂，接上千年尽号公。

故是尼山余荫永，勖哉何以慎居丰。

这首诗是乾隆二十一年，乾隆皇帝第二次巡幸山东时所写，诗中叙述了历代帝王对孔子的尊崇，以及孔子后裔对当今皇帝的感戴。巡幸车队进入山东境内以后，乾隆皇帝也要写诗抒发情怀。在一首《入山东界》的诗中，他这样写道：

北民瞻过辇，东吏迓来骢。

彼自分疆界，吾宁有异同。

欲知人疾苦，谩诩岁和丰。

尚恐妨耕作，兴锄候已融。

乾隆皇帝在诗中谈到了耕作、疾苦，反映了他对农业收成和一般百姓的牵念。

乾隆皇帝巡幸山东，主要做两件事情：一是到曲阜祭孔，二是到泰山祀岱。在清朝这都是比较重要的典礼。

曲阜在山东兖州府（今兖州）东 30 里，周朝初年就名曲阜，后来一度改称薛郡、任城，隋朝时又改名曲阜。在曲阜县南门内，有至圣先师庙，即孔庙。这里原来是孔子的旧宅，又称阙里，是孔子最初教学的地方，后世改为庙。孔庙中为大成殿，九楹，殿中奉孔子像，南向，左右列四配十二哲先贤像，前陈法琅供器。殿前为杏坛，是孔子教学的旧址，以坛周围种植杏树而得名。坛左右为两庑，各五十楹，两庑中间各开翼门，左通崇圣祠，右通启圣祠。大成殿后为寝殿七楹，左右掖各有门，左达神庖及后土祠，右达神厨及瘗所。寝殿后面是圣迹殿。殿南是大成门。旁开金声、玉振二掖门。金声门东是承圣门，内为诗礼堂。堂东为礼器库，其北即崇圣门，有孔氏世系碑，又北为家庙。玉振门西为启圣门，内为金丝堂，堂西为乐器库，其北即启圣祠，又北为寝殿。出大成门列碑12块，各有碑亭。碑亭左为居仁门、毓粹门，右为由义门、观德门，前为奎文阁。阁左右皆有掖门，各五楹。东南为斋所，乾隆皇帝屡幸阙里，都驻跸此处。

孔林在曲阜县北2里，是埋葬孔子的地方。相传孔子死后，其弟子在这里服孝三年，子贡则服孝六年，就在孔冢旁盖庐居住。后来有许多人效仿子贡，孔冢旁有百余家居住，便命名孔里。后来，这里又种了几百棵奇异的树，名贵得许多人都不认识。孔林中不长荆棘，也不生杂草。孔子墓高1丈5尺，前有碑，上写"大成至圣文宣王墓"。碑前有石祠坛，方厚各3尺。另有享殿5间。四围缭以周垣。孔林门东为思堂，是乾隆皇帝谒林时驻跸之所。

少皋陵在曲阜县东北8里，前有石坛石像，又有八卦石。周公庙在曲阜县东北3里，宋朝时追封周公为文宪王，并建庙，庙址原为鲁国太庙。复圣颜子庙在孔庙东北300余步，即陋巷故宅。述圣子思庙在孔庙西北。亚圣孟子庙在邹县城南。

乾隆皇帝到曲阜祭孔，一般的顺序是：先到曲阜展谒先师庙，次日再到先师庙释奠。释奠时，至大成门，降舆步入，行三跪九拜礼。遣官祭崇圣祠，分献四配十哲两庑。第三天，谒孔林，至墓门降舆，步入墓

曲阜孔庙，原是孔子的旧宅，后世改为庙。

前，北面跪，三酹酒毕，行三拜礼。然后，临阅复圣庙。到少昊陵、元圣周公庙行礼。赐衍圣公孔昭焕合族等食，赏银币银牌不等。乾隆皇帝尊师重道，每次到曲阜祭孔，举释奠之典，都颁铏、爵、簠、簋、笾、豆等祭器于庙中，还敕乐部撰昭平、宣平、秩平、叙平四时旋宫乐辞六章，并定陈设乐器之制。他还改谒庙仪注，变立献为跪献。不仅如此，乾隆皇帝巡幸山东曲阜时，还分遣大臣，恭奉香帛，祭献颜、曾、思、孟四贤故里。原来，乾隆皇帝还在京城时，就在书斋里写好了"四贤赞"，准备刻石立在各自故里庙中。乾隆皇帝赞复圣颜子：贫也者吾不知其所恶，寿也者吾不知其所慕。德以润身，孰谓其贫，心以传道，孰谓难老。箪瓢陋巷，至乐不移，仰高钻坚，三月无违。夫子有言，克己成性，用致其功，允成复圣。赞宗圣曾子是：宣圣辙环，在陈兴叹，孰是中行，授兹一贯。曾子孜孜，惟圣依归。唯而不疑，以鲁得之。会友辅仁，任重道远。十传释经，超商轶偃。念彼先子，沂水春风。渊源益粹，笃实春容。赞述圣子思说：天地储精，川岳萃灵。是生仲尼，玉振金声。世德作求，孝思维则。师曾传孟，诚身是力。眷兹后学，示我中庸。位天育物，致和致中。夫子道法，尧舜文武。绍乃家声，述乃文祖。赞亚圣孟子是：战国春秋，又异其世。陷溺人心，岂惟功利。时君争雄，处士横议。为我兼爱，簧鼓树帜。鲁连高风，陈仲廉士。所谓英贤，不过若是。于此有人，入孝出第。一发千钧，道脉永系。能不动心，知言养气。治世之略，尧舜仁义。爱君泽民，惓惓余意。欲入孔门，非孟何自。孟丁其难，颜丁其易。语默故殊，道无二致。卓哉亚圣，功在天地。

乾隆皇帝写了许多诗，记述祭孔大典。在一首名为《释奠先师礼成述事》的诗中，乾隆皇帝写道：

莅止重瞻礼器遗，翕如既备协金丝。

星霜倏隔八年序，日月同昭万载师。

芹藻献功皇祖述，宫墙焕道素王垂。

可封比户吾恒愿，教养均关惭自知。

诗中颂扬了孔子有如日月同辉的伟绩。在曲阜礼成之后，乾隆皇帝一行前往泰山祀岱。泰山在泰安府泰安县北5里，亦名东岳。这里岩石松树，郁郁苍苍。上山至中观，南向极望，一览无余。仰望天关，如从谷底仰观山峰，其高无比，又如见浮云，险峻无比。走到天关，道旁大石，有的八九尺，有的五六尺。到天门之下，仰视天门，彷佛从穴中看天。山道逶迤，有如羊肠小道。到天门以后，能看到秦始皇在这里祭天时的立石台，以及汉武帝祭天时的神具。泰山顶上有台，高9尺，方圆3丈。台上有坛，方1丈2尺。坛上有方石，四边有距石，四面有阙。东山名日观，即鸡鸣时日始欲出。秦观可以看到长安。吴观可以看到会稽。周观可以看见齐。难怪有人说：登泰山而小天下。乾隆皇帝的祖父康熙皇帝巡幸山东，多次登上泰山山顶，并在山顶建亭，书写亭额"普照乾坤"四字。乾隆皇帝来到泰山，一般是第一天奉皇太后展谒岱岳庙。次日登泰山，到碧霞宫拈香。碧霞宫在泰山山顶，祭祀天仙玉女碧霞元君。岱庙则在泰安县城西北角，庙内有汉柏唐槐。不过，泰山顶也有庙，人称上庙，是祭天处所。乾隆皇帝在位期间，曾七次遣官到上庙祭天。登上泰山山顶，到碧霞宫拈过香，乾隆皇帝祀岱的活动也告结束。此后，便踏上返回京城的路程。

乾隆皇帝巡幸山东期间，对各方面人士都有所恩赏。一般说来，所有直隶、山东二省办差文武官弁内，凡有罚俸、住俸、降级的，都准其开复，无此等参罚的，各加一级。对各地驻防官兵，年70、80以上的，也分别赏赉，由该地将军、巡抚实施。所有经过的州县，免去额赋三分之一。经过州县百姓年70以上的，由督抚查明分别赏赉。对受灾地区，蠲免钱粮的幅度就更大。乾隆皇帝第四次巡幸山东时，曾加恩将通州、三河、蓟州、大兴、天津、津军厅、青县、沧州、静海、南皮、交河、东光、景州等13州县厅，未完乾隆三十八、三十九两年缓带各项地粮共银66044两，屯粮米谷豆5400石，以及大兴、宛平、三河、涿州、良乡、武清、东安、天津、青县、静海、沧州、南皮、交河、东光、景州等15州县，未完乾隆三十五、三十七、三十八、三十九等年因灾出借常平谷31600石，米47700石，麦50950石，以及交河、沧州未完乾隆三十五、三十七、三十九等年，灾借屯谷1241石，米110石，普行蠲免。对于迎銮的读书人，进献诗赋的，则命题考试，就其文义，量加录用。有的赏给举人，有的以内阁中书录用，还有的则赏以绸缎。对于商人，乾隆皇帝也给以恩赏。第四次出巡山东时，将山东商人本年应征乾隆四十、四十一两年引票正项银367700余两，又未完借项银240000两，自当年奏销后起限，分作八年带征，以示优恤。

乾隆皇帝巡幸山东，沿途比较注意体察民情。在第一次巡幸山东时，他根据山东上年歉收的情况谕示：朕念民食艰难，多方赈恤，仓储帑项，不惜数千百万，以济灾黎，而闾阎之欣戚，犹且时萦宵旰。东巡清尘除道，所费皆给于公项，丝毫不以累民，而地方官于朕巡幸之所，自必力为经营，其于百姓抚恤，亦必周备，但恐力专于此，非辇路所经，即不免有顾失之虞。如邹、滕以北，民情尚不至拮据，若邹、滕以南，实属收成歉薄。倘不思博济，岂能尽免困乏。此等处所，尤宜加意抚绥。他还就山东省偶岁不登，闾阎即无所恃，南走江淮，北出口外的情况，发表意见说：揆厥所由，实缘有身家者，不能瞻养佃户，以致滋生无策，动辄流移。夫睦婣任恤，自古为重。利岂专在穷乏，富户也均受益。转徙既多，则佃种乏人，鞠为茂草，富者不能独耕，何如有无相资，使农民不肯轻去其乡，即水旱无虞大困。乾隆皇帝还就地方官沿途点缀景点发表意见，他说："连日经过直隶水程，凡有村落之处，缀景未免太多。至于戏台，尤属无谓。御舟匆匆而过，何暇留览，而徒为此无益糜费。"最后，乾隆皇帝谕示山东官员，不要踵事增华，为其省方观民本怀相左，可减者减，可停者停。

乾隆皇帝巡幸山东期间，发生过许多重大事件。其中，以第一次巡幸时皇后病逝，第四次巡幸时献金川俘馘最有影响。

前曾指出，乾隆十三年三月十一日，在乾隆皇帝第一次巡幸山东返程中，在德州水次，皇后富察氏病逝。乾隆皇帝极为悲痛，写了一篇《述悲赋》，其中有这样的句子："信人生之如梦兮，了万事之皆虚。呜呼，悲莫悲兮生别离，失内佐兮孰予随"。他还在诗中写道："廿载同心成逝水，两眶血泪洒东风"。不料，乾隆皇帝的皇长子永璜，因为死去的不是他亲生母亲，并不哀伤。乾隆皇帝对此非常恼怒，斥责他说："遇此大事，竟茫然无措，于孝道礼仪，未克尽处甚多"。除永璜被公开训饬外，永璜的师傅、俺达也受了处分，有的罚俸三年，有的罚俸一年。在把皇后的册封文书译成满文时，翰林院官员又误把"皇妣"译为"先太后"。乾隆皇帝大怒，指责翰林院大不敬，说管理翰林院的刑部尚书是"心怀怨望"，应当治罪，所有刑部官员都是"党同徇庇"。结果，刑部全堂问罪，满、汉尚书、侍郎共六人革职留任，主要官员阿克敦斩监候，后来才赦免。工部因为办理皇后册宝制造粗糙、简陋，也以大不敬罪全堂问罪，侍郎一个降三级，一个降四级。光禄寺因置备皇后祭礼所用物品不洁净鲜明，主管官员被降级调用。礼部因册谥皇后议礼舛误，办理事务糊涂，尚书降二级留任，其他官员也都受到处分。外省满族督抚、将军、提督、都统、总兵，凡是没有奏请赴京的，乾隆皇帝都认为他们是"遇皇后大事，不号痛奔赴"，有的降二级，有的销去军功记录，涉及的人数竟达 53 名之多。不仅如此，在皇后丧期内，有的地方官员违背满族旧习，在百日之内竟敢剃发，不表示哀思，结果也都被治罪。乾隆皇帝第一次巡幸山东，因皇后之死，竟在全国掀起一场政治风波，被处分的官员达 100 多人。

乾隆皇帝第四次巡幸山东返程途中，于乾隆四十一年四月二十五日，在桐柏村地方献金川俘馘于庙中。金川之乱起于乾隆三十六年（1771），清政府平定金川之乱，历时 5 年，费帑七千万，终于在乾隆四十一年二月初四日平定金川。四月二十五日这一天，兵部率解俘将校押俘酋索诺木莎罗奔等人，以及逆酋僧格桑馘函，由长安右门进天安右门，到太庙街门外，向北立候，告祭大臣至，押俘向北跪，置僧格桑馘函于地。告祭大臣进太庙行礼毕，兵部率解俘将校押俘至社稷街门外，押俘仍向北跪，告祭行礼如前仪。二十六日，乾隆皇帝在黄新庄，等候平定金川的将军阿桂等人凯旋。二十七日，在良乡城南行郊劳礼。正南为坛，坛上左右列纛。乾隆皇帝龙袍衮服，骑驾卤簿导行，将至坛，军士鸣螺，铙歌乐作，将军及参赞、领队、侍卫官员和兵丁戎服跪迎。乾隆皇帝登坛拜天，将军以下及在京王公大臣都随行礼。乾隆皇帝御黄幄，将军等率众三跪九叩，候旨，行抱见礼。乾隆皇帝赐坐，慰劳，赐茶。礼部堂官奏礼成，马上凯歌乐作。乾隆皇帝还行宫，赐将军等宴，以及御用鞍马。二十八日，在京城午门又举行受俘礼，铙歌大乐，金鼓全作。乾隆皇帝龙袍衮服，御午门楼。后来，乾隆皇帝又亲制平定两金川告成太学之碑，命勒石大成殿阼阶前。金川问题的解决，使这一地区长时期内保持了和平、稳定的局面，有利于清朝多民族统一国家的发展。

乾隆皇帝巡幸山东的活动结束了，他巡幸期间写的许多诗歌，却在朝野流传，长久不衰。人们更多记得的是他登泰山时写的诗，其中有一首《登泰山作》：

> 欲笑相如逢汉武，更非张说诔唐明。
> 却因瞻彼岩岩像，便以畅兹坦坦情。
> 或马或舆遵栈路，宜诗宜画入仙京。
> 齐州九点烟中办，益切忧怀保泰平。

"益切忧怀保泰平"，这也许正是乾隆皇帝巡幸山东时的心境和目的吧。

乾隆皇帝出巡豫、鲁两省，对大清帝国所起的积极作用是很明显的。首先，乾隆皇帝到山东祭孔祀岱，宣扬了儒家学说，表明了自己政权的合法性，这对于巩固满族贵族的统治、稳定社会秩序起到了一定作用。其次，在出巡过程中多次蠲免钱粮，有利于百姓度过灾荒，恢复生产。第三，扩大入学名额，有利于当地文化的发展。

但是，乾隆皇帝出巡豫、鲁，其负面作用也是很突出的。一是在出巡河南期间，过分强调冷兵器的作用，极大地影响了国家的安全。乾隆皇帝在开封府检阅军队后，在赐扈从王公、大臣、侍卫并河南巡抚等官宴上谕示："我满洲本业，原以马步骑射为主，凡围猎不需鸟枪，惟用弓箭，即索伦等围猎，从前并不用鸟枪。今闻伊等不以弓箭为事，惟图利便，多习鸟枪。夫围猎用弓箭，乃从前旧规，理宜勤习。况索伦等皆猎兽之人，自应精于弓箭，故向来于精锐兵丁内，尤称手快。伊等如但求易于得兽，久则弓箭旧业，必致废弛。将此寄知将军傅尔丹，令其严行传谕索伦等。此后行围，务循旧规，用弓箭猎兽。将现有鸟枪，每枪给银一两，概行收回。想伊等鸟枪，亦有来处，并非自造，今既行禁止，必须察明实数收贮。著傅尔丹上紧留心察收，收回后，严禁偷买自造，查出即行治罪。仍晓谕索伦等，今收回鸟枪者，特因尔等围猎，不用弓箭，习学鸟枪者过多。皇上欲尔等不弃旧规，仍复本业，尔等应体皇上怜悯训导至意。凡遇围猎，毋用鸟枪，仍前专用弓箭，务复旧习，不但超列优等，而善马步射者，可被恩升用侍卫等官。将此明白晓谕之。"其实，乾隆皇帝的这种见解以及所采取的措施并不正确。鸟枪这种火器，和弓箭相比，当然要进步。乾隆帝不提倡先进的武器，反而鼓励使用旧式弓箭，并以此考察武官，决定他们的进取，致使18世纪的中国和西方国家相比，武器的制造更趋于落后，将领选拔的制度也日益陈旧。这为后来资本主义列强入侵时大清帝国战败埋下了隐患。

二是乾隆皇帝出巡山东，给山东造成的负担非常沉重，这里仅就几件档案进行说明。以乾隆皇帝南巡经过山东为例。据乾隆二十九年十月初十日山东巡抚崔应阶奏称：东省境内自德州至郯城，计陆路八百零二里，分为十三站，内行宫四处，大营九座，尖营二十二座。回銮经由运河，自峄县至德州，计水路一千一百五十六里，分为十四站。除常家口水营归江省沛县承办外，东省共水营十三座。其陆路御道，要求中心路宽一丈六尺，两旁宽各七尺，并坚实、平整，不得随意弯曲。来前石桥要铺黄土，路面要洒水清尘。走水路，需换安福舻和翔凤艇御舟。另有随从船只数百艘。御舟停靠码头需陈设棕毯。上泰山要在回马岭以上架木叠板天桥六处，纤折而上，计六百三十一丈多。乾隆皇帝出巡给地方所造成的负担之重由此可见。

乾隆皇帝每次巡幸山东，所到之处的大小建筑都要刷新美化，建筑物窄小要改造。乾隆四十一年，乾隆皇帝在曲阜降辇处于大成殿之后，因殿后角门门口太窄难进，御轿而止。嗣后，随将角门改建宽大。门口高8尺7寸，阔六七寸。并将阶亭撤去栏槛，改作四面敞亭，由角门内转北过阶亭，可以直达座落亭前。圣迹殿前的东西角门由3尺2寸一律改为阔6尺3寸。这种改造，势必给地方带来人力、物力的严重浪费。

再看看驻跸的地方。行宫，是供乾隆皇帝一行住宿之处；尖营，是供乾隆皇帝一行休息打尖之所。乾隆八年（1745），为迎接乾隆皇帝巡幸，德州城进行了整修，使德州城周长 1530 丈，高 3 丈 3 尺，厚 2 丈 7 尺，护城河深 1 丈 8 尺，宽 4 丈 5 尺，门楼、谯楼各 4 座。东南城墙修有六角塔，高 7 层，西城墙建有振河阁，巍峨壮观。城内有庙、寺、观、庵、祠、宫、楼、坛、驿等 72 处，为乾隆皇帝南巡修造的德州行宫更是华丽无比。同时，为了确保乾隆帝的安全，德州城的四分之一成了军队的驻地。

出巡中还需要很多祭品，有的也是很稀罕的物件。山东曲阜孔府档案中，有一件乾隆三十六年（1771）的档案，是办理乾隆三十六年驾幸阙里致祭林庙典礼等的内容：

皇上东巡亲诣阙里致祭先师孔子庙合用物。长九寸、上径五分、下径七分，圆柱降香一炷。长七寸、上径三分、下径五分，圆柱降香三十六炷。长一寸、径三分，方块降香六十块。细降香丁八两。白檀香丁四两。祖降香十二斤二两。细块沉香、白檀香、沉速香三样，共一斤。白色神制帛三十二端。每枝五两重挂红线心白蜡八对。每枝六两重黄蜡二十枝。每枝三两重黄蜡四十八枝。每枝二两重黄蜡二百八十六枝。每枝一两重黄蜡九枝。酒八十三瓶。洗鱼酒一瓶，每瓶酒均重一斤十二两。白盐一斤。盐砖二十四斤。牛二只。羊二十二只。猪二十五口。鹿三只。兔十只。红枣一百七十二斤八两。栗子二百零七斤。榛子二十六斤四两。麦米二十七斤八两。芡实三十二斤八两。醢鱼二十五斤。大鳊鱼十尾。小鳊鱼十尾。大笋二十片。白糖四两。花椒五两。茴香五两。莳萝五两。香油三斤。黍米一斗。稷米七斗五升六合。稻米七斗五升六合。粱米一斗。白面二斤。荞面二斤。白菜二百七十六斤。青韭九十二斤。芹菜十五斤。葱十一斤八两。苇柴一百五十斤。木柴二千八百九十五斤。大圆炭饼九十八斤。正案合用祭器，登一个。铏二个。簠二个。簋二个。

笾十个。豆十个。香炉一个。蜡台二个。香盒一个。帛盒一个。铜爵三只。祝版架一个。拜褥一条，通长五尺，宽二尺六寸，厚一寸。上半截明黄素缎，下半截并底面四围俱用明黄油墩布。内里衬棉花五层，细毡三层，六面包裹黄布一层。

皇上亲诣少昊金天氏陵、元圣周公庙拈香合用品物。长六分、径一分，方块降香各三两。大圆炭饼各二个。每枝五两重、挂红白蜡各一封。合用祭器。香炉各一个。蜡台各一对。拜褥各一条，每条通长五尺，宽五尺六寸，厚一寸。上半截用明黄素缎，下半截并底面四围俱用明黄油墩布。内里衬棉花五层，细毡三层，六面包裹黄布一层。

尽管乾隆皇帝在出巡过程中，向地方官员多次强调不扰民，但是，上面所述，再清楚不过地表明乾隆皇帝出巡山东期间所造成的负作用了，而这，毫无疑义削弱了大清帝国的国力。

三是地方官员的浮靡之风，有禁不止。乾隆皇帝出巡，一般都谕示从公项钱粮内赏银，作为修葺古迹名区以及行宫的补充费用。但是，地方官员却往往过度开销，浪费国家钱财。乾隆十五年十月初十日，河南巡抚鄂容安奏称：恭遇驾幸河南，全省绅民感沐皇仁，无由仰报，情愿捐输，共收银 587000 余两，以充公用。这是地方官借故对民间搜刮的典型事例。乾隆三十六年，乾隆皇帝第三次出巡山东，二月初六日在宝稼营登舟时，地方官就在所设水营外围蓆墙，又加了一层用黄布做的幕遮挡，还添设了坐落板房。尽管乾隆皇帝对此表示不满，认为这是直隶总督杨廷璋糜耗物力，没有体会到他省方问俗的本意，最终还是赏给盐库银 1 万两作为费用。乾隆四十一年三月十五日，在山东泰安，乾隆皇帝根据各地方督抚进奉贡品的情况，谈了对进献问题的看法：朕前岁阅视河工，到达天津，督抚等有远道进贡的，当时就降旨通谕禁止。这次巡幸山东，各省督抚呈递贡折的特别多，实属无谓。朕銮辂所经，如本省大吏进献方物，尚不属过分，就是各盐政、关差、织造，偶尔进绸缎等物，以备赏赉，也是事出有因。但各省督抚竟相率由，送皮张缎匹等，就属于糜费之举了，朕不但不喜欢，而且觉得烦闷可憎。封疆大吏，朕委以重任，要看他的本职工作做得如何，怎么可能以他的进贡衡量优劣呢？所有此次各督抚呈进之物，已谕令奏事处全部退还，仍要传旨申饬，今后遇朕巡幸，不得再有进献。乾隆皇帝的这个谕示，从一个侧面反映了当时大清帝国官场的风气，而这也是官场腐败的一种反映。大清帝国的肌体就这样被官员们的腐败腐蚀着。

第 三 章

西巡五台山

五台山在山西省忻州市五台县境内。在乾隆皇帝的出巡活动中，六次西巡五台山也占有重要地位。

礼佛、问俗、尽孝道

乾隆皇帝多次西巡五台山，是由多方面原因决定的。

首先是利用藏传佛教，怀柔蒙藏。众所周知，五台山是佛教胜地，北魏时即建有寺庙，以后陆续增建，多达 200 余所。在这些寺庙中，有许多是藏传佛教寺庙，俗称喇嘛庙。比如灵鹫峰上的菩萨顶，是五台山五大禅处之一，传为文殊菩萨居住的地方，所以又名真容院，也称文殊寺。寺院初建于北魏，历代重修，明朝永乐年间（1403 至 1424）以后，成为五台山喇嘛庙之首。乾隆皇帝巡幸五台山，就居住在这里。又如罗睺寺，也是喇嘛庙，是五台山五大禅处之一。该寺初创于唐代，明朝弘治五年（1492）重修。乾隆皇帝多次到这里朝拜，并敕修此寺。还有圆照寺，明朝永乐年间，印度名僧宝利沙坐化于此，遂建寺藏其舍利。宣德年间（1426 至 1435）重建，清朝多次重修。明永乐年间喇嘛教黄派祖师宗喀巴大弟子蒋全曲尔计居此弘扬黄教佛法，此后黄教在五台山广为传播。寺中有喇嘛塔 5 座。此外，殊像寺也是五台山五大禅处之一，寺内供奉文殊菩萨像。

这些寺庙对于信仰黄教的蒙古、西藏王公乃至一般百姓都很有吸引力。乾隆皇帝和其祖父康熙皇帝一样，非常明白利用黄教抚绥蒙古、西藏王公贵族的道理。为此，清朝以藏传佛教四大活佛之一的章嘉活佛管理五台山喇嘛教有关事务。此外，就是乾隆皇帝本人亲自巡幸五台山，以实际行动表明清朝对喇嘛教的尊崇态度。这样做有利于蒙古、西藏地区清朝统治秩序的稳定。有的书上说："五台山以清凉佛界著名，经典震耀遐荒，国家绥柔蒙古，特兴黄教，宏启宗门，藉资控驭，是以用中外乂安，边民享升平之福。"这不是没有道理的。

其次是效法祖父康熙皇帝。康熙皇帝多次巡幸五台山。康熙二十二年（1683）二月二十日，康熙皇帝幸五台山，建上祝太皇太后延寿道场，亲临五顶。同年九月，康熙皇帝奉太皇太后幸五台山，因道路崎岖，行到长城岭，太皇太后即回銮，命康熙皇帝前往五台诸寺代行虔礼。于是，康熙皇帝瞻礼五台诸寺，发白金300两，绵300斤，命有司分给所过地方贫民。康熙三十七年（1698）三月，康熙四十一年（1702）二月，康熙皇帝又两次幸五台山，驻跸菩萨顶，幸中台、西台、南台诸寺。康熙四十九年（1710）二月，康熙皇帝最后一次巡幸五台山，驻跸白云寺。康熙皇帝巡幸五台山的情况，实录中记载得明明白白。乾隆皇帝处处效法祖父，因此也多次巡幸五台山。

第三是观风省俗，了解民间情况。乾隆皇帝曾说："朕临幸五台，观风问俗，盖欲周知闾阎利病，登之衽席之安也。山西地方风俗尚为淳朴，朕此次巡幸，亲见民情颇为宁辑，但敦庞之质在民，而教养之责在上，尤当加意拊循化导，俾登上理。抚臣为通省表率，藩臬为师帅之大员，府州县等皆有父母斯民之责。其各仰体朕心，力行实政，教养兼施，惟日孜孜，罔或怠伏。而在小民亦应敦行孝弟，崇习礼让，共为良民，毋蹈浇漓强悍之风，以成熙皞盈宁之治。朕实有厚望焉。"乾隆皇帝的这番话，道出了他西巡五台山的真实用意，就是要巩固地方统治秩序。原来，乾隆皇帝即位以后，只十余年的时间，有的地方统治秩序已经不稳定。在四川，由于地广人稀，湖广、江西、陕西、广东、福建等省流民都来川地觅食，后来人口渐多，难于就业，一些人便组织起来，学习拳棒，交结当地"不肖奸棍"，三五成群，横行乡里，号为"嘓噜子"。在京城附近，有弘阳教活动，教徒们建教堂，塑神像，地域遍及 14 州县。在福建省上杭县，发生了罗日光聚众抗租事件，抗租的人们驱赶典史，打伤业户，抢夺钱谷，抗拒官府。乾隆皇帝对此谕示：罗日光等借减租起衅，逞凶不法，此风断不可长，应严拿从重治罪，以儆刁玩。上述事件就发生在乾隆皇帝第一次西巡五台山前不久。所以，乾隆皇帝西巡五台山，观风问俗，也为了稳定地方的统治秩序。

第四是尽孝道，满足皇太后的心愿。乾隆皇帝时时处处强调孝道，认为这是治国的根本措施之一。他六次巡幸五台山，有三次是奉皇太后出游。乾隆二十五年（1760）八月，乾隆皇帝谕示："明年恭逢皇太后七旬万寿，钦奉懿旨，五台显通寺为文殊师利道场，梵宇琳宫，夙昭灵应，竭陵成礼后，顺道前诣拈香。所有应行各事宜，著该衙门及地方有司照例敬谨预备。"由此可以看出，乾隆皇帝西巡五台山，有时是为皇太后祈求福寿的，因为传说五台山是文殊师利菩萨显灵说法的道场。

五台山，位于山西省东北部，隶属忻州市五台县，位列中国四大佛教名山之首。

乾隆十一年（1746）九月初十日，乾隆皇帝奉皇太后从京城静宜园启銮，第一次巡幸五台山。一路上经过黄新庄、半壁店、长堤、龙善村、五郎村、东都亭、龙村口、王快镇、法华寺、大教场、射虎川等地，于九月二十三日到达五台山，驻跸大营。途中，在五郎村地方行围打猎，并多次谕示：将直隶、山西二省本年正月初三日恩旨以后所有军流以下人犯，令该督抚分别情罪，请旨减等发落。此次经过州县内，男妇年70以上的，照从前恩诏之例，分别赏赉，以示优恤高年之意。将五台县乾隆十二年应征地丁银，蠲免十分之三。将军补熙带来绥远城右卫兵丁内善扑人等，赏给一月钱粮，其余兵丁赏给半月。噶尔西等带来归化城土默特官兵内善扑人等，各赏银2两，其余兵丁赏给1两。太原城守尉巴兰泰带来兵丁，每人赏一月钱粮。此外，乾隆皇帝还多次赐随从王大臣等宴。二十七日，乾隆皇帝奉皇太后自五台山回銮，先后驻跸射虎川、大教场、法华村、王快镇、丰家庄、半壁村、正定府行宫、赵村、石家庄、高庚铺、保定府行宫、太平庄、定兴县大田村、陆村、青塔等地，于十月十六日回到京城皇宫。在从五台山回京途中，在法华村至王快镇的路上，乾隆皇帝连续行围打猎。十月初五日，视察了滹沱河工地，并赐随从诸王大臣等宴。乾隆皇帝第一次巡幸五台山，总计36天。

乾隆十五年（1750）二月初二日，乾隆皇帝奉皇太后从京师出发，开始第二次西巡五台山。考虑到这次西巡，正是春季秋麦生长之时，所以临出发之际，乾隆皇帝颁布谕旨，要求所有经过地方，一应扈从王公大臣官员，以及内侍人等，车马仆从，俱著严加诫饬，不得践踏青苗，各地方官酌派兵役看守，如有不遵约束者，即行拿送，将伊家主指名参奏议处。与此同时，乾隆皇帝还宣布，经过州县本年应征额赋，蠲免十分之三。沿途经过地方基本上同于第一次。十三日到达五台山，驻跸菩萨顶大营。十五日，乾隆皇帝赐扈从王公大臣山西地方官等宴。二月十六日，乾隆皇帝奉皇太后回銮，经过南苑，于三月初六日返回京城。回銮途中，在端村至园头路上连续行围打猎，还到四圣口视察了永定河堤工。乾隆皇帝第二次西巡五台山，总计35天。

乾隆皇帝第三次西巡五台山，是在乾隆二十六年（1761）。这年的二月初十日，乾隆皇帝奉皇太后从圆明园启銮，谒泰陵，并西巡五台山。先后经过黄新庄、半壁店、梁各庄，十四日，拜谒泰陵。在半壁店行宫，乾隆皇帝宣布，此次西巡五台山，经过州县，本年应征额赋，蠲免十分之三。十五日，驻跸隆善村大营，赐扈从王公大臣并直隶官员等食。此后经过五郎村、东都亭、龙村、王快、法华村、大教场、台麓寺，二十四日到达五台山，驻跸菩萨顶行宫。二十五日，赐扈从王公大臣并直隶、山西官员等食。这一天，乾隆皇帝还谕示，豁免五台县乾隆二十四年未完民借缓征常、社、义三仓谷1400余石，乾隆二十五年民借常、社、义三仓谷4300余石，石楼、阳曲等州县缓征各年旧欠银3100余两，粮51800余石，谷800余石。二十九日，乾隆皇帝奉皇太后回銮，先后驻跸台麓寺行宫、大教场大营、法华村、王快大营、杨家庄、桦皮村、正定府、赵村、定州、高玉铺、保定府、端村、紫泉行宫、涿州、黄新庄等地，于三月十七日回到京城畅春园。回銮途中，三月初六日，乾隆皇帝在正定府北门外阅兵。乾隆皇帝第三次西巡五台山，总计37天。

乾隆四十六年（1781）二月二十二日，乾隆皇帝从圆明园启銮，第四次西巡五台山。出发的当天，乾隆皇帝宣布，此次出巡所经过的直隶、山西各州县，所有本年应征钱粮，蠲免十分之三。当天驻跸黄新庄行宫。二十三日，乾隆皇帝又谕示，将顺天、保定、河间、天津、广平、大名、宣化、冀州等府州属未完四十五年以前节年因灾出借谷47090石，米34007石，麦3404石，以及顺天、保定、天津、广平、直化、遵化等府州属四十二年以前节年未完因灾缓征带征地粮起存银51802两，全部蠲免。当天驻跸涿州行宫。此后，经过三和铺、太平庄、灵雨寺、膏腴铺、众春园、赵村、正定府、桦皮村、杨家庄、王快、法华村、大教场、台麓寺，三月初八日到达五台山，驻跸菩萨顶行宫。途中，乾隆皇帝在正定府北门外检阅了军队。赐扈从王公大臣并直隶官员等食。宣布此次出巡直隶派出办差兵丁，加恩赏给一月钱粮；巡幸扈从官兵，均于起程前各按日期多少支给路费；将五台县乾隆四十五年出借未完常平仓谷3681石全行蠲免；山西派出办差兵丁加恩赏给一月钱粮。三月十一日，乾隆皇帝回銮，返程路线和来时路线基本相同。二十五日，回到京师静宜园。乾隆皇帝第四次西巡五台山，总计36天。

乾隆皇帝第五次西巡五台山，是在乾隆五十一年（1786）。这一年的二月十八日，乾隆皇帝从京师启銮，谒泰陵、泰东陵、巡幸五台山。和已往历次西巡一样，宣谕沿途经过地方，蠲免本年地丁钱粮十分之三。沿途经过黄新庄行宫、半壁店行宫、秋澜村行宫、梁各庄行宫，二十二日，拜谒泰陵、泰东陵。然后，乾隆皇帝启銮西行五台山，一路上经过东北溪、龙山村、五郎村、东渡亭、隆村、王快、法华村、大教场、台麓寺、白云寺行宫，于三月初二日到达五台山，驻跸菩萨顶行宫。在从东北溪大营到龙山村大营的路上，乾隆皇帝谕示将顺德、广平、大名三府属乾隆五十年分，因灾出借米76880余石，折色银220100余两，概行豁免。在从东渡亭大营到隆村大营途中，乾隆皇帝指出：满城、完县一带地方道路，凡遇低洼旧路，并无积水处所，概行建搭桥座，甚属无谓。桥梁原为行旅而设，其本非河渠水道，不过因地势低洼，即搭盖桥座，以为平坦饰观，则跸路所临，地形高下不一，于经行本属便利，又何必为此无益之费？况现在并非大雨时行之候，明系地方官藉此为开销地步，殊属非是。乾隆皇帝谕示：嗣后仍妄行建搭桥座，即概不准销，以杜浮冒。乾隆皇帝还指出：每日驻跸营盘，只须计算网城、布城、环卫地步，已敷周列足矣，无取过宽。因为此等地面，即系民田，过事宽广，既于耕作有妨，又轻用民力。他要求直隶总督嗣后务须妥协经理。

二十九日，在法华寺大营，乾隆皇帝赐扈从王公大臣及蒙古额驸，并直隶、山西官员等食。谕示将所有忻州、代州、定襄、五台、峒县、繁峙乾隆五十年应缓征银33970余两，米豆3860余石，俱著豁免。所有山西办差兵丁，加恩赏给一月钱粮。此外，乾隆皇帝还决定：收纳河东商人捐献的200000两白银；把自抚臣以下至知府共捐的80000两养廉银，拿出10000两交章嘉胡图克图，分赏五台山各庙喇嘛，以为熬茶念经之用。三月初三日，在菩萨顶行宫，乾隆皇帝赐扈从王公大臣，及蒙古王公额驸，直隶总督，山西巡抚、学政，并官员等食。初七日，乾隆皇帝回銮，沿途驻跸白云寺行宫。初八日，乾隆皇帝得知太湖县唐家山地方，乡民掘挖蕨根，见土内杂有黑米，磨粉搀和好米煮食，颇可充饥，民人闻风踵至刨挖，谕示地方官采取措施，不使百姓忿争生事。后来，乾隆皇帝又得知太湖县唐家山乡民掘出黑米，自正月十二至二十七日，共获一千数百余石，忍不住作诗一首，题为《志事诗》，全文如下：

草根与树皮，穷民御灾计。

敢信赈恤周，遂乃无其事。

兹接安抚奏，灾黎荷天赐，

挖蕨聊糊口，得米出不意。

磨粉搀以粟，煮食充饥致。

得千余石多，而非村居地。

县令分给民，不无少接济。

并呈其米样，煮食亲尝试。

嗟我民食兹，我食先堕泪。

乾坤德好生，既感既滋愧。

愧感之不胜，惶忍称为瑞。

邮寄诸皇子，今皆知此味。

孙曾元永识，爱民悉予志。

从诗中可以看出，乾隆皇帝确有恤民之情。离开白云寺行宫后，回銮途中又经过大教场行宫、法华村大营、王快大营、杨家庄大营、桦皮村大营。十四日，在从桦皮村大营前往正定府行宫的路上，乾隆皇帝谕示军机大臣说：此次巡幸五台山，至灵鹫峰文殊寺，御制七言律诗一首，已翻出满洲、蒙古、西番字，著发文伊桑阿，于文殊寺内，建立四方石幢一座，镌泐四样字。热河向有石幢，著即照式办理。并著将满洲字刻于碑东面，汉字刻于南面，蒙古字刻于北面，西番字刻于西面。不必建盖碑亭，该寺东边原有空间屋宇，或改一碑亭，不必高大，或不用碑亭，即在殿前院内，俱无不可。著伊桑阿酌量地址，绘图进呈，并将石幢大小尺寸，一并开明，再行如式书写发往，按照四面镌刻。乾隆皇帝写的七言律诗，题名《至灵鹫峰文殊寺诗》，内容如下：

开塔曾闻演法华，梵经宣教率章嘉。

台称以五崇标顶，乘列维三普度车。

萦缪抒诚陟云栈，霏微示喜舞天花。

曼殊师利寿无量，宝号贞符我国家。

乾隆皇帝的这首诗，写明了清朝利用藏传佛教的政策。在正定府，乾隆皇帝检阅了正定镇兵，视察了滹沱河。过了正定府行宫以后，沿途又经过赵村大营、众春园行宫、膏腴铺大营、保定府行宫、新庄大营、紫泉行宫、涿州行宫、黄新庄行宫，三月二十六日，返回京师圆明园。乾隆皇帝第五次西巡五台山，总计 39 天。

乾隆五十七年（1792）三月初八日，乾隆皇帝从京师启銮，拜谒泰陵、泰东陵，并第六次西巡五台山。他行前颁布谕旨，所有沿途经过地方，镯免本年地丁钱粮十分之三。沿途先后驻跸黄新庄行宫、半壁店行宫、秋澜村行宫、梁各庄行宫，十二日拜谒泰陵、泰东陵。途中谕示直隶派出办差兵丁，加恩赏给一月钱粮。离开泰陵、泰东陵以后，经过东北溪、隆山村、五郎村、东渡亭、隆村、王快镇、法华村、大教场、台麓寺、白云寺，二十二日，乾隆皇帝到达五台山，驻跸菩萨顶行宫。行进途中，乾隆皇帝先后宣布，将大兴、安肃、新乐、正定、定州、望都、清苑、新城八州县未完节年因灾出借米麦谷34554石，概行豁免。所有山西办差兵丁，加恩赏给一月钱粮。请轿校尉、御舆太监、牵骡马甲等，每人赏给一月钱粮。此外，还多次赐扈从王公大臣、蒙古王贝勒贝子公额驸，直隶山西官员等食。二十四日，乾隆皇帝谕示：此次巡幸五台山，所有直隶、山西驻跸行宫，虽具系从前发帑修建，但自上届巡幸以来，已阅数年，不无粘补糊饰之费，著于长芦运库应解广储司项下，各赏给银10000两，以示体恤。二十七日，乾隆皇帝离开菩萨顶行宫回銮，当天晚上驻跸白云寺行宫。由于驻跸台麓寺行宫时，北垣外并未设堆拨，亦未传筹，将管理行营的前锋统领、护军统领及总理行营事务的王大臣等分别议处，以示惩戒。乾隆皇帝还说："朕办事五十余年，加恩众庶，天下太平，即朕夤夜独行，亦复何虑？独是众多臣仆，随君出狩，竟不设堆拨，不行传筹，将来子孙亦或有巡幸各处者，凡驻跸之处，墙垣周围不设堆拨，不行传筹，必至旧制废弛，不成事体。"此后，经过台麓寺行宫、大教场行宫、法华村大营、王陕大营、杨家庄大营、桦皮村大营、正定府行宫、赵村大营、众春园行宫、膏腴铺大营、保定府行宫、新庄大营、紫泉行宫、涿州行宫、黄新庄行宫，在四月十六日返回京师圆明园。乾隆皇帝第六次西巡五台山总计38天。

乾隆皇帝西巡到达五台山以后，给各寺庙很多供奉。乾隆十一年九月第一次西巡时，供奉菩萨顶并台麓寺佛前的有：御书心经佛塔各一轴，墨刻心经佛塔水月观音童子观音各一卷，墨刻金刚经佛塔各一轴。供奉罗睺寺、玉花池、青宁寺、般若寺、镇海寺、七佛寺、法禅寺、三泉寺的是：墨刻心经水月观音量子观音各一卷。菩萨顶供奉镀金镶嵌坛城，镀金菱花盘，彩漆挑杆八，吉祥法琅把盏、花瓶、荷叶碗，黄国宝盖。台麓寺供奉银八宝，镀金菊花盘。各寺庙香银595两。恩赏菩萨顶喇嘛克食、蟒袍、蟒缎、珠子、貂皮，老格隆等蟒袍17件，众僧银530余两，瓢珠108盘，哈达220块。台麓寺喇嘛蟒袍、缎子，众僧蟒袍6件。罗睺寺住持、老格隆等，般若寺、寿宁寺、镇海寺，七佛寺住持等，各赐蟒袍有别。乾隆十六年二月第二次驾幸五台山，供奉显通寺等香灯银190两。乾隆二十六年第三次西巡五台山，供奉菩萨顶佛前的是：御书心经佛塔一轴，糁金无垢文殊菩萨二尊。糁金儒童文殊菩萨一尊。各寺香银300余两。恩赏菩萨顶札萨克喇嘛克食、大缎、貂皮、典器，格隆、司贵宫用缎各1匹，温斋格隆彭缎各1匹，念经僧银260余两，众僧哈达220块。台麓寺、涌泉寺、罗睺寺、寿宁寺等喇嘛，官给大缎、宫用缎不等。

一路风光一路诗

　　乾隆皇帝巡幸五台山的准备工作是很充分的。乾隆十一年（1746）八月十八日，乾隆皇帝颁布上谕：“朕此次巡幸五台，前经总理行营王大臣议和，扈从官兵驻跸之处，务须聚集商贩，公平交易，已降旨允行。今巡幸在迩，而直隶、山西今岁均称丰稔，正当收获之后，粮草充裕，可传谕那苏图、阿里衮转饬所属，届期于附近营盘处所多为预备，俾随从人等，得以便于购买，毋致临期缺乏。”这里说的是随从人员、扈从官兵的粮草问题，是在当地向商贩购买。八月二十四日，大学士领侍卫内大臣公讷亲等议奏：“皇上至五台次日，在菩萨顶庙内，建醮讲经，恩赏官员兵丁饭食。第三日往中台、西台。其五台山罗睺、显通、塔院、殊像、碧山等五寺，均赏匾额。皇上临谒，俱在大营左右二三里内，实为至便。至东台、南台、北台、古南台等四处，行走略难，而南台道路尤险，即圣祖仁皇帝临幸时，亦未能一时遍至，请止行幸。再长城岭道路略窄，内务府车辆装载官物，酌计足用，随至菩萨顶大营外，其余车辆，皆令附近等候。皇上阅正定府兵，应行预备之处，臣等扎寄总督那苏图办理。从之。”这里谈的是乾隆皇帝日程安排、巡幸内容问题，甚至行途的难易都考虑进去了，实在是很周密的。

　　乾隆十四年（1749）十月二十七日，山西巡抚阿里衮上奏中，谈到明年乾隆皇帝驾幸五台，自五台至泽州一路，相近御道可供观览的台麓寺等13处，沿途庙宇古迹狮梁等6处，都应黏补修整。台怀镇要建行宫，太原府城虽以抚署为行宫，也要酌量盖房几十间，作为随行人员休息处所。乾隆皇帝以"繁费无益"为由，明确指出建立行宫俱不可行，沿途寺庙古迹可略为修葺。二十九日，乾隆皇帝谕示，嗣后凡遇巡幸所用柴炭，该地方官酌量应用数目，不得多行预备，致滋糜费。内务府临期要奏派该衙门总管一员，稽察办理。十二月十五日，乾隆皇帝颁布谕旨指出，前已降旨，于来年秋间巡幸五台，由山西入河南，省览中州，回跸畿辅。近日向导人员阅看营盘道路，回奏自太原一路至河南境，经由太行山麓，其为崎岖狭隘。朕省方巡幸，惟取便民，若因修治道路，重烦民力，非朕观风问俗本意，应于春间霸州水围之便，即诣五台，至秋间百谷登场后，再往中州。所有近日派出随驾人员，原系随从水围之用，今恭奉皇太后前至五台，理应另行奏派。其各衙门应行预备之处，照例预备。与此同时，有关方面上奏，五台山寺庙，本年秋季已经修理，油饰齐备。以上这些，人们可以从一个侧面了解乾隆皇帝巡幸五台山，在平整道路、维修寺庙以及取暖等方面的准备情况。

乾隆二十五年（1760）八月，为准备第三次巡幸五台山，乾隆皇帝谕示，要求有关巡幸各事宜，各衙门及地方有司照例敬谨预备。在西巡成行以后，驻跸菩萨顶行宫，乾隆皇帝一再申明，巡幸五台，一切供顶俱颁自内府，丝毫不以累及闾阎，而除道清尘，未免有需民力。在回銮途中，乾隆皇帝又提到，从前巡幸五台，帐殿周庐随常顿宿，今春巡抚鄂弼在菩萨顶侧建盖行宫，并台麓寺旁添设坐起数楹，以备安息。询其工料所费，乃出自伊等养廉。最后，乾隆皇帝决定，在存公项内拨赏银2万两，以供鸠工饬材用。以上材料表明，为准备乾隆皇帝西巡，各地百姓要服"除道清尘"的差役，甚至地方官也要拿出自己的养廉银，为皇上的西巡效力。

此外，在乾隆皇帝西巡准备过程中，商人们也是出了力的。乾隆皇帝第三次巡幸五台山前一年，河东商人捐银3万两，以充经费。山西省各州县，一邑中有捐出二三千两或1万两不等的。乾隆皇帝第五次巡幸五台山前，河东商人捐银20万两。这些捐银，或用来黏补行宫，或用来建搭桥梁道路。

乾隆皇帝西巡五台山的准备工作结束后，便开始踏上行程。他沿途驻跸大营和行宫，游览名胜古迹，挥笔写诗，真是一路风光一路诗。

乾隆皇帝的车队，首先是在京师顺天府境内行进，卢沟桥是必经之地。乾隆皇帝写有《过卢沟桥》诗：

薄雾轻霜凑凛秋，行旌复此度卢沟。
感深风木睽逾岁，望切鼎湖巍易州。
晓月苍凉谁逸句，浑流萦带自沧州。
西成景象今年好，又见芃芃满绿畴。

诗中描写的是秋景，是第一次巡幸五台山时所作。乾隆皇帝很爱护卢沟这座古桥。在乾隆五十一年（1786），他命发帑金重修，在桥东西两陲加长石道，新旧道路总长142丈。黄新庄行宫在良乡县界，这里土地肥沃平坦，人口稠密。行宫呈长方形，宫门里面是垂花门、大殿、照殿，大殿左右是东西书房。行宫环以围墙，墙外栽种垂柳、白杨。后面的行宫规制多和黄新庄行宫相同。乾隆皇帝行进在良乡境内时，曾写诗赞扬良乡塔，说它是"高入天风势莫攀"。半壁店行宫在良乡、房山、涿州交界处，距韩村河20余里，前后有南正、北正两个村庄。乾隆皇帝在房山县境，游览了石经山、石经洞和云居寺。石经山在房山县西50里，这里峰峦秀拔，俨若天竺，又名小西天。山的东面有石经洞，是隋朝静琬法师凿石刻经的地方。云居寺在房山县西南 40 里，石经山下，俗名西峪寺。寺中塔下有石经窟。云居寺匾额为乾隆皇帝赐题。乾隆皇帝巡幸五台山行进在房山境内，写有题名《柳》诗一首，读后使人感到饶有情趣。诗文如下：

山村看掩映，驿路辨微茫。

向晚烟犹重，当秋色渐黄。

余荫利行旅，即景验年光。

几度房山路，垂丝尔许长。

在易州境内，涞水县西有秋澜村行宫，距遒栏河 2 里。安国河在易州北 30 里，乾隆皇帝巡幸五台山，特命疏浚河道，在河上建石坝石闸，并赐名安河。梁各庄行宫在易州城西 15 里，为展谒泰陵往来必经之地。泰宁山在易州西 50 里，山势巍峨耸拔，后来乾隆皇帝敕封其为永宁山。黄金台在易州东南 30 里，相传是燕昭王为了求得贤才所筑。乾隆皇帝西巡经过这里，写有《黄金台》诗：

堪尚白驹意，黄金到处台。

拔茅茹以江，市骨骏应来。

易水寻流渡，秋云为客开。

伊人题句后，谁复斗诗才。

诗中乾隆皇帝流露出和燕昭王一样求得贤才的心情。过了易州，进入保定府界。五郎村在完县东北，相传西汉末年王谭不从王莽，与其子五人躲避此地，筑城以居，所以又名五公城。木兰祠在完县东，又名孝烈庙，汉朝女子木兰代父从军，戍守该处。乾隆皇帝西巡经过这里，写有《木兰祠》诗：

克敌垂成不受勋，凛然巾帼是将军。

一般过客留吟句，绝胜钱塘苏小坟。

诗中歌颂了花木兰功成不受勋的精神。葛洪山又名葛山、清虚山，在唐县西北 70 里，相传晋朝葛洪在这里养丹。葛洪山万峰耸翠，烟霞掩映，其中紫云、白云、碧云三峰特别著名。山上有宫名上清虚、下清虚，宫里有藏经阁、老君炉。圣母宫左右有二台，台下有桃花庵、瓦窑寺、滴水堂、重阳洞等景点。山谷幽胜，别具情趣。乾隆皇帝西巡，曾命阁臣绘图呈进。河神祠在唐县西 30 里，面临唐河。乾隆皇帝经过这里，赐名"灵济祠"，又赐匾额"灵源协顺"。乾隆皇帝西巡经过唐县，写有《唐县怀古》诗。临漪亭在保定府城西，这里建有行宫，是乾隆皇帝西巡驻跸之所。莲花池在保定府城南，有著名的莲池书院，乾隆皇帝西巡曾到这里阅视。灵雨祠在保定府城西，乾隆皇帝赐前殿额"筏通彼岸"，后殿额"现清净身"。紫泉河行宫在新城县西北 15 里。

出了保定府界，乾隆皇帝的巡幸车队进入定州界。定州曲阳县水宝岩是著名景点，金朝皇帝写有《水宝岩漱玉亭》诗，宋朝大诗人苏东坡写的"浮休"二字，被刻在山坡的巨石上。乾隆皇帝经过这里，写了一首《曲阳县望水宝岩》诗，诗中有"驻辇思金帝，磨崖忆宋臣"句，反映了乾隆皇帝的博识。众春园行宫在定州城内东北隅，乾隆皇帝西巡时所建。

过了定州是正定府辖境。王快镇就在阜平县东 50 里处。这里居民众多，商贾云集，是该县的一个重镇。滹沱河在正定府南 8 里，乾隆皇帝西巡驻跸正定行宫，曾揽辔河干，亲授挑水筑坝事宜。河神庙在正定府南门外，滹沱河北。乾隆皇帝西巡驻跸阅河，赐额"畿甸安澜"。庙前建望河亭。崇因寺在正定府署北。隆兴寺在正定府署东，旧名龙兴寺，又名大佛寺。寺北有大慈阁，铜铸佛像高7丈3尺。乾隆皇帝西巡，曾到崇因寺和隆兴寺阅视，还写有《真定隆兴寺礼大佛》诗。

龙泉关是直隶和山西省交界的著名关口。乾隆皇帝西巡离开正定府界，经过龙泉关，便进入山西代州境内。龙泉关侧崇崖耸峙，康熙皇帝西巡时曾在这里勒马射箭，连飞三矢，直逾岩顶，后来这个地方就叫三箭山。乾隆皇帝过龙泉关写有《龙泉关》诗：

> 云关临木杪，石壁矗秋空。
> 据胜三边接，销烽九塞同。
> 寒迟莎坂绿，旭放堞楼红。
> 花雨霏天外，清凉指顾中。

诗中描述了龙泉关的险峻，美丽的景色，以及就要到达五台山的喜悦心情。龙泉关是长城岭的一个关口，古长城在这里蜿蜒而过。越过长城岭，就是射虎川，当年康熙皇帝在这里射杀猛虎。神武泉在射虎川的旁边。乾隆皇帝写有《射虎川》诗，歌颂了他祖父的勇猛精神。过了射虎川，就到了五台山。

五台山又名五峰，在五台县东北120里。因为这里岁积坚冰，夏仍飞雪，曾无炎暑，所以又名清凉山。五台山的东台，云蒸霞蔚，日爽气澄，东望明霞如波若镜。台有叠石塔，高六七丈，中有文殊师利像，有庙名望海寺。乾隆皇帝西巡到此，赐额"霞表天城"、"华严真境"。西台旧名栲栳山，后改名挂月峰。月坠峰巅，仿佛悬镜法苑珠林。有庙名法雷寺。乾隆皇帝巡幸到此，赐额"月镜空圆"、"德水香林"。南台山峰耸峭，烟光凝紫，金莲日菊，灿发如锦，所以又名锦绣峰。有庙名普济寺。乾隆皇帝巡幸此处，赐额"仙花徵果"。南台西3里为古南台，上有云集寺。乾隆皇帝赐额"慧性明圆"。西北为妙德庵，乾隆皇帝赐额"性因净果"。还有杂花庵，乾隆皇帝赐额"无量福田"。北台山势最高，上薄霄汉，所以又名叫斗峰。台侧有黑龙池，又名金井。东瞻海洋，北眺沙漠，聿为巨观。有庙名灵应寺。乾隆皇帝赐额"应真禅窟"、"宝陀纷飞观"。中台苍崖拔地，翠霭浮空，所以又名翠岩峰。顶有太华池。有庙名演教寺。乾隆皇帝赐额"灵惊中峰"、"震那金界"。

台麓寺在东台东，乾隆皇帝西巡，赐额"妙庄严路"、"筏通彼岸"、"五髻香云"，联为：金轮荐幅慈光霭，宝筏传心妙果圆。寺旁建行宫，即为台麓寺行宫。乾隆皇帝赐题前殿额为"习妍堂"，后殿额是"静寄斋"，殿侧书轩额是"雨花"。宽滩村，距台麓寺20里，其地滨河。乾隆皇帝西巡，在此地设尖营。白云寺，旧名卧云庵，乾隆皇帝赐额"松风花雨"、"朗莹心珠"、"法云地"。寺北建有行宫，乾隆皇帝题前殿额为"引怀堂"，后殿额为"静宜书屋"。菩萨顶行宫在灵鹫峰麓，距菩萨顶3里，乾隆二十五年（1760）改建，正殿五楹，乾隆皇帝赐题额为"恒春堂"。后殿五楹，乾隆皇帝赐题额为"清凝斋"。镇海寺在交口西南岭下，乾隆皇帝赐额"金轮不住"。北有万缘庵，乾隆皇帝赐额"施洽群有"。殊像寺在梵仙山，距台怀镇里许。寺奉文殊大士跨狻猊像，法相庄严，塑工精绝。乾隆皇帝曾命发帑重修，并赐额"大圆镜智"。菩萨顶大文殊寺在中台灵鹫峰顶，本名真容院，乾隆皇帝赐额"心印昆云"，联为：性相真如华海水，圆通妙觉法轮铃；八解浚遥源航周性海，三明开广路镜朗心台。乾隆十六年（1751），发帑重修，乾隆皇帝赐额"人天尊胜"，赐联：百道泉飞石间流动功德水，五峰云拥空中天雨曼殊花。大螺顶在灵鹫峰东，乾隆十六年发帑重修。金刚窟在东台。有庙名般若寺，乾隆皇帝赐额"妙昔如意"，还特命发帑遣官监修。普乐院在金刚窟西，是章嘉活佛迎候乾隆皇帝西巡休息所在，乾隆皇帝赐额"三乘普徵"，赐联是：三乘极身成舍相，闻思修教演祥轮。罗睺寺在法化寺东北隅，乾隆皇帝赐额"慧灯净照"、"悟色香空"。乾隆二十五年（1760），寺旁改修精舍，乾隆皇帝赐额"意芯心香"。大显通寺在灵鹫峰上，寺中有无梁殿，架石为之，不设寸木。后有铜殿、铜塔，工制极精巧。乾隆皇帝赐额"十地圆通"、"真如权应"。大塔院寺在灵鹫峰下，内有佛舍利塔，左有文殊发塔，佛足碑。乾隆皇帝赐额"揽妙鬘云"。寿宁寺在中台南30里，乾隆皇帝赐额"善超诸有"。玉花池在中台南麓，有庙名万寿，古为玉花寺，因池生白莲，坚莹如玉而得名，乾隆皇帝赐额"华严龙海"，"妙参真"。

乾隆皇帝写有许多关于五台山的诗，多恭依康熙皇帝元韵。在一首题为《清凉山》的诗中，乾隆皇帝写道：

桥渡西巡仰圣踪，崇崖仍旧矗尧松。
隔峦未见雪中寺，应谷先闻云外钟。
敢觅新题清咏别，惟应元韵敬依重。
山灵有问如何答，再过还期叩碧峰。

诗中表现了乾隆皇帝对祖父康熙皇帝的敬仰，也描绘了五台山的风景，流露了作者再访五台山的心情。乾隆皇帝还写有《西巡回銮述事》诗，其中有"今秋薄得山田获，却为灾余喜不胜"，"民瘼时缘巡省知，仁皇家法至今垂"等句，表现了乾隆皇帝西巡不忘民间疾苦。

处理政务不间断

　　乾隆皇帝六次西巡五台山，处理政务从不间断，比较有影响的是以下这些：

　　罗日光聚众抗租事件。乾隆十一年九月二十五日，第一次西巡五台山驻跸菩萨顶大营的乾隆皇帝，对福建省汀州府上杭县罗日光聚众抗租事件，做出了新的谕示。前曾指出，乾隆十一年七月，福建省上杭县百姓罗日光、罗日照等，因蠲免钱粮，欲将所纳业户田租四六均分，遂聚众持械拦截下乡收租的业户与典史。他们驱赶典史，打伤业户，抢夺钱谷，把守道口险隘，抗拒官府，随从者不下千余人。抗租者占据山头，连接十余里，见知县及千把总到境，就鸣锣放枪，蜂拥掷石。官兵施放弓箭，罗日照等则执枪搠伤县役。八月二十九日，福建提督武进将此事件上奏后，乾隆皇帝曾谕示：普免天下钱粮，原期损上益下，与民休息。至于佃户应交业主田租，只能令地方官劝说田主，自行酌减，并未限定分数，使之宽减。减与不减，应听业主酌量，岂有任佃户自减额数，抗不交租之理。乾隆皇帝认为对罗日光等人应予严惩。九月二十五日，乾隆皇帝对这一事件又做出新的谕示。原来，福建地方官员后来又上奏说，参加罗日光抗租的乡民俱投结自首，不敢附和为匪，已经解散，首犯即将被擒，地方已经宁帖。乾隆皇帝认为，此等刁民既敢聚众械殴业主，又敢聚集千人，拒捕行凶，不法已极，岂一时晓谕即能解散，明系地方文武希图草率完结，所以前后奏报，俱有掩饰之意。乾隆皇帝谕示：此案首犯尚未缉获，而现在督抚已俱易新任，喀尔古善、陈大受等到任后即将此案原卷，逐一详细确查，从头根究，务获首恶，尽法处治，以儆刁风。

解决西洋天主教事。在第一次西巡五台山的路上，福建巡抚周学健奏称，福建福安县有洋人潜住，招男女二千余人入天主教，书役等俱被蛊惑。乾隆十一年七月十六日，乾隆皇帝命周学健将拿获西洋人送至澳门，勒限搭船回国。从教男人，择情罪重大，不可化悔者，按律究拟，无知被诱者，量予责释。周学健接到乾隆皇帝谕示后，又上奏提出：该国夷人，实非守分之徒，有难加以宽典者。查西洋人精心计利，独于行教中国一事，不惜巨费。澳门共有八堂，一堂经管一省。每年该国钱粮，运交吕宋会长，吕宋转运澳门各堂散给。又西洋风土，原与中国相似，独行教中国的夷人，去其父子，绝其嗜欲，终身为国王行教，甚至忘身触法，略无悔心。至中国民人，一入其教，信奉终身不改，且有身为生监，而坚心道者。又如男女情欲，人不能禁，而归教之处女，终身不嫁，细加察究，亦有幻术诡行。周学健上奏中还说，他不久前在福安各堂内，搜出番册一本，是册报番王的姓名。凡从教人，能诵经坚心归教的，即给以番名，每年赴澳门领银时，用番字册报国王，国王按册报人数多少加赏。现在福安从教男妇计二千六百余人。以白多禄等数人行教，福安一邑就有这么多人，合各省计之，何能悉数。是其行教中国之心，固不可问。至以天朝士民，而册报番王，以邪教为招服人心之计，尤不可测。周学健最后提出，请将行教人白多禄等按律定拟，明正国典，以绝狡谋。乾隆皇帝览奏后谕示：周学健未免言之过当，但是照律定拟，自所应当。

审理大乘教徒。这是乾隆皇帝第一次西巡五台山时处理的一件大事。大乘教是佛教的一个支派。据两江总督尹继善奏报，有王徐氏等人传习从云南省传来的邪教，即大乘教。传习的人附合四川省逆犯刘奇等，妖言惑众，为此，已拿获多人，其中，就有王徐氏。王徐氏的丈夫也是个大乘教徒，所以王徐氏接教开堂，派人到四川省和刘奇联络。派出的人回来后说，刘奇是另一个逆犯已死的张保太转世，将来兴龙华大会，推刘奇为教主，刘奇听说王徐氏有德行，便令她去四川。于是，王徐氏便把香金纱衣，派人进川送给刘奇。王徐氏还将过继周彦章的女儿周氏，教令坐功，捏造乱语，指为活佛。周彦章附合其说，就在家内听任周氏开堂惑众。尹继善奏报中还说，已严饬地方官究拿，拟将王徐氏斩立决，往来滇、蜀传播妖言的人分别斩监候，附同附和各犯分别杖流。乾隆皇帝对尹继善的奏报谕示说：知道了。看来乾隆皇帝同意了尹继善的处理意见。与此同时，湖南巡抚杨锡绂上奏说：查大乘邪教各犯，莫少康在湖北招徒最多，其次是陈南明等，也都是要犯。浏阳、湘阴、武陵、茶陵等州县，被惑从教的，不下一千余人。已督令各属密访，节次拘获多名，供出的伙犯，如有授记招徒的，一律拘拿审讯，不敢有丝毫宽容。被惑愚民，勒限两月内出示令首，州县将出首保结各姓名，册报查考。要犯孙其天等，派人前往四川缉拿，并咨明该省抚镇，不使漏网。乾隆皇帝对杨锡绂奏报的批示是：实系愚民，随声附和的人，要宽大处理，没有捕获的要犯，从速缉拿。

妥善处理策凌病故事。乾隆皇帝第二次西巡五台山途中，适值定边左副将军策凌病故。策凌，姓博尔济吉特氏，蒙古喀尔喀部人，是成吉思汗直系后裔，幼年随祖母归附清朝，居住京师，教养于内廷。后来娶康熙皇帝女和硕悫公主为妻，授和硕额驸，赐封贝子，命携所属归塔密尔驻牧。康熙末年，出征蒙古准噶尔部，屡立战功，授为扎萨克。雍正元年（1720），封多罗郡王，次年入觐，命与同族亲王丹津多尔济驻阿尔泰，任副将军，用正黄旗纛。雍正九年（1729），从靖边大将军锡保攻讨噶尔丹策凌，用偷营诱敌计，击败大策凌敦多卜军，进封和硕亲王，升授喀尔喀大扎萨克。翌年，噶尔丹策凌派小策凌敦多卜率兵3万，由奇兰至额尔德毕喇色钦，额驸策凌率兵于本博图山迎敌。准噶尔军潜袭塔密尔，掠策凌二子及牲畜而去。策凌闻讯，回军驰击，取得了著名的光显寺大捷。敍功，赐号超勇，晋封固伦额驸。雍正十一年（1732），命佩定边左副将军印，屯驻科布多，长赛音诺颜部。乾隆元年（1736），他带领喀尔喀兵1500名驻扎乌里雅苏台，分防鄂尔坤。准噶尔遣使议界，以其二子陷准部相要挟，策凌严辞拒绝，准部无计可施，遂定以阿尔泰为牧界。策凌就是这样一个对清政府有大功的蒙古王公。乾隆十五年二月初十日，驻跸在法华村大营的乾隆皇帝得知额驸策凌患病后，立即派遣贝勒罗卜藏驰驿往视，并谕示说，如此时额驸策凌病愈，即回京，如病重不能理事，署印需人，罗卜藏即署理定边左副将军印务。乾隆皇帝还派太医前往看病。二月十六日，驻跸射虎川大营的乾隆皇帝得知策凌病故，非常伤感，命赏银1万两办理丧事。乾隆皇帝还表示，灵柩到京之日，他将前往奠酒。又命应行恤典，与在京亲王一体加恩，并配享太庙。

处理海南崖州黎民起事事件。乾隆皇帝在第四次西巡五台山途中，收到地方官奏报说，崖州官坊村黎民纠集另外几村黎民，持弓执刀，放火劫杀民人，署琼州府知府丁学已兼程前往督拿，查究起衅根由，并抢劫情况。琼州镇派遣游击海庆带兵一百名先往督拿。乾隆皇帝得知这一情况后指出：黎人敢于纠集人众，抢掠村庄，杀害民人，实属不法。即使该处村民平时或有欺压黎人之事，以致受侮不甘，亦当向地方官控告办理，何得擅自仇杀。乾隆皇帝认为，这些起事的黎人是匪徒，不可不从严究办，便命地方大员巴廷三督同文武员弁紧急搜捕，并查出起义为首及附从人，逐一根究。如有隐匿五指山内的，务须搜查净尽，以示惩创。乾隆皇帝又指出，该处地方官倘有扰累黎民，或该处村民平时欺压黎众，以致激成事端，该督亦须彻底追查，据实严参。该处起衅滋事村民，也应一律严办，不可稍存袒护。对于琼州镇总兵常衡遇有这样重要事件，不亲住督捕，只派游击前往，乾隆皇帝认为这是实属怠玩，应当严行申饬。

处理尹嘉铨事件。尹嘉铨原为朝廷大员，后来告老还乡。乾隆皇帝第四次西巡五台山回銮途经保定时，尹嘉铨派其子到行宫，为其父尹会一请谥号，并要求尹会一从祀孔庙。尹嘉铨提出从祀孔庙的人名单中还有汤斌、范文程、李光地、顾八代、张伯行等人。乾隆皇帝为此很恼火，指出：尹嘉铨遣伊子至行在奏为伊父请谥，实属狂妄。易名赐谥属于国家大典，岂可妄求？况且他又不亲来乞恩。乾隆皇帝认为，尹嘉铨这种做法是肆无忌惮，愚而好自用。从祀宫墙非人品学问纯粹无疵久经论定的，谁敢轻议？所以国朝从祀寥寥，宁缺勿滥。乾隆皇帝还对汤斌、范文程、李光地、顾八代、张伯行以至尹会一的人品、学识、政绩一一进行了评论。乾隆皇帝甚至愤怒地责问：今尹嘉铨乃敢妄称已在德行之科，既为请谥，复请从祀，如此丧心病狂，毫无忌惮，把我看成是什么样的人主了？结果，尹嘉铨被革去顶带，拿交刑部审讯，从重治罪，原籍以及在京城赀财，也被查抄。

处理贵州民人杨秀锦叩阁案件。乾隆五十七年三月初十日，乾隆皇帝第六次西巡五台山行抵秋澜地方，贵州民人杨秀锦道旁叩阁。乾隆皇帝遂令军机大臣讯取供词进呈。原来，杨秀锦是贵州镇远县人，长期当本县董长，催取每年应征钱粮。从前都按亩征收米石，自乾隆四十八年（1783）以来，改征折色，每亩地征银递年增加。因加征银两太多，催交不齐，屡被责打，受苦不过，携带串票来京申诉。按杨秀锦所述，折征之始，每亩折银六钱五分，递加至二两一二钱不等，上年则仍征一两二钱。乾隆皇帝了解这些情况后指出：地亩钱粮征收米石，自有定例，何以改征折色，且递年既经加多，何以上年银数又复减少，种种情节，自应彻底根究，以成信谳。但该县民人交纳钱粮甚多，何独该犯一人不惮远来，赴京控告，或另有唆使贿嘱之人，亦未可定。如该犯所供情节竟属虚诬，自当治以应得之罪，以儆刁风。若该地方官果有加征之事，更不可不严行查办。乾隆皇帝最后命滇省巡抚姜晟处理完云南省民人那耀宗等控告争夺家产一案后，顺赴贵州省提集犯证，秉公严审，定拟具奏。乾隆皇帝还强调指出：此系隔省之事，不必顾及会循及私情。

乾隆皇帝西巡五台山，对大清帝国来说，在正面的意义上，进一步提高了五台山各寺庙在藏传佛教中的地位。本来，藏传佛教传入五台山后，在清代，每年农历六月初四至六月十五，都要做道场、办法会，菩萨顶大文殊寺是当然的中心，五台山所有的喇嘛庙也都大开庙门，迎接各地的香客游人。据有人记载，六月十四日这一天，全山的喇嘛们头戴各种脸谱面具，身穿各种服饰，念着护法经，跳着金刚舞，在菩萨顶"镇魔"。十五日，又在罗睺寺"跳神"，并出来绕街转道。前头驾着弥勒菩萨像，接着大喇嘛坐八抬大轿，二喇嘛骑高头大马，其余僧众，敲锣开道，击鼓鸣号，吹奏庙堂音乐，热闹异常。当地群众和外地游人如潮水般跟随，争相观看。这些不仅真实地反映了五台山在藏传佛教中的显著地位，也进一步扩大了五台山各寺庙的影响。在这种情况的基础上，乾隆皇帝西巡对五台山各寺庙的赏赐，就更增加了五台山在藏传佛教中的影响，而这对清廷利用藏传佛教巩固对蒙藏地区的统治有重要意义。与此相关的是，乾隆皇帝西巡五台山，也增加了少数民族特别是蒙古族王公对清朝中央政府的向心力。乾隆皇帝西巡期间，多次宴请蒙古王、贝勒、贝子、公、额驸、台吉等人。从而增加了蒙古族王公对清朝中央政府的向心力，巩固了满蒙联盟，这有利于大清帝国西部和北部边疆地区统治秩序的稳定。

乾隆皇帝西巡五台山，对大清帝国来说，负面的影响也比较大，就是国家人力和财力的浪费，这主要表现在修建行宫、御道维护、御营安设等方面。在修建行宫方面，乾隆皇帝第三次西巡五台山，曾用银 2 万两，以供鸠工饬材之用。第五次西巡五台山，维修行宫的花费用银 1 万 7 千两。第六次西巡五台山，又用银 1 万两。在御道维护方面，乾隆皇帝第五次西巡五台山途中，凡遇低洼旧路，并没有积水的地方，地方官也都搭起了桥。在御营安设方面，所筑的营盘过于宽敞，这不但浪费钱财，而且还多占了民田，轻用了民力。这些还只是乾隆皇帝在责备地方官时亲自说出来的，实际上的费用，恐怕比这要多得多。

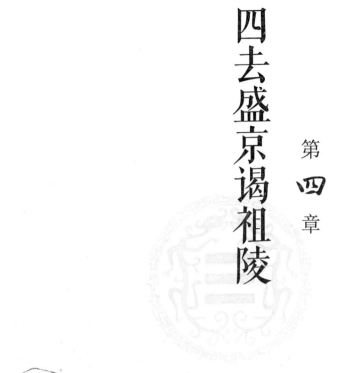

第四章

四去盛京谒祖陵

盛京即今沈阳，清朝的创立者皇太极取兴盛之意，把明朝沈阳城改名盛京。清朝未入关以前，在盛京地区修建有三座帝王及其后妃的陵墓，人称"盛京三陵"。盛京三陵包括永陵、福陵和昭陵。永陵是清朝皇族爱新觉罗氏的祖陵，在今辽宁省新宾满族自治县永陵乡，这里埋葬着清太祖努尔哈赤的始祖猛哥帖木儿，曾祖福满，祖父觉昌安，父亲塔克世，附葬的还有伯祖礼敦，叔祖塔察篇古等。福陵在今沈阳城东，埋葬着努尔哈赤和孝慈高皇后叶赫纳喇氏。昭陵在今沈阳城北，是清朝第二代开国君主清太宗皇太极与孝端文皇后博尔济吉特氏的墓地。

紧张的准备工作

　　顺治元年（1644），清朝入关后，逐渐确立了对全国的统治。但是，清朝的最高统治者并没有忘记盛京三陵。乾隆皇帝的曾祖清世祖福临，曾特降谕旨，表示思念远在天涯的祖宗陵寝，吃不下饭，睡不着觉，一定要选择吉日出行，心中方才安定。只是福临时期，清朝入关不久，长期战乱，生产受到严重破坏，民不聊生，阶级矛盾和民族矛盾都十分尖锐，出巡日期迟迟没有择定。后来，福临又患了天花病，24岁便离开了人世，所以巡幸盛京祭祖的愿望未能实现。

　　乾隆皇帝的祖父清圣祖玄烨即位后，多次谕示礼部，表示要巡幸盛京祭祖，以展孝思。他谈到出巡祭祖的原因时，特别强调了太祖高皇帝（努尔哈赤）创建鸿图，肇兴景运，太宗文皇帝（皇太极）丕基式廓，大业克弘。总之，他思念祖宗创立基业长眠的地方，同时也是完成他的父亲福临的未竟之志。结果，玄烨终其一生，曾三次出巡东北。

　　乾隆皇帝的父亲清世宗胤禛，在位13年，因为百废维新，日不暇给，再加上处理西北地区准噶尔蒙古事务，所以一次也没有去盛京祭祖。不过，康熙六十年（1721），胤禛还在藩邸时，曾代谒过祖陵，前往盛京，写有《瞻仰盛京宫阙念祖宗创业艰难恭赋二十韵》，诗中有"奉命趋辽海，猗欤仰旧宫"，"念昔开洪造，乘时建武功"，"神威宣率土，皇极协苍穹"等句，叙述了奉命代谒祖陵、瞻仰先皇宫阙的情况，表达了缅怀祖宗当年创业艰难的心情。

乾隆皇帝即位后，也和他的前辈一样，对远在盛京的祖宗陵寝怀着深深的眷恋之情，希望通过恭谒祖陵，训示宗室不忘祖宗创业的艰辛。他在第一次出巡盛京时曾说过这样的话：自入盛京，历观旧迹，溯我朝之肇兴，忆祖宗之开创，为天所与，仰荷鸿庥，垂万世之统，贻久远之谋。每敬思之下，钦畏之念弥增。

乾隆皇帝还写过著名的《盛京赋》，在该赋的序文中，他强调了以祖宗之心为心的重要，论述了开创与守成的关系，文中写道：

尝闻以父母之心为心者，天下无不友之兄弟。以祖宗之心为心者，天下无不睦之族人。以天地之心为心者，天下无不爱之民物。斯言也，人尽宜勉，而所系于为人君者尤重。然三语之中，又惟以祖宗之心为心居其要焉。盖以祖宗之心为心则必思开创之维艰，知守成之不易，兢兢业业，畏天爱人。……我国家肇兴盛京……予小子缵承丕基，惧德弗嗣，深惟祖宗缔构之勤，日有孜孜，敬奉神器。言念盛京为天作之基，永陵、福陵、昭陵巍然在望，不躬亲祀事，其奚以橹鬟忱而示来许？……

正是为了缅怀祖宗的功绩，不忘创业的艰难，训诫子孙永远保住大清的一统天下，乾隆皇帝才不惜时日，不畏劳苦，前后四次巡幸盛京。

乾隆八年（1743）五月初一日，乾隆皇帝谕示：朕奉皇太后前往盛京，恭谒祖陵，择于七月初八日启行，一切应行事宜著各该衙门先期备办。其实，巡幸盛京的准备工作早就开始了。乾隆七年（1742）十一月二十日，盛京户部侍郎双喜上奏中指出：明年皇上恭奉皇太后往谒祖陵，所有随从人员经过地方，应需口粮马驼草料，宜预为备办，但现在各城仓，虽有存贮粟米，并无草豆，应请将宁远等城乾隆七年地亩，暂停散收米石，改征黑豆备用。一般说来，乾隆皇帝每次巡幸盛京的准备工作都是在前一二年就开始的。这种准备工作既紧张，又周密，主要是在京城和盛京两个地方进行。

属于京城方面准备工作的，是预备马匹、车辆、饲料，整修道路，安设驿站，预定扈从官兵的安营制度等。由于巡幸期间，皇帝和扈从王公大臣多乘马而行，所以需要马匹很多。另外，还要考虑到有些马匹难免中途疲困，需要更换。这样，皇帝出巡期间需要准备随营马500匹，才能保证役使。准备马匹的同时，还要筹措大量草料。这些草料一般都向商民事先预定好，届时由商民卖给官兵。由于乾隆皇帝巡幸途中还要行围打猎，行围的马匹所需草料也要事先准备好。乾隆十九年（1754），乾隆皇帝第二次巡幸盛京时，准备围猎所需马有5000匹之多，草料准备的数量可想而知。除马匹、草料外，还要准备车辆，供皇太后、皇后等乘坐。这些车多是骡车，拉车的骡马事先经过训练，行走稳健。除内廷后妃乘坐的车辆外，乾隆皇帝出巡还要携带大批行粮、赏赐物品以及御用物品，这些也需要车辆装载。因此，乾隆皇帝巡幸盛京时所需车大约在300辆左右，由内务府向顺天府属州县雇用。每辆车重载一天给脚价银七钱二分，守候或空载给草料银五钱二分。总计用银几万两。

乾隆皇帝巡幸盛京期间，驿递工作极为重要，国内外大事要随时奏报皇帝知道，皇帝的谕旨也要随时颁布到各地。因此，从京城到山海关，再到盛京，沿途所有驿站都需要整顿。马匹不够的要照数补齐，两站之间距离过远的，中间要添设腰站，有些地方根据需要还补设驿站。对于皇帝所经过的御路，责令有关官员进行检查，该修桥的修桥，需垫道的垫道，一切费用由国库核销。御路要求的标准很高，路面要平坦，碾压坚实，还要多备水缸以便洒扫，弯曲的地方要取直。为此，各级地方官组织百姓，不知道耗尽了多少时日。

乾隆皇帝巡幸盛京，一路上安营或驻跸行宫，扈从人员也要随之安营，这些在出发前就要规定好。乾隆八年（1743）五月初二日，总理行营事务和硕庄亲王允禄等人的上奏，对这一问题讲得非常清楚。他在奏文中写道：

凡遇銮舆行幸，扈从大臣官兵人等安营各有定处：宗室王公，应在管声音堆拨外就近之地。大臣等应随领侍卫内大臣所指之地。未入班之满汉官员及侍卫拜唐阿等各随其班次。章京护军等各随本旗之纛，镶黄、正红、镶白三旗在营后，正黄、镶红、镶蓝三旗在营西，正白、正蓝二旗在营东。今酌定章程，分为左右翼，宗室、王公、大臣、满汉官员及侍卫、拜唐阿、章京、护军、八旗等仍遵向例安置。其拴马支杆，应设于正门銮仪卫巡更处。皇上起行，应设于管声音堆拨内。皇太后起行，应设于正门左穿堂帐房次层帐房之间。再各部院总管衙门所属官员，内务府护军及太监等，亦令分别安置。其别项人等恐无约束，应特派章京四员并护军校、护军等分别指示。其蒙古人等仍交理藩院，令于大营十数里外安设。前后牧马人等，随时起行，不准夤夜出入哨内。

这种扈从官兵的安营制度，确保了乾隆皇帝巡幸盛京期间的绝对安全，有利於皇帝处理各种政务。但是，这么多人，这么多车辆，携带这么多物品，不可能一起出发，一起驻宿，那会使道路拥挤，车马堵塞。对此，乾隆皇帝也考虑到了。于是，他向大臣提出：所有行营应用之蒙古包、帐房、布城等项及应预备物体，俱著於先行起程，于应行等候地方预备等候，其侍卫章京护军内酌量留用外，其余著分别次序，预先起程。如此分别次序令其起程，则驻宿处俱有空间，而在途亦不致损伤田苗。具体怎么办理，乾隆皇帝命总理行营事务王大臣等妥议具奏。后来，决定出巡时，以下人员提前出发：侍卫150余名，亲军护军600余名，各项官兵拜唐阿等2000余名，车790余辆，分三拨前往。还有牧厂派出马6000余匹，也派放马章京事先前往。

乾隆皇帝巡幸盛京路上，有专门机构膳房和茶房负责饮食。行进在蒙古族游牧地区，乾隆皇帝多吃牛羊肉，喝马奶酒，以及獐、狼、鹿、雉、兔等野味。这些，有的是蒙古王公进献的，有的是乾隆皇帝狩猎得到的。如果巡幸路上没有经过蒙古地区，或者没有进行大规模打猎活动，那么，就由所经过地区的地方官员负责供应各种肉类，以满足皇帝一行人的需要。巡幸途中食用的米、面和副食，米主要是从南方运来的漕米，面为白面，副食中有鸡蛋、豆腐、鲜叶等。一种名"馇子"的食品，是用荞麦面做的，有解暑作用，由专门机构自初伏起每隔五日预备一次，专供皇帝及其随从人员食用。为了供应皇帝等人饮用牛奶、奶茶，茶房备有奶牛，由有关衙门供应。膳房除预备食物外，还要预备西瓜、香瓜等水果。为防止天热食物变质，也要预备冰块。在伏天巡幸途中，乾隆皇帝和后妃们还要经常吃些清爽可口的凉菜。一种叫"荞花面"的调味解暑佳品，是拌凉菜时不可缺少的。

就在京城积极准备乾隆皇帝巡幸盛京的时候，盛京方面的有关工作也在紧张地进行，主要是谒陵、升殿大典、筵宴、祭神以及有关住宿方面的准备。

恭谒祖陵是乾隆皇帝巡幸盛京的主要目的，因此，准备工作十分重要。有关事务是由盛京内务府请示京城内务府，并上奏皇帝得到批准后操办的。在谒陵准备工作中，包括核查器皿是否齐全，接驾工作是否做到万无一失，祭祀用的金银铜器是否清洗乾净，谒陵礼仪有无疏漏，写祭文的黄裱纸，包祭文的黄云缎，搁祭文的架桌、桌套，是否准备好，祭物是否齐整，祖陵的各项设施是否需要修缮等等。就是皇帝下轿停放地点需准备棕荐，以及皇帝拜褥的薄厚，有关官员也要注意。乾隆四十三年（1778），为准备乾隆皇帝第三次巡幸盛京，曾花费白银

2200余两，更换一些地方的帐、幔、门帘、桌套、拜褥等物件。

《福陵图》轴。福陵是清太祖努尔哈赤的陵墓，俗称沈阳东陵，位于今辽宁沈阳东郊石嘴山（后改称天柱山）。该图描绘了福陵殿宇的整体布局，以及陵区苍翠的林木。

　　谒陵礼成后，乾隆皇帝要到盛京皇宫崇政殿或大政殿举行隆重的升殿大典，因此，升殿大典的准备工作也十分重要。它包括察看升殿用的宝座、背靠、手搭、脚凳等是否铺设好，文房四宝是否齐备，演奏宫廷音乐的乐器是否需要修补，大臣进贺表用的物件有无遗漏，应行礼的各衙门官员是否已经熟悉了有关礼仪等。哪个环节存在问题，有关负责官员都必须想方设法尽快弥补。

乾隆皇帝巡幸盛京时要举办各种宴会，有关工作也必须事先准备好。例如采买筵宴所需的米、面、干鲜果品等。筵宴所需要的桌子等物件，不能有陈旧残坏的地方，否则必须收拾见新。

祭神是乾隆皇帝巡幸盛京时不可缺少的一项活动，因此也必须做好准备。这项活动在盛京皇宫的清宁宫里进行。原来，满族有祭天、神、祖先的习俗，清朝定都北京后，祭祀的制度逐渐完备。祭祀的地方称做堂子。清宁宫祭神的准备工作，是由盛京内务府和工部具体负责的，包括对堂子的修理糊饰，增加打扫人役，预备堂子内应用的幪子、香碟等祭器，以及有关陈设什物，演练祭祀礼仪，挑选好弹弦子、琵琶、打鼓儿、扎板的人，准备好祭祀用的祭品、祭肉、黏饭、酒、饼、神猪，还有祭祀用的缸、瓶、盆、坛等。

乾隆皇帝巡幸到盛京时，一般已是秋天，早晚天气比较寒凉。为了保证乾隆皇帝到达后，住宿的地方不过于潮冷，还要做好熏炕的各种准备。盛京皇宫住所搭造的火炕，和我国北方居室中常见的火炕一样，只是一室中设有多铺。这种火炕，既可解决坐卧起居等问题，又能通过炕面散发热量，保持室内较高的温度。火炕上一般铺席和毡片。据统计，盛京皇宫中的火炕，清宁宫有5个，关雎宫有8个，鳞趾宫有8个，衍庆宫有8个，永福宫有7个，东配宫有5个，西配宫有5个，左翼门、右翼门、大清门各2个。熏热这么多的火炕，在乾隆皇帝停留盛京皇宫期间，总计要用木柴27000余斤。

为了迎接乾隆皇帝巡幸盛京，对清宁宫、崇政殿、大政殿、大清门、文德坊、武功坊等重要建筑物，还要进行油饰彩绘，以及程度不同的整修。宫内殿内的有关铺垫陈设，也要进行必要的更换。由于一些门殿的门槛过高，车轿通行不便，所以要搭设木搭垛。为了使宫中各门便于开启，门上要拴拉门牛皮条。这些都要在乾隆皇帝到来之前准备好。为了以壮观瞻，增加庄严隆重的气氛，还要特意增加一些陈设物。例如在大清门内，陈设挂壁2座，弓10张，撒袋10副，梅针箭200枝，长枪10杆，枪架2座。在宫廷周围12处班房，每处均陈设长枪5杆，枪架1座，弓5张，撒袋5副，梅针箭100支，挂壁1座。

让宫殿周围居住的旗民人等暂时搬迁，也是为迎接乾隆皇帝巡幸盛京，盛京方面应该做的准备工作。这样做，当然是为了保证乾隆皇帝的安全。此外，有些街道要打扫干净，一些人家养的鸡、犬、猪要送走远避，以免乾隆皇帝感受到空气污浊。

在前往盛京的道路上

当京城、盛京两方面的准备工作日渐完备的时候，乾隆皇帝出巡的日期也日益临近了。

乾隆皇帝一共四次巡幸盛京。第一次是乾隆八年（1743）七月初八日，乾隆皇帝奉皇太后，开始了巡幸盛京的历程。当时乾隆皇帝33岁，体力充沛，精神旺盛。巡幸的大队人马从京城西郊畅春园起行，向东北方向进发。途经南石槽、怀柔县、密云县、要亭、两间房、常山峪、喀喇河屯，十五日到达热河，驻跸避暑山庄。十九日，乾隆皇帝一行离开避暑山庄，继续向盛京进发。一路北行，经过中关、波罗河屯、张三营、十八里台，到达围场。先后在围场所属的永安莽喀、巴颜喀喇、爱里、锡拉诺海四个分场打猎。然后继续东北行，在漠南蒙古昭乌达盟、卓索图盟、哲里木盟等所属的喀喇沁旗、翁牛特旗、敖汉旗、奈曼旗、科尔沁等旗的游牧地内边前行边狩猎。八月二十六日和二十七日，驻跸伊木呼哈达，这里仍属于科尔沁蒙古地界，随后，乾隆皇帝的巡幸车队经过克尔素门，越过克尔素河，盛京官兵来迎。乾隆皇帝一行从此向南行进，九月初十日驻跸德里倭赫，十一日行围于英莪门外，然后进入兴京地区（今辽宁省新宾县）。十七日，在永陵行大飨礼。接着，乾隆皇帝的车队向西行，经过抚顺，二十三日，在福陵行大飨礼。二十四日，在昭陵行大飨礼。祭陵完毕后，乾隆皇帝奉皇太后进入盛京城，受到盛京文武官员的跪迎。乾隆皇帝一行住进盛京皇宫，并在那里举行一系列庆祝活动，使巡幸祭祖盛典达到高潮。十月初二日，乾隆皇帝奉皇太后离开盛京，开始了返回京师的行程。回銮的路线，是从盛京向西南行，经过锦州，进山海关，再经过丰润、蓟州、通州，二十五日回到京城。第一次巡幸盛京总计107天。

《昭陵图》轴。昭陵是清太宗皇太极的陵墓，俗称沈阳北陵，位于今辽宁沈阳北郊。该画面描绘了昭陵殿宇的整体布局，以及陵区葱郁的林木。

乾隆十九年（1754）五月初六日，乾隆皇帝第二次去盛京谒陵，仍然是奉皇太后前行。这年乾隆皇帝44岁，正当盛年。到达避暑山庄前的路线和第一次相同。驻跸避暑山庄长达52天，远远多于第一次。离开避暑山庄后，从中关没有北去围场，而是径直向东，进入蒙古族游牧地，一路上仍是边行进边打猎。和第一次不同的是，这次乾隆皇帝北行到了吉林城和松花江岸，祭拜了长白山神，又泛舟松花江上。然后南下，到达德里倭赫以后，才和第一次巡幸路线相同，直趋兴京和盛京。回銮的路线，仍然是进山海关，只是某些地段与第一次不同，十月初十日还宫。乾隆皇帝第二次巡幸盛京总计 153 天。

乾隆四十三年（1778）七月二十日，乾隆皇帝第三次巡幸盛京谒陵。这时皇太后已经去世，乾隆皇帝也已 68 岁高龄。大概是因为情绪和体力的原因，乾隆皇帝这次没有取道塞外，没有进行狩猎活动，只是经过山海关一线，来去匆匆，九月二十六日回宫，全部时间只有 66 天。

乾隆四十八年（1783）五月二十四日，乾隆皇帝第四次巡幸盛京。这一年他已经 73 岁。由于准备工作充分，一路上多住的是行宫。从京城出发后，和第一次路线相同，前住热河避暑山庄。五月三十日到八月十五日期间，一直在避暑山庄居住。十六日离开避暑山庄后，向东北行，经过塔子沟、三座塔等地，从义州直趋兴京、盛京地界。一路上未进行任何围猎活动。归程路线和第一次基本相同，十月十七日还宫。乾隆皇帝第四次巡幸盛京总计 142 天。

乾隆皇帝巡幸盛京谒陵的路上，最主要的事情是行围演武，这从他的有关言行中可以看出。在第一次巡幸盛京时，乾隆八年（1743）九月初六日，乾隆皇帝谕示大臣：朕此次至盛京，视其兵丁身材壮健，弓马娴熟，犹未失满洲旧制。大臣官员等各相奋勉，训练整齐。高兴之余，乾隆皇帝决定加恩赏赉，把 20 万两生息银借与盛京将军属下官员兵丁，官员四年以后扣还，兵丁两年以后扣还。二十六日，乾隆皇帝又谕示：盛京乃我朝肇基之地，人心朴实，风俗淳厚。朕此次恭谒祖陵巡幸至此，见其兵丁汉仗俱好，行围演武均属熟练整齐，朕甚嘉悦。国本攸关，最为紧要。为了奖励行围演武格外奋勉的人，乾隆皇帝决定再拨银 3 万两给盛京将军额尔图，命他酌情办理。同时，将军大臣以下，总管以上官员等共赏银 1 万两。

在第二次巡幸盛京谒陵过程中，乾隆皇帝仍然重视行围演武。乾隆十九年（1754）八月初六日，乾隆皇帝赐盛京吉林将军官员兵丁等饮食，还说官兵弓力可观，尚能不忘旧习，决定赏吉林将军、副都统撒袋、腰刀、蟒缎、大缎、官缎，有执事官员赏大缎、官缎，无执事官员赏官缎、彭缎，有执事兵赏三月钱粮，无执事兵减半赏给，驿丁屯丁等每名赏银一两五钱。

乾隆皇帝第四次巡幸盛京时，虽因年高不能狩猎，但对奋力勤勉的官兵仍不忘给以奖励。

乾隆皇帝不仅注意在行围演武方面奖赏有关官兵，而且身体力行，自己带头行围打猎。他在乾隆八年第一次巡幸盛京过程中，进行了大规模的行围演武活动，总计有 35 天之多，占整个巡幸时间的三分之一。在八月二十九日和九月初一日，还分别在巴彦、乌什杭阿两地各射死一只虎。在九月二十六日，在盛京讲武台检阅了骑步兵。

在第二次巡幸盛京过程中，乾隆皇帝照例进行了行围演武活动，《清实录》中记载了乾隆皇帝的行围日期，总计有 24 天。而且，回京城后的第三天，他就在紫光阁观看了中式武举的骑射技勇。

在第三次、第四次巡幸盛京过程中，乾隆皇帝因为年纪已大，虽然没有亲自参加行围演武活动，但是他几次检阅了八旗官兵的骑射。乾隆四十三年八月二十八日，在盛京皇宫大政殿观看了盛京官员的射箭表演。乾隆四十八年九月初一日和初五日，在行营宫门检阅了盛京、吉林官员兵丁的射箭术。

关于乾隆皇帝出巡期间的狩猎活动，以及他平时的骑射武功，皇帝身旁的大臣多有记述。乾隆时期著名的文学家、史学家赵翼，曾任内阁中书和军机章京，多次扈从乾隆皇帝外出狩猎。他在《檐曝杂记》一书中，记述了乾隆皇帝的射箭本领，有助于人们对乾隆皇帝行围演武的认识。他写道：

皇上最善于射箭，每年夏天引见武官结束后，就在宫门外比赛射箭，秋天出塞巡幸时也这样。比赛时射三次，每次三箭，每箭都中靶心，九箭中大概有六七箭是这样。这是我经常看到的。乾隆十四年（1749）十月，在大西门前比赛射箭，皇上九发九中。有的大臣看后感到惊奇，写了一篇《圣射记》的文章呈给皇上。他们不知道皇上的射箭本领这么好，每次射箭都是这样，本来用不着感到惊奇的。

一天，在张三营行宫，皇上射箭结束后，让皇子和皇孙们比赛。皇次孙绵恩当时八岁，也拿着一张小弓参加比赛。他第一箭射中了，第二箭又射中了，皇上非常高兴，谕令再射一箭，如果射中就赏黄马褂。绵恩的第三箭果然又射中了。皇上就赏给他一件黄马褂。因为时间仓促，来不及做小的，只能给一件大的。这件大黄马褂都能把绵恩包起来了。

乾隆皇帝在巡幸盛京途中，还写诗抒发自己的情怀。乾隆皇帝善于写诗，一生中写有几万首，只四次巡幸盛京过程中，就写了几百首。在这几百首诗中，有的记事，有的写景，有的抒情，有的言志，总的精神是不忘祖训，巩固清朝的一统天下。歌颂祖宗的武功，告诫儿孙保持骑射习俗，在乾隆皇帝巡幸盛京所写的诗篇中占有重要地位。乾隆皇帝在第一次巡幸盛京途中，写有《阅武》一诗：

久放华山马，重观辽海兵。
由来称子弟，坐可靖鲵鲸。
万队风从虎，三军旭耀旌。

威声振地堮，壮气指天根。

此日虽无战，当年亦有征；

金瓯方主乇，惕若凛持盈。

诗中颂扬了八旗军的声威和壮气，以及在保卫国家，安定地方中的重要作用。在第三次巡幸盛京途中，乾隆皇帝又写了《阅射》一诗。他面对八旗健儿的高超箭术，深感自己年纪已大，臂力不足，因而无限感慨。该诗是这样写的：

大阅应同吉礼行，停之阅射拣其精。

讵宜故国忘弧矢，况是朝家旧法程。

命中挽强频有奖，耦升旅进各无争。

却因臂病疏斯事，不觉于心略愧生。

特别应当指出的是，乾隆皇帝四次巡幸盛京，有三次都写诗颂扬了太祖皇帝的甲胄，太宗皇帝的弓矢，表示要不忘祖宗的武功，作为家法，世代相传。第三次巡幸中的颂诗《恭瞻太祖皇帝甲胄作歌》是这样写的：

数人举之且费力，被用临阵常从容。

天生真人俾创业，殊勇殊智殊仁衷。

三者缺一诚不可，实录所载听惟聪。

宽御下更严督战，及至要地先以躬。

栋鄂翁鄂洛拒命，临阵受伤退挂弓。

创愈复往终攻克，大度反授射者封。

时此甲胄即进御，想像创迹犹余红。

呜呼想像创迹犹余红，

敢不思念艰难叠敬恭。

另有一首《恭瞻太宗皇帝所御弓矢》：

矢计长四尺，弓知劲百钧。
宝藏示家法，善用识天人。
敢懈诘戎念，不忘创业辛。
传观相勖励，扈跸有宗臣。

孟姜女哭长城的故事在我国民间广为流传。山海关外有姜女祠，是乾隆皇帝巡幸盛京途中几次经过的地方。乾隆皇帝为孟姜女的精神所感动，在第一次巡幸的返程途中，就为姜女祠御书匾额"芳流辽水"四字，并且写了一首题为《姜女祠》的诗，诗前有序，全文如下：

山海关数里，姜女祠在焉。祠前土丘为姜女坟，望夫石在其侧。俗传：姜女为杞梁妻，始皇时因哭其夫而崩长城。今山西潞安、直隶古北口并此处皆有姜女祠。考杞梁之事，见于《左传》、《孟子》，非始皇时人，可知即列女传载有崩城之说亦无长城实据也。然其节义有可尚者，故题以诗并识其梗概焉。

凄风秃树吼斜阳，尚作悲作吊国殇。
千古无心夸节义，一身有死为纲常。
由来此日称姜女，尽道当年哭杞梁。
长见秉彝公懿好，讹传是处也何妨。

后来，乾隆皇帝第三次巡幸盛京途中，又以《姜女祠》为题写了一首诗，诗中有"丛祠旧筑海山边，善哭偏因姜女传"；"萧风枯树哀纨写，明月清波古镜悬"句。看来，孟姜女的节义感动了乾隆皇帝。或许作为当时的最高统治者，乾隆皇帝写诗称颂孟姜女，在全社会提倡节义，也是其文治的一个措施吧。

山海关是天下第一关，关城北依燕山，南临渤海，地势险要，历史上为兵家必争之地。明末清初风云变幻之际，就是在这里，吴三桂迎清军入关，打败李自成农民军，开始了清朝对全国的统治。乾隆皇帝很熟悉这段历史，深知山海关战略地位的重要性。因此，他四次巡幸盛京，曾经五次作诗写山海关，在《望山海关咏事》一诗中这样写道：

> 自成悉众向东发，彼意欲擒三桂来。
>
> 本以恨其要人失，乃因迎我大关开。
>
> 连山连海势颇盛，九地九天策更恢。
>
> 一战遂教天下定，贤王殊绩缅殊哉。

时间的流水冲去了历史的浮尘，到乾隆皇帝第三次巡幸盛京写这首诗时，山海关大战已经过去了134年，人们已经能够客观地对这次战事做出比较公允的判断。应当说，乾隆皇帝诗中的叙事还是实事求是的。这里值得一提的是，诗中所说的贤王，是指睿亲王多尔衮，当年正是他率领清军入关，辅佐年仅6岁的顺治皇帝定鼎北京。不料顺治皇帝长大成人后，在顺治八年（1651）二月，宣布了已经死去的多尔衮的罪行，并削去了他的尊号，多尔衮从此由功臣变成清朝罪人。直到乾隆皇帝第三次巡幸盛京这一年，乾隆皇帝认为多尔衮当年"分遣诸王，追歼流寇，抚定疆域，一切创制规模，皆所经划。寻即奉世祖车驾入都，定国开基，以成一统之业，厥功最著"，被"诬告以谋逆"，构成冤狱，下诏为其昭雪，复睿亲王爵，并配享太庙，多尔衮才恢复了名誉。正因为如此，乾隆皇帝在诗中才说："一战遂教天下定，贤王殊绩缅殊哉"。

乾隆皇帝四次巡幸盛京所写的诗中，别具风格的还有对盛京地区土风和土产的吟咏。第三次巡幸途中，乾隆皇帝写了《盛京土风杂咏十二首》，诗前有序，序中写道：

我国家发祥之初居鄂多理城池，近吉林乌拉，数世后弃而他徙，至肇祖居赫图阿拉，爰创始基。越我太祖膺运造邦，乃讨平图伦，还定乌拉，抚有叶赫诸部，遂迁居兴京，继复克沈阳、辽阳，因建都于沈，即今盛京，故盛京土风与吉林同。

这篇小序，实际上是写了满族贵族在东北地区的发展史，直至建立了地方政权机构，与明朝中央政府抗衡。序文之后，乾隆皇帝写了杂咏盛京土风的 12 首诗，每首诗的题目是这样的：

威呼，汉语小船也。呼兰，汉语灶突也。法喇，汉语为扒犁即拖牀也。斐兰，汉语榆柳小弓也。赛斐，汉语匙也。额林，汉语阁板也。施函，汉语木桶也。拉哈，汉语坊墙所缀麻也。霞绷，汉语糠灯也。豁山，汉语纸也。罗丹，汉语鹿蹄腕骨也。周斐，汉语桦皮房也。

从上述这些题目中，可以看出乾隆皇帝对满汉文的精通，以及对盛京地区土风的熟悉。此外，诗中也有不少佳句，使人读后感到亲切、质朴。例如对灶突的描写："疏风避雨安而稳，直外通中朴且坚"；对扒犁的描写："似榻似车行以便，曰水曰雪用皆宜"，都很有生活气息。

乾隆皇帝吟咏盛京土产的 12 首诗中，前有序文，每首又有引言，彷佛盛京地区的一幅乡土素描，读来别有情趣。序文中写道：

盛京山川深厚，土壤沃衍，农殖蕃滋，井里熙阜。镶珍可以耀彩，嘉珉可以兴文，丰蕘可以章身，灵苗可以寿世。刈采于山，猎于原，渔于江，不可胜食，不可胜用。

随后，乾隆皇帝写了五谷、东珠、人参、松花玉、貂、鹿、熊罴、堪达汉、海东青、鲟鳇鱼、松子、温普。如果把每首诗的前言连接起来，不仅有助于人们理解诗义，而且对盛京地区也可产生更全面的认识。乾隆皇帝《盛京土产杂录十二首》中的前言分别是这样的：

五谷：地脉厚则谷实滋，黍稷稻粱菽麦之类植无不宜，亩获数石而斗值三钱，故百室盈而四釜充，岁以为常。东珠：东珠出混同江及乌拉、宁古塔诸河中，匀圆莹白，大可半寸，小者亦如菽颗，王公等冠顶饰之，以多少分等秩，昭宝贵焉。人参：深山邃谷中参株滋苗，岁产既饶，世人往珍为上药，盖神皋钟毓，厥草效灵，亦王气悠长之一征耳。松花玉：混同江产松花玉，色净绿，细腻温润，可中砚材发墨与端溪同品，在歙坑之右。貂：乌拉诸山林中多有之，索伦人以捕貂为恒业，岁有贡额，第其等以行赏，冬时供御用裘冠，王公大臣亦服之以昭章采。鹿：地多崇山藏林，鹿蕃息而肥硕，麋鹿尤他所罕觏，扶余之鹿所以称美唐书也。熊罴：盛京多窝集，茂密蓊翳，连林数十里，熊罴每蜷伏其中，熊矫捷而罴憨猛，皆兽之绝有力者。甲戌行围并曾殪之罴重千余斤，熊亦及半。堪达汉：堪达汉出黑龙江，似鹿而大，其角可作射鞢，色如象牙而坚白胜之，鞢间环以黑章一线，即角中之通理，以点细密而匀正者为最。海东青：羽族之最鸷者有黑龙江之海东青焉，身小而健，其飞极高，能擒天鹅，博兔亦俊于鹰鹘。鲟鳇鱼：盛京之鱼肥美甲天下，而鲟鳇尤奇，巨口细睛，鼻端有角，大者丈计，可三百斤，冬日辇以充疱备赐，亦有售于市，肆者都人号鲞目为珍品。松子：松子诸山皆产而窝集中所产更胜，盖林多千年之松，高率数百尺，枝干既茂，故结实大而芳美亦足，征地气滋培之厚也。温普：温普国语译汉语书之山中果也，形似栀，味甘而酢，或借榲桲字书之。考花木记，以榲桲为梨别种，则徒取音近，固不相类也。

读过上述这些文字，不能不钦敬乾隆皇帝渊博的知识。的确，作为当时的最高统治者，这样熟悉民风乡情，确是中国封建社会历代帝王中比较少见的。

乾隆皇帝四次巡幸盛京之后，曾经命皇子们把四次巡幸过程中写的诗抄录成册。这件工作完成后，乾隆皇帝写诗记述此事，诗中写道：

四度陪京谒祖陵，敬思前烈益兢兢。
易非开创诚辛苦，艰是守成励继绳。
此别回瞻增有怆，再来度己恐无能。
历吟皇子命分缮，予意期知云与仍。

思祖宗创业之难，继续祖业一统江山，是乾隆皇帝四次巡幸盛京的主要目的，也是他所写的几百首诗歌的主题。

通过各种方式联络漠南蒙古各部，巩固满洲贵族和蒙古王公之间政治上的联盟，是乾隆皇帝巡幸盛京途中特别注意的。原来，在清朝未入关以前，内蒙古即漠南蒙古各部就已经归附清政权。在清朝入关后统一全国过程中，蒙古族的骑兵起了很大作用，满族贵族和蒙古王公政治上结成联盟，是清朝统治全国的一个基础。乾隆皇帝对此十分了解，因此，他在巡幸盛京期间，途经蒙古族游牧地时，注意在各方面联络蒙古各部。

乾隆皇帝第一次巡幸盛京时，路经喀喇沁三旗，翁牛特二旗，敖汉、奈曼、阿鲁科尔沁、扎鲁特等旗。为保证乾隆皇帝巡幸顺利，喀喇沁、翁牛特旗内共同预备捕户 1000 名，喀喇沁哨鹿人枪手 6 名，扈从枪手 10 名，哈玛尔行走人 30 名，打鹿鸟枪手 40 名，喀喇沁、土默特、翁牛特旗内派向导 100 名，长枪手 160 名，驮车 100 余辆。卓索图盟五旗共同在游牧地界查罕和罗一站供用柴、炭、乳牛、车辆及设卡、掘井等。乾隆皇帝第二次巡幸盛京途经蒙古游牧地方，蒙古族王公共备马 10000 匹，驼 400 只，车 600 辆听候指拨应用。此外，每一大营备柴炭 300 车，掘井 20，尖营备柴炭 50 车，掘井 5 眼，并修理道路桥梁等。

对于蒙古王公的忠诚，乾隆皇帝极为赞赏。乾隆八年（1743）七月二十二日，经过总理行营事务王大臣、内务府大臣会同理藩院官员讨论，乾隆皇帝批准，决定对蒙古各部各旗派出管围的贝勒、贝子、公等赏衣带等物，台吉、塔布囊、官员等赏缎匹，围场兵丁等各赏银 3 两，管驮车人等各赏银 1 两、布 1 匹。对昭乌达、哲里木盟边界兵丁各赏银 3 两，预备围场兵 1000 名各赏银 1 两。对卓索图五旗台吉、塔布囊各赏缎 2 匹，台吉官员 52 员各赏缎 1 匹，兵 730 名各赏毛青布 4 匹。行进途中，乾隆皇帝了解到博罗额尔吉守仓的蒙古人非常穷苦，殊为可悯，决定加恩每人赏给银 5 两。布尔哈图守仓的蒙古人也这样对待。看守两仓的章京 2 名、骁骑校 2 名，各赏官缎 1 匹。乾隆皇帝第二次巡幸途中，考虑到已故科尔沁达尔汉亲王罗布藏滚布、敖汉贝勒罗卜藏均为旧臣，曾经效力多年，罗卜藏墓在御路附近，罗布藏滚布墓离御路较远，乾隆皇帝决定亲往罗卜藏墓奠祭，派果亲王往罗布藏滚布墓奠祭茶酒。此外，乾隆皇帝巡幸盛京途中还多次宴请蒙古王公，甚至在第四次巡幸之后，对实心奋勉的喀喇沁郡王喇特纳锡第、巴林郡王巴图，赏给亲王职衔，敖汉公桑济扎勒晋封固山贝子。

乾隆皇帝巡幸途中联络蒙古王公，在他所写的诗中也有反映。四次巡幸盛京，乾隆皇帝写有十多首诗，涉及蒙古问题。下面三首诗，乾隆皇帝分别写于第二次、第三次巡幸盛京途中，更具有代表性。

入科尔沁境

塞牧虽称远，姻盟向最亲。

嗣徽彤管著，绵译砺山申。

设候亚喧沓，请尘奉狩巡。

敬诚堪爱处，未忍视如宾。

科尔沁草原，处于西拉木伦河西岸和老哈河之间的三角地带，是康熙皇帝祖母孝庄文皇后的出生地。科尔沁蒙古王公和满族贵族世代联姻。乾隆皇帝出巡盛京，多次经过这里。

　　原来，科尔沁蒙古和满族贵族的关系最为密切。从清太祖努尔哈赤时起，清朝帝王中的后妃就多为科尔沁蒙古女子。不仅如此，清朝皇帝也把宗室女下嫁给科尔沁蒙古王公。乾隆皇帝的豫妃，就是科尔沁蒙古女子。乾隆皇帝的第三女固伦和敬公主，就嫁给了科尔沁辅国公色布腾巴尔珠尔。正是因为这种关系，乾隆皇帝才在诗中说"塞牧虽称远，姻盟向最亲"。

　　满族贵族和蒙古王公之间的亲密关系，在乾隆皇帝《赐蒙古诸王公宴》一诗中得到了充分体现。该诗是这样写的：

瑞日卿云朗碛沙，高张黄幄宴宾嘉。

紫螺满酌葡萄酒，翠碗均颁乳酪茶。

却笑南朝费金帛，仅能中国觌呼邪。

绵延祖业希千亿，中外君臣自一家。

宴会中既有葡萄酒，又有奶酪茶，清朝统治者和蒙古王公真是亲如一家。联想到乾隆皇帝曾经谕示銮仪卫，赐蒙古王公宴系私宴，预备细乐即可，人们不由得感到乾隆皇帝考虑问题的周到细致。

乾隆皇帝第三次巡幸盛京时，蒙古各部王公到杏山、兴隆屯一带迎驾。为此，乾隆皇帝写了一首题为《蒙古王公等来接待以志事》的诗，全文如下：

札萨屏翰列护边，跸途来觐踵相连。
久蒙培养都知礼，渐重耕桑亦日贤。
弗宴弗围胥命返，献驼献马各抒虔。
笑谈指顾多孙行，白发那辞是长年。

诗中，写了蒙古族生产生活中习惯的改变，这容易理解。乾隆皇帝为什么说"笑谈指顾多孙行"呢？由于满族贵族和蒙古王公之间大规模、多层次的通婚，使科尔沁达尔汉王旗下有公主子孙台吉、姻亲台吉2000多人，土谢图王旗下公主子孙台吉500余人，敖汉旗下有600人，巴林工旗下也有170余人。乾隆皇帝诗中说的"多孙行"，正是指许多蒙古王公按辈分论，都属于他的儿孙辈。这从一个侧面反映了清朝统治者对蒙古王公的笼络。

拜谒祖陵和在盛京皇宫中

　　乾隆皇帝的巡幸车队经过长途跋涉之后，进入盛京地区，开始拜谒祖陵。谒陵的顺序是先永陵，再福陵，后昭陵，这是由陵的年代辈分决定的。谒陵的程序包括两项，一是谒见礼，二是行大飨礼。谒见礼的仪注主要内容是：皇上御素服，至正门外降舆。礼部堂官导引，由正门左门进永陵，入启运门左门，经启运殿东旁行，拜褥设阶下，行三跪九叩礼。福陵、昭陵入隆恩门左门，经隆恩殿东旁行，诣祭台处，行三跪九叩礼。俟设奠毕，上进谒陵。永陵凡四跪，祭酒十二爵。福陵、昭陵各祭酒三爵。每一祭酒行一叩礼。礼毕，诣东旁立，西向举哀。王以下、三品以上官员等在殿两旁按翼向上排立，均随行礼举哀。礼毕，礼部堂官导引皇上由原进门出，乘舆还行宫。

　　皇太后、皇后的谒见礼是，在正门右门外降舆，掌关防等官之妻导引，由正门右门进永陵，至启运门下。福陵、昭陵至祭台处。皇太后就正中拜位，皇后随后，均行六拜三叩礼。俟设奠毕，皇太后谒永陵四跪，祭酒十二爵。福陵、昭陵各奠酒三爵。每一祭酒行一叩礼。皇后均随行礼。礼毕，诣西旁立，东向举哀。最后，掌关防等官妻导引皇太后、皇后由原进门出，乘舆还行宫。

　　看来，谒见礼大体上包括行礼、祭酒、举哀三部分，都在陵前祭台举行。行大飨礼的时间是在谒见礼的次日举行。行大飨礼的地点，永陵在启运殿，福陵和昭陵在隆恩殿。大飨礼要比谒见礼隆重，仪注增多。《清实录》中对乾隆皇帝第一次巡幸盛京在永陵行大飨礼的情况是这样记述的：上诣永陵行大飨礼，步入启运门，诣香案前跪，上香，复位，行三跪九拜礼。初献，奠帛、爵，读祝毕，行三拜礼。亚献、三献，各奠爵毕，行三跪九拜礼。王以下官员，均随行礼。上诣燎位望燎。礼毕，入陵寝左门，至明楼前，西向立，举哀。王以下各官咸举哀。由此可见，大飨礼的仪注，主要内容包括上香行礼，初献、亚献、三献行礼，望燎，举哀等。初献包含焚帛、奠酒、读祭祀祝文，亚献、三献包含奠酒等。

乾隆皇帝从第三次巡幸盛京起，在谒见礼中，和以往两次有所不同，即下轿之后，痛哭不止。谒永陵、福陵、昭陵，都是"未至碑亭，即降舆恸哭"。步入启运门或隆恩门，"诣宝城前行礼，躬奠哀恸"。这样的放声大哭，足可以表示乾隆皇帝的孝心。亲自到宝城前行礼，也使乾隆皇帝的做法更加接近民间的习俗，和平民百姓的上坟一样。

乾隆皇帝拜谒祖陵时要读祭文，祭文由有关部门的官员代写。一般说来，祭文要表达出谒陵皇帝仰慕祖先的孝心和敬意，要或多或少地追述祖先的功业，要表达谒陵皇帝继承祖业的志向，以及希望祖先信任和享受祭奠等。

盛京皇宫大清门外景。大清门建于明崇祯五年（天聪六年，1632）以前，是盛京皇宫的正门，俗称午门。崇祯九年（清崇德元年，1636）定宫殿名称时改称为大清门。平时这里是文武百官候朝之所，官员谢恩等一些活动也在这里举行。乾隆皇帝东巡期间，由此门进入皇宫举行各种纪念活动。

谒陵结束后，乾隆皇帝一行进入盛京，驻跸盛京皇宫中。乾隆皇帝第一次巡幸盛京住在盛京皇宫中的什么地方，《清实录》和档案中都没有明确记载。之所以出现这种情况，是因为盛京皇宫中的清宁宫等五宫，是清太宗皇太极及其后妃的寝宫，清朝入关后，这些地方长期无人居住。乾隆皇帝作为后辈，住进这些宫殿内，似乎有些不合名分。何况，乾隆皇帝的祖父康熙皇帝巡幸盛京期间，也没有住进清宁宫等五宫，只是住在崇政殿前小厢房，以及佐领三官保家的房子。不过，乾隆皇帝是一个讲究实际的人，在天气已较寒凉，又要举行各种活动的情况下，他还是住进了清宁宫等五宫，只是在一定范围内保守秘密罢了。第一次巡幸盛京之后，乾隆皇帝就谕令在盛京皇宫内修建东所、西所，作为后来巡幸的住所。乾隆皇帝及其后妃住西所，皇太后住东所。随行的王公大臣仍住在盛京皇宫附近被腾空的居民房子里。

乾隆皇帝巡幸盛京期间，要在盛京皇宫中举行升殿大典和筵宴。升殿大典的基本程序是：演礼，也就是事前的演练。设表案，即在当天清晨，礼部、鸿胪寺官员在崇政殿内东侧设表案，銮仪卫在崇政殿前陈卤簿，乐部在殿檐下二层台阶下两旁陈中和韶乐，在两乐亭陈丹陛乐，均向北设。礼部堂上陈龙亭、香亭。礼部官员从亭内捧表，进大清门左旁门，安放在崇政殿内东侧黄案上。

随后，向皇太后行庆贺礼。这是皇太后在世时举行的仪礼。是时宗室王公穿朝服，排列在皇太后宫门外两侧，文武官员也穿朝服，排列在大清门外两侧。乾隆皇帝的拜褥事先由执事官设在皇太后宫门外正中。乾隆皇帝穿礼服，在东旁门内乘轿，由礼部官员导引，到皇太后宫门外下轿，站在门东一侧。随后，礼部官员转传内监奏请皇太后升座，引导乾隆皇帝站在拜褥前，宗室王公文武百官向皇上站立。随着鸣赞官的导引，乾隆皇帝率宗室王公文武官员行三跪九叩礼。礼毕，乾隆皇帝仍回站在门东一侧。皇太后还宫后，乾隆皇帝再回宫，文武百官宗室王公也都相继退下。

向皇太后行庆贺礼后，乾隆皇帝要在崇政殿受贺。其时由鸿胪寺官员导引，三品以上文武大臣在崇政殿丹墀内齐集，三品以下在大清门外齐集，其余的人则在崇政殿外齐集。在礼部官员导引下，乾隆皇帝穿礼服进宫，到崇政殿入座前，乐队奏中和韶乐《元平之章》。乾隆皇帝入座后，乐队停奏。銮仪卫官赞鸣鞭，丹墀内三鸣鞭，鸣赞官赞排班，在鸿胪寺官员导引下，宗室王公文武百官按次序排列，乐队奏丹陛大乐《庆平之章》。在鸣赞官导引下，宗室王公文武官员跪下听宣表，向乾隆皇帝行三跪九叩头礼，礼毕，退回原来位置站好。乾隆皇帝再接见朝鲜使臣，朝鲜使臣也行三跪九叩头礼。

盛京皇宫崇政殿外景。崇政殿为清太宗皇太极所建，是盛京皇宫的正殿。皇太极在此处理政务，接见外国使臣和少数民族首领。乾隆皇帝东巡谒陵后，要在崇政殿举行庆贺大典，气氛热烈而庄严。

筵宴是在乾隆皇帝崇政殿受贺结束后进行的，时间一般是在上午九时到十一时，地点是在大政殿。筵宴也要举行各种仪式。届时，皇子、王公、大臣等要穿蟒袍补褂，齐集在大政殿。大政殿檐下两旁设中和韶乐，东旁设清乐，大政殿前两旁王亭廊下设丹陛大乐，均向北设。御宴设在皇帝宝座前正中，殿内两旁设皇子、王公大臣及少数民族王公的桌子，丹陛左右设群臣的桌子，朝鲜国使臣的桌子设在左旁最后。在鸿胪寺、理藩院官员导引下，各就位次。乾隆皇帝升座时，乐队奏中和韶乐《元平之章》。乾隆皇帝入座后，皇子、王公大臣都要在本位处行一叩礼。此后，无论进饽饽，还是进茶，皇子、王公大臣都要行一叩礼。进酒时，乐队奏丹陛大乐《玉殿云开之章》，进膳时，乐队奏清乐《万象清宁之章》。进舞时，乐队奏中和韶乐《和平之章》。进酒、膳、舞之后，乾隆皇帝要返回寝宫，乐队停止演奏，皇子、王公大臣等也各自返回自己的住所。

盛京皇宫大政殿，清太祖努尔哈赤所建，坐北朝南。努尔哈赤和皇太极曾在此处理政务。乾隆皇帝东巡谒陵后，要在大政殿举行筵宴，是时皇子、王公、大臣、少数民族首领以及外国使臣都要参加，气氛极为热烈。

对于崇政殿的朝贺活动，以及大政殿的筵宴活动，乾隆皇帝都曾写诗记述。乾隆皇帝第二次巡幸盛京时，写有《赐王公群臣及盛京官员宴即席得句》一诗，全文如下：

大政光华午日晴，笙歌酒醴乐联情。

宁夸汉代横汾水，讵拟周家宴镐京。

兕爵三巡湛露泛，蛟炉一缕瑞烟轻。

同堂均有亮功责，谁进嘉言勖守成。

从诗中可以看出筵宴活动中，君臣关系的亲热随和，以及热烈的气氛。乾隆皇帝第四次巡幸盛京时，写了《御崇政殿受贺》一诗，则反映了另一种气氛，表达了另一种心情。诗中写道：

御殿视朝礼异常，陪京受贺益徵祥。

祖功宗德承天赐，累洽重熙与物昌。

年越古稀心戒怠，民资我养爱毋忘。

语云百里半九十，归政以前敢不忙。

乾隆皇帝在接受百官朝贺时，仍然以"行百里路半九十"的古训告诫自己，表示在把皇位传给自己的儿子以前不敢懈怠。这种勤政的作风，在中国古代帝王中的确是不多见的。

在清宁宫祭神，是乾隆皇帝巡幸期间在盛京皇宫中进行的一项活动。这是继承了满族敬神的习俗，以及原有的制度。满族早期信奉萨满教，这是一种崇拜自然神和祖先的原始宗教。崇拜的神可分家神、大神、野神三大类，例如祖先、天神、山神、星神、鹊神、乌鸦神等。在祭神活动中，能够沟通人和神之间情感的人，被称作萨满，意思是知晓神魔的人。乾隆皇帝巡幸盛京在清宁宫祭神，就是用萨满教形式进行的一种祭祀活动。祭祀时，有女萨满3名，都是盛京觉罗的妻室，还有男萨满2名，是云骑尉品级章京。女萨满分管预备大祭、晚祭，男萨满负责还愿祭祀。

大祭的时间是一天，又分朝祭、夕祭、背灯祭。朝祭祭祀的是如来、菩萨、关帝像等，从中可以看出满族接受了佛教、道教的影响。夕祭祭祀的是七仙女、长白山神仙及远世祖。七仙女即北斗七星，是爱新觉罗始祖的象征。此外还祭蒙古神，是皇帝后妃祖先的象征。背灯祭祭祀的是女神，其中也包括七仙女，这些神也和爱新觉罗的先世有关。

朝祭一般是五鼓献糕，乾隆皇帝穿吉服向西跪，面对如来、观音等神位。女萨满也穿吉服，手中舞刀祝词说："敬献糕饵，以祈康年"。这时，由宫中侍卫、太监担任护卫的人都击起神版，弹起弦、筝和月琴配合，声音呜呜然。萨满念完祝词，乾隆皇帝向神行礼后，司香妇便把如来、观音神请出户外，放到门外西部所设神龛供奉。

夕祭中有"进牲"一项。牲是没有杂色的黑公猪，被称为神猪。先由两名骁骑校将猪腿交叉绑好后，按头北尾南的方式侧放在神位前。乾隆皇帝率众人向神猪跪下。主祭的萨满向猪耳中洒酒，猪耳动即表示神已领牲。乾隆皇帝等人再叩谢神灵。然后，这只猪被放进清宁宫的大锅中去煮，煮熟后放到神位前。主祭的萨满站在神位前供桌的西侧，念祝词三次。祝词原是满文，历代相传，内容包括申报主祭人的姓名年龄，列颂诸神的名讳，祈请神灵保佑，延年益寿。萨满每次念完祝词，都要起舞，双手击鼓，耸动腰铃。最后，乾隆皇帝率领后妃宗室王公磕头三次，祭祀完毕。随着祭祀告一段落，乾隆皇帝和宗室王公等人席炕而坐，开始吃神猪肉，名为"吃福肉"。吃的时候每人一把小刀，自割自吃。如果乾隆皇帝还没有吃完，其他人是不能先放下碗筷的。

背灯祭充满了神秘色彩。届时，掩上门窗，熄灭灶火，置神座等待神的来临。萨满摇动杆铃，先后四次唱起对神的祈祷词。祈祷词的意思是说：呼唤吁请的只有上述女神，迎候的人是虔敬的子孙。一个奔走逃亡的人，为感恩摆下了牺牲让神享用。是神给了他乘马，他才得以逃奔。背灯祭的仪式结束后，门窗打开，灯点亮，供献撤下，神幔卷起，神像收进红色柜中。背灯祭这样神秘，因为祭祀的神像是一个赤身裸体的女子牵着一匹马，相传她是救过清太祖努尔哈赤的"万历妈妈"。

祭祀中还有一项是祭天，在清宁宫的庭院里进行。清宁宫正门前庭院的南端，竖着一根下方上圆，用红漆漆成的木杆，杆的底部镶有石座，木杆顶端安有锡斗。木杆的名字叫索罗杆，是清宁宫内祭天用的神杆。在杀牲之后，要将猪下水等切碎，连同碎米等放在锡斗内，喂鸟雀、乌鸦等。这就是祭天。清宁宫里祭神所以要祭乌鸦神，传说是乾隆皇帝的先世凡察在和敌人作战中失败，被追得无处躲藏，幸亏一群乌鸦落在他身上，把他盖住，才没有被敌人发现，最后得以脱身。爱新觉罗氏得以延续下来，终成帝业。为了不忘乌鸦救祖之恩，后来满族人天祭中才祭乌鸦神。

清宁宫的祭神活动充满了热烈和神秘的色彩。祭祀中萨满身穿神衣，腰系围裙和铜铃，头戴神帽，手持神鼓，佩带神刀，口唱神歌，回旋起舞。随着萨满的舞动，铃、鼓都发出节奏明晰的响声。在祭坛上，则摆着打糕、搓条饽饽、酒、胙肉、香、烛等祭品。这样热烈的活动，难怪乾隆皇帝每次巡幸盛京都要到清宁宫祭神。

乾隆皇帝在盛京皇宫中增修了许多建筑物，还有各种悬挂和珍藏。这些使人们永远想起乾隆皇帝在盛京皇宫中的活动。

在盛京皇宫崇政殿至清宁宫一线的东侧，有一组被称为东所的建筑物，是乾隆皇帝第一次巡幸盛京后兴建的，专供乾隆皇帝巡幸盛京时皇太后驻跸之处。这组建筑物，由南到北共五进院落。最南边的是琉璃宫门，进门以后，东西各有三间"阿哥房"，是巡幸期间尚未成年的皇子居住的地方。进了垂花琉璃门是第二进院落，院子的正面是颐和殿，共三间，殿内设有宝座，还悬挂着乾隆皇帝书写的一副对联：福凝东海增芝算，祥拥西池长鹤龄。这表达了乾隆皇帝对皇太后的良好祝愿。再后一进院落有介祉宫，是皇太后的寝宫。寝宫东间是寝室，西间是皇太后休息和接受乾隆皇帝问安的地方。介祉宫后面的那进院落，是皇太后游赏休息的花园，没有什么建筑。最后一进院落，座落着二层建筑的敬典阁，阁内放置着存贮玉牒用的大柜。玉牒就是清朝皇帝的族谱。

和东所相对的一组建筑物是西所，建筑的时间和东所相同，是乾隆皇帝巡幸盛京时与后妃驻跸的地方。西所的建筑布局同于东所。最南边的一进院落，走进垂花门是迪光殿，是乾隆皇帝处理日常政务的地方。殿里置放宝座、屏风、香炉、角端等，还有黑漆描金书桌、条案，上面放着陈设品。迪光殿的后面是保极宫，这是乾隆皇帝的寝宫。寝宫东间是乾隆皇帝寝室，西间是读书、休息和召见重要官员的地方。保极宫后面的院落，有一座很别致的建筑物名继思斋，进深、面都是三间，室内呈正方形，又被隔成九个大小相等的单间，有小门彼此相连。各间的陈设不尽相同，有的是宝牀幔帐，有的是佛桌佛像，还有的是书画卷册。继思斋南正中有一门通过数楹游廊和保极宫北门相连。继思斋的两侧各有值班房一座。从继思斋的布局和陈设人们可以想像出，这是乾隆皇帝巡幸盛京期间，后妃们居住的地方。西所最后一进院落是崇谟阁，阁内安放大柜，盛放圣训、实录用。

乾隆皇帝第三次和第四次巡幸期间，盛京皇宫中增修的主要建筑物是文溯阁，贮存《四库全书》用。文溯阁的外观分两层，黑琉璃瓦绿剪边硬山顶。阁的下层前后都出檐廊。文溯阁里面分三层，在下层底板下的空间，东、西、北三面各以回廊的形式增加一层，人称"仙楼"。两侧各有一间地方，正面的二米多宽，使正中三间形成二层空间的敞厅。敞厅内安放着御榻、书案、香几、鸾翎宫扇等。仙楼及顶楼上也

文溯阁，在盛京皇宫西侧，是个二层三楼的建筑，黑色琉璃瓦绿剪边。所有的门、窗、柱都漆成绿色，外檐彩画也以蓝、绿、白相间的冷色调为主，给人以古雅清新之感。

在书架中间安放宝座、桌、杌、香几等，以备乾隆皇帝御阁内的时候使用。《四库全书》的书架分别排列在阁的各层。

在文溯阁的东面，有一座方形的碑亭，盝顶翘脊，四角是曲尺形红墙，其间各有栏杆。亭内有一座石碑，碑的南面刻着乾隆皇帝《文溯阁记》一文，北面刻着乾隆皇帝《宋孝宗论》一文，都是满汉两体。

乾隆皇帝喜欢悬挂门神、门对和匾额，以增加喜庆气氛。因此，他巡幸盛京期间，盛京皇宫中到处都是这些悬挂物。

盛京皇宫中的门神，分将军门神、福禄门神、娃娃门神和盼子门神四类。将军门神悬挂在大清门、崇政殿门、左右翊门等前门场合。福禄门神、娃娃门神、盼子门神多悬挂在后宫各处门上。有的门神高 7 尺多，宽 4 尺。乾隆皇帝第二次巡幸盛京时，盛京皇宫中只新建宫殿就添了大小门神 77 对。

门对因门的情况不同，内容也有区别。大清门有三副对联，各高 8 尺 1 寸，宽 1 尺。凤凰楼的对联有两副，各高 6 尺 6 寸，宽 5 寸。大清门东边门对联是：沐雨栉风开辟规模思智勇，宵衣旰食承平气象颂文明。而凤凰楼南门对联则是：帝阙风回万里河山扶绣户，椒房春暖九天日月近雕梁。

匾额有斗匾、壁子匾、横披诗匾等区别。斗匾是表处所，又分金钱斗匾，九龙斗匾两种。金钱斗匾多放在大小门和宫、殿、斋楼、阁门的上方，九龙斗匾一般放在比较重要的门和宫殿、斋楼、阁门的上方。乾隆皇帝第一次巡幸盛京以后，大清门内、崇政殿、清宁宫、凤凰楼、介祉宫、迪光殿、保极宫前檐下都悬九龙斗匾，其他地方则悬金线斗匾。壁子匾是悬挂在室内墙上的匾额。乾隆皇帝第一次巡幸盛京之后，曾书写"万福之源"四字，悬挂在清宁宫西墙的北部，表现了对祖先的崇敬心情。诗匾为黑漆金字，是乾隆皇帝巡幸盛京期间志事言情的木匾，一般是在京城养心殿造办处制作好，再送往盛京皇宫悬挂。每个诗匾上都有乾隆皇帝一首诗，反映了他巡幸盛京时的情怀。在匾额中，还有的是表示乾隆皇帝政治思想感情的。盛京大政殿内安挂龙边铜字匾一面，上写"泰交景运"四字，当是这方面的代表。

乾隆皇帝第一次巡幸盛京以后，感觉到盛京皇宫中的藏品不能满足多方面的需要，此外，也为了表示不忘祖宗，以尽孝心，他开始把京城的一些物品移送到盛京皇宫中。他很重视这件工作，有时一年送物品20次以上，每次物品少则几件、几十件，多则数千件，最多的一次竟有十万件。正是因为乾隆皇帝这样做了，盛京皇宫中才有大量的珍藏。这些珍藏大体上分两类，一类是圣容、玉牒、实录、圣训、玉册、玉宝等，另一类是各朝御用的以及普通的兵器，卤簿乐器，金、银、玉、瓷、珐琅等器物和古玩、珍宝、书画等。

乾隆年间，清太祖、太宗、世祖、圣祖、世宗五代圣容供奉在凤凰楼内。玉牒尊藏在敬典阁里。玉牒就是爱新觉罗氏皇族的宗谱。清朝规定，清太祖努尔哈赤父亲显祖塔克世的子孙称宗室，束金黄带，入黄册。塔克世兄弟的子孙称觉罗，束红带，入红册。宗室觉罗子女满一周岁时，把生年月日时及生母姓名、嫡庶情况订成一册送宗人府载入黄、红档玉牒中。每个人的排列以帝系为统，长幼为序，活着的人用红笔写，死了的人用黑笔写。实录和圣训藏在崇谟阁，都是满汉两种文本。翔凤阁藏有乾隆皇帝御笔书画以及赏玩的历代名家书画。京城武英殿刻书一般都收藏在盛京皇宫的西七间楼。

历代帝王的兵器弓箭、撒袋、鞍辔、刀枪，收藏在飞龙阁的上层。飞龙阁下层藏有一批珍贵的古代青铜器，这是乾隆四十三年（1778）三月从京城运来的。总计459种，800件，包括鼎、尊、卤、爵、觚、盂、盘、鼓、钟等50余种器皿，有的器皿上还刻有铭文。其中商代5件，周代400余件，汉代 300 余件，唐代 20 件。

　　乾隆皇帝还把盛京太庙作为供奉先帝后册宝的地方。玉册、玉宝是乾隆皇帝为先代帝后上谥号时用青玉、苍玉制作的。玉册每分 10 页，页高 9 寸，宽 4 寸 5 分，厚 4 分。首末二页分镌升降龙，5 页为满文，3 页是汉文，称颂该帝后的功德，载有所上谥号、庙号。玉宝为交龙钮，钮高 2 寸 9 分，台高 1 寸 6 分，见方 5 寸。宝面用满汉文镌帝后庙号、谥号。每份玉册附玉钱 1 枚，上面用满汉文刻着"天下太平"四字。

　　盛京皇宫大政殿后面的銮驾库，存放着乾隆皇帝巡幸盛京期间的卤簿仪仗，总计有百余件。清宁宫里还有萨满祭祀用的物品 200 余件。乾隆皇帝第一次巡幸盛京时的中和韶乐、丹陛大乐的全份乐器，包括特磬、编钟等，也都存放在盛京皇宫中。

巡幸期间的施政举措

　　乾隆皇帝四次巡幸盛京、拜谒祖陵期间，在施政方面有许多举措，一定程度上促进了盛京地区政治、经济、文化等方面的发展。

　　首先是对盛京吏治的整顿。乾隆皇帝四次巡幸盛京，发现盛京官吏办事过程中存在许多问题。有的是办事草率。乾隆皇帝第二次巡幸盛京期间，盛京礼部预备的祭器不仅非常简陋，而且多有错误。乾隆皇帝感到，亲自到此尚且这样，平时的祭祀可想而知。于是，他把盛京礼部侍郎世臣革职，发往黑龙江效力。在查抄世臣家时，发现一部诗稿，其中有"霜侵鬓朽叹途穷"，"秋色招人懒上朝"，"半轮秋月西沈夜，应照长安尔我家"等句。乾隆皇帝看后大怒，认为世臣纵情诗酒，是因为感到在盛京做官好比流放，所以抑郁无聊，形诸吟咏。于是，他发布一道很长的上谕，对世臣的思想和行为进行了严厉的批判，并且指出嗣后盛京各官当深以此为戒，其有不愿效力职守、妄以诗酒陶情的，必重治其罪。乾隆皇帝还要求盛京礼部官员把他这道上谕抄成几份，挂在公署大堂上，以便"令触目惊心，永垂炯鉴"。也有的是有意逢迎。乾隆皇帝第二次巡幸时，奉天府尹鄂宝修理御路草率从事，所属知县富昌又为向导人预备饭食马匹。乾隆皇帝认为，随围人等多次降旨，不许地方官馈送东西。富昌为向导人预备饭食马匹，这虽有向导索取的过错，也是富昌有意逢迎的结果。于是，鄂宝被交部严察议奏，向导大臣也被交给总理行营大臣处理。还有的是忘掉了满洲旧习，清语不熟。乾隆皇帝第四次巡幸盛京时，发现由吏部带领引见的盛京五部司员、笔帖式清语甚属平常，便对盛京五部侍郎进行了严厉申饬。乾隆皇帝指出，盛京是大清朝的发祥地，这里的部院衙门官员不仅应熟习清语，而且平时说堂论事也应当用清语。身为旗人，怎么能不会说清语呢！乾隆皇帝规定，今后武职官员清语生疏，要拿将军是问，文职官员清语生疏，要拿该部侍郎是问。乾隆皇帝还要求盛京将军、副都统、侍郎等文武官员，都应当勤学清语，以维护盛京地区满洲旧习。

乾隆皇帝还对盛京五部的官员任免办法进行了调整。原来，清朝入关后，盛京作为陪都，保留了户、礼、兵、刑、工五部，五部官员由当地人员补放。康熙、雍正年间，考虑到这样做会造成当地官员彼此交通、蒙混舞弊，决定把盛京官员调到京师，由京师部员调补盛京五部司员，三年更换，以免日久弊生。乾隆皇帝第一次巡幸盛京以后，认为盛京官员都很勤勉，积习已改，如果还用京师官员补放盛京官缺，将会影响盛京官员的升迁。于是，乾隆皇帝决定，今后盛京官员缺出，一半由本地官员补入，一半由京师官员补入，这样，既对部务有益，对本地官员的升迁也没有妨碍。乾隆皇帝还决定盛京五部汉员一律裁汰，以适应盛京五部事务较少的情况。此外，乾隆皇帝还要求盛京将军、副都统、五部大臣处理好当地的旗民关系，不得存在畛域之见，以保持盛京地区人心淳厚，风俗敦庞，甲于天下。

其次是奖励文教事业。乾隆皇帝巡幸盛京谒祖期间，在强调骑射武功的同时，也强调文治的重要性。为此，他每次巡幸盛京，都要到文庙行礼。第一次巡幸时，乾隆皇帝为盛京文庙题写匾额"先觉斯民"四字。第四次巡幸时，乾隆皇帝表扬了盛京地区文教事业的发展。他说：盛京为我朝根本重地，其读书之士，亦渐摩文化，蒸蒸日盛，堪与畿甸比隆。朕銮辂所临，青衿献诗趋跄，弦诵彬彬，具见胶痒乐育。为了表彰盛京地区的文教事业，乾隆皇帝决定，将盛京地区各学岁考广额一次，原来进取6名以上的，增额3名；四五名的，增额2名；二三名的，增额1名。他要求府丞全力校录，选择优秀的，以不辜负他对学子们的关怀。

乾隆皇帝还以自己的亲身经历勉励宗室王公。他在第一次巡幸期间曾说：即以汉人文学而论，朕所学所知，即在通儒未肯多让。所以会这样，是朕于书文勤加披览，不染委靡之习的缘故。乾隆皇帝最后向宗室王公们强调：可不勉乎！可不慎乎！他还要求把这次讲话也传达给在京城的宗室王公，使大家都知道读书的重要性。

为了加强文化统治和炫耀盛世功德，从乾隆三十七年（1772）开始，乾隆皇帝命有关部门设馆编辑《四库全书》，乾隆四十七年（1772）正月告成。为了贮藏这部书，乾隆皇帝命在盛京皇宫修建文溯阁。该项工程在乾隆四十六年正式动工，乾隆四十七年五月，主体建筑即已完工。为了不影响乾隆皇帝第四次巡幸盛京时阅览此书，从乾隆四十七年冬天开始，抄写好的《四库全书》部分连同《古今图书集成》，分五次运往盛京，贮藏在文溯阁中。乾隆皇帝所以决定把《四库全书》七部中的一部庋贮盛京，并为此修建文溯阁，是与他巡幸盛京、发展盛京地区文教事业有关的。乾隆皇帝第四次巡幸盛京之前，曾写了著名的《御制文溯阁记》一文。该文中写道："文者，理也。文之所在，天理存焉。"强调了文教的重要性。该文中还写道："不忘祖宗创业之艰，示子孙守文之模"，点明了乾隆皇帝奖励文教的根本目的。

《四库全书》书影。本套书是在乾隆皇帝的主持下，由纪晓岚等 360 多位高官、学者编撰，3800 多人抄写，费时 13 年编成。丛书分经、史、子、集四部，故名四库。共有 3500 多种书，7.9 万卷，3.6 万册，约 8 亿字，基本上囊括了中国古代所有图书，故称"全书"。

第三是对各方面人进行笼络。乾隆皇帝很懂得统治术，张不忘弛，威不忘恩。他在四次巡幸盛京期间，通过各种措施，笼络各方面人，进而巩固统治地位。

他笼络随驾宗室王公文武官员和士兵，以及盛京官兵宗室觉罗旗民老寿人等。在第一次巡幸盛京时，乾隆皇帝就决定：随从王等记录一次，大臣官员及奉天文武大臣官员俱加一级。随从兵丁及内务府执事人等俱赏一月钱粮。奉天山海关文武大臣官员兵丁，三陵守陵官兵均加恩赏赉。奉天居住宗室、觉罗及国戚子孙均加恩。奉天府属应征乾隆九年地丁银加恩宽免。奉天旗民男妇年 70 以上者给布 1 匹，米 5 斗，80 以上者给绢 1 匹，米 1 石，90 以上的加倍给与。凡试职官俱准实授。奉天府、宁古塔、黑龙江等处除十恶死罪不赦外，凡已结正未结正死罪俱著减等，其军流徒杖等罪俱著宽释。奉天内务府庄头所有积欠，在乾隆七年以前的俱著宽免。盛京所属各城旗员、州县官内有承追钱粮未完，承缉不力及舛错公事失察等件罚俸、住俸、停升、降级留任的，俱著宽免，给还俸禄，悉行升复。

奉天府属钱粮以及各庄头粮食均已豁免，但是，盛京等处旗地还没有感受到皇上的恩典，于是，乾隆皇帝又命把盛京、兴京、辽阳、牛庄、盖州、熊岳、复州、金州、岫岩、凤凰城、开原、锦州、宁远、广宁、义州等15处旗地应纳本年豆米草束免征一半，乾隆七年以前积欠、缓征等项，一并宽免。

乾隆皇帝第二次巡幸盛京期间，决定吉林将军、副都统分别赏给撒袋、腰刀、蟒缎、大缎、官缎。有执事官员赏大缎、官缎，无执事官员赏官缎、彭缎。有执事兵赏三月钱粮，无执事兵减半。此外，乾隆皇帝还决定，随驾王公记录一次，文武大臣各官加一级，赏给盛京将军大臣官员兵丁撒袋、腰刀、缎匹、银两，山海关以外至宁古塔等处官吏军民人等除十恶死罪外，其余死罪减等，军流以下宽免，优老年赐缎、米，蠲免盛京户部庄头本年应交仓粮1万余石，盛京、兴京、辽阳、牛庄等15处旗地本年米豆草束免征一半。这次感受到乾隆皇帝恩典的，还有直隶办差文武官员。

乾隆皇帝第三次巡幸盛京时，把沿途经过直隶所属州县本年应征地丁银蠲免了十分之三。第四次巡幸时，对百岁老人加赏大缎1匹，彭缎1匹。

乾隆皇帝还注意笼络宗室勋旧子孙。为此，他在第一次巡幸盛京时，遣官祭奠了武功郡王礼敦、恪恭贝勒塔察篇古。他还亲自祭奠了克勤郡王岳讬、武勋王杨古利、宏毅公额亦都、直义公费英东的墓。于是，这些人的后代认为这是乾隆皇帝对他们的极大恩宠，因而对乾隆皇帝更加忠诚。乾隆皇帝每次巡幸盛京，还在大政殿设宴招待功臣宗室勋旧子弟，了解他们每一个人的情况，分别赏给马鞍、缎匹和银两，对于没有官职的，则酌情给以官职，并且改变了以往授官来京引见补放的做法，只由盛京将军在年终时指名奏闻补授，从而使这些人节省了往来京城的路费。

为了笼络功臣宗室勋旧后人，乾隆皇帝还把盛京原有的怡贤亲王祠改贤王祠，来纪念清朝开国初年诸王的功绩。在第四次巡幸盛京期间，乾隆皇帝把睿亲王多尔衮、豫亲王多铎、肃亲王豪格、克勤郡王岳托都入礼盛京贤王祠。

第四是处理庶务。乾隆皇帝第一次巡幸盛京回銮时路过丰润县，看见城垣残缺，联想到像这种情况的各处一定还有不少，很是感慨。他说：城垣所以卫民，守土官平日如能留心经理，偶有坍损即于缺口严禁出入践踏，随时堵筑，本易为力。只是平时漫不经心，以致任其缺损，日甚一日。若在农隙时酌量拨本地就近民夫徐为黏补，自可渐次修复。关键在于有关机构应留心地方，劝用民力，善为办理，平时督率地方加意整饬。在第三次巡幸盛京时，乾隆皇帝看到盛京各处城垣多有倒塌，便派人做了调查，结果发现各处城垣竟有 18 处倒塌。这些倒塌城垣经过乾隆皇帝过问以后，都在一定时间内进行了修整。

乾隆皇帝第三次巡幸盛京回銮路上，亲自处理了锦县生员金从善事件。乾隆四十三年九月初九日，金从善在御道旁呈递词条，陈述四事，主要是对乾隆皇帝建储问题和册立皇后，以及要求皇上下罪己诏和纳谏。乾隆皇帝认为，像金从善这样的人，明执古礼以博正人之名，隐挟私见以图一己之利，为的是所言若得采纳，即属首功，可博他日富贵。名议国是，实为身谋。结果，金从善被乾隆皇帝认为是罪大恶极的逆犯，最后被斩首示众。金从善事件给乾隆皇帝以很大刺激，特别是关于立储问题，后来他几次都谈论这个问题，并且决定了"不可不立储，而尤不可显立储"的具体做法。

最后是以友好的态度接见朝鲜使臣。乾隆皇帝四次巡幸盛京，朝鲜国王都派使臣到盛京接驾。乾隆皇帝邀请朝鲜使臣参加在大政殿举行的筵宴，赐给朝鲜国王弓矢、貂皮、鞍马、绸缎、银两等物。第三次巡幸盛京时，乾隆皇帝在大台大营和朝鲜使臣相遇。乾隆皇帝骑在马上，通过译官和朝鲜使臣谈话。乾隆皇帝问朝鲜使臣的问题有：你们国王平安吗？多大年纪了？今年收成怎么样？朝鲜使臣一一做了回答。乾隆皇帝和朝鲜使臣谈话时，始终气色和好，面带微笑。乾隆皇帝还写有《朝鲜陪臣来请安因而有作》一诗，诗中写道：

> 有旨斯番非宴镐，朝鲜不必使臣来。
>
> 起居敬向实勤矣，屏翰诚滤得许哉。
>
> 礼灭于兹益为感，贵颁视昔弗因裁。
>
> 为明忠即忠乎我，奕叫承恩国永培。

诗中写道早有通知此次不进行筵宴活动，朝鲜使臣可以不必前来。但是朝鲜使臣还是来了，而且起居问安非常勤勉。乾隆皇帝祝愿朝鲜国家永远兴盛。

乾隆皇帝四次东巡盛京谒陵，在大清帝国发展史上有重要作用。首先，巩固了满族贵族和蒙古王公之间政治上的联盟。乾隆皇帝初次东巡，在波罗河屯，他受到内蒙古各部各旗王公的热烈迎候。因此，到达张三营以后，乾隆皇帝谕示：朕此次诣盛京恭谒祖陵，众蒙古王公台吉等踊跃欢欣，恭请朕安并恳请扈从效力。朕念伊等游牧相距甚远，若令全行随驾，不惟劳顿，且于伊等应办之事亦恐有误。是以降旨令其随往木兰，四围结束后即各回游牧。还定下了对随围蒙古王公赏赉的数额。结束木兰围场的狩猎活动后，乾隆皇帝宴请内蒙古各部王公，演奏细乐，节奏轻快欢乐，反映了乾隆皇帝和内蒙古王公之间亲密无间的关系，并以此为大部分蒙古王公返回各自游牧地送行。乾隆皇帝第三次东巡前往盛京途中，喀喇沁郡王喇特纳锡第等，敖汉贝子罗布藏锡喇布及奈曼、巴林、阿噜科尔沁、翁牛特、喀尔喀、土默特、扎鲁特各部王公台吉，科尔沁亲王旺扎勒多尔济先后迎驾，乾隆皇帝分别在行殿召见，赐茶并赏缎匹不等。乾隆皇帝第四次东巡途中，喀喇沁郡王喇特纳锡第，科尔沁亲王恭格喇布坦、巴林郡王巴图，先后在行宫门外设大毡庐，侍乾隆皇帝宴，表演诈马等技艺。乾隆皇帝亦分别赏赐不等。满族贵族和蒙古王公之间政治上联盟的巩固，有利于大清帝国北部边疆的稳定。

其次，乾隆皇帝东巡盛京谒陵过程中实施的一些政策，缓和了社会矛盾，稳定了社会秩序。乾隆皇帝第三次东巡，在盛京接连发布几道上谕：一是所有奉天、吉林、黑龙江等属军民人等，除十恶死罪及秋审情实各犯外，其余已结、未结一应死罪，俱减等发落，军留以下，全部宽免；二是将盛京户部各庄头本年应交公仓粮1万余石全部免除，所有各处匠役口粮在旧存仓内拨给，盛京、兴京、辽阳、牛庄、盖州、熊岳、复州、金州、岫岩、凤凰城、开原、锦州、宁远、广宁、义州等15处旗地本年应纳米豆草束也免征1年。上述一切，有利于社会矛盾的缓和，以及社会秩序的稳定。

第三，促进了东北地区文化教育事业的发展。乾隆皇帝东巡期间，特别注意奖励文教事业。他几次东巡，都扩大盛京所属各学科考名额，原取6名以上的增加3名，四五名的增加2名，二三名的增加1名。他不仅增加东北地区各学科考的名额，还把自己4次到盛京所写的全部诗词，让皇子等分年按次各录一份，装成4卷，各贮一匣，以此来推动盛京文教事业的发展。乾隆皇帝第一次东巡，为盛京文庙书写匾额"先觉斯民"。第二次东巡，到文庙行礼。第三次东巡期间，除到文庙行礼外，决定将一部《四库全书》贮存在盛京文溯阁。这些对盛京地区文教事业的发展，起了极大的推动作用。

乾隆皇帝东巡盛京谒陵，在大清帝国发展史上负面作用也很明显。主要是花费过多，给国家财力、物力、人力造成了很大的浪费。在乾隆

朝的晚期，大清帝国的衰相已经暴露出来，

在第三次巡幸盛京时，乾隆皇帝看到盛京各处城垣多有倒塌，派人调查，结果发现各处城垣竟有 18 处倒塌。就是在这样的情况下，乾隆皇帝依然大手大脚，用钱财笼络各方面人士。

不仅如此，乾隆皇帝东巡盛京谒陵，在山海关一路上，修建了很多行宫。在卢龙县境内有夷齐庙行宫，该行宫结构巧丽，南北窗嵌玻璃大到四五尺，北窗外临滦河，一望弥漫，水面浮小艇几十只，整个行宫气势雄壮。还有文殊庵行宫，在山海关西边，地势平坦，视野开阔。在平泉县境内，有达鲁万祥寺行宫；在辽宁凌源县北，有塔子沟北行宫；在建平县境内，有广慧寺行宫。这些行宫都各具特色。到了盛京地区以后，驻跸的行宫主要有盛京旧宫、广宁行宫以及夏园行宫。盛京旧宫即今沈阳故宫里的一些建筑。广宁行宫在北镇县西。夏园行宫位于今辽宁省新宾县永陵镇以西近 8 里处。这里地势开阔，四面环山，两面临水，夏园这个文雅之名就缘于它的自然风貌。在吉林城，即今吉林市，还有吉林城行宫。在乾隆皇帝东巡期间，行宫的修建耗费了国家的许多财力。

在御道方面，乾隆皇帝要求很严格。乾隆皇帝东巡盛京谒陵，所经过的道路，都要提前派大臣进行检查，并动用国帑，对应当加固的桥梁，应当修补的路段，在皇帝出发前必须修建好。乾隆皇帝第一次东巡，在前往爱里口的路上，就修路问题谕示：向来通行大道，凡属临幸，理应修治。档案记载，奉天将军在乾隆皇帝第一次东巡时，就曾安排：永陵至二道房道路由盛京工部派拨旗丁铺垫，桥木动项采买；抚顺至红墙一带道路由旗民平垫，河沟搭桥木料不足时，动用钱粮采买。御道要取直，路面要平坦，还要碾压坚实，并多备水缸以备洒扫。各该管官员要亲自带领修道夫丁日夜督率，不得稍懈草率，官吏之间不得推诿。这些，也都耗费了国家大量的财力、物力和人力。

第五章

巡幸避暑山庄和
木兰秋狝

在乾隆皇帝的外出巡幸活动中，巡幸避暑山庄和木兰秋狝占有重要地位。乾隆皇帝一生中去避暑山庄50多次，每次巡幸，一般是在六七月份出发，八九月份返回，有时也提前或错后，时间每次都在两个月以上。累记算起来，总的时间当在10年以上，占他全部执政时间的六分之一。乾隆皇帝为什么要巡幸避暑山庄和木兰秋狝呢？

肆武柔远去木兰

乾隆六年（1741）二月初八日，监察御史丛洞听说乾隆皇帝要到热河木兰巡幸行围，上了一道奏疏加以劝止，意思是怕侍从们以狩猎为乐，在京的臣工因皇帝外行产生懒惰安逸思想。乾隆皇帝看完这道奏疏后，立即颁布了一道谕旨：

古代春蒐、夏苗、秋狝、冬狩，都是因田猎以讲武事。我朝武备超越前代。当皇祖时，屡次出师，所向无敌，皆因平日训练娴熟，是以有勇知方，人思敌忾。若平时将狩猎之事废而不讲，则满洲兵弁，习于晏安，骑射渐至生疏矣。皇祖每年出口行围，于军武最为有益，而纪纲整饬，政事悉举，原与在京无异。至巡行口外，按历蒙古诸藩，加之恩意，因以寓怀远之略，所关甚钜。……今升平日久，弓马渐不如前，人情狃于安逸，亦不可不加振厉。朕之降旨行围，所以遵循祖制，整饬戎兵，怀柔属国，非驰骋畋游之谓。……朕性耽经史，至今手不释卷，游逸二字，时国警省。若使逸乐是娱，则在禁中，纵所欲为，罔恤国事，何所不可，岂必行围远出耶？

乾隆皇帝的这道上谕，强调了巡幸木兰的两个根本目的，就是肆武习劳和绥怀蒙古。肆武习劳就是训练军队，绥怀蒙古就是笼络蒙古族王公。这两条是清朝能够立国的根本条件。清朝是靠武力取得天下的，在这一过程中，蒙古族的骑兵起了很大作用。正因为如此，乾隆皇帝的祖父康熙皇帝在位期间，惟恐八旗之众承平日久，耽于安乐，不知以讲武习劳为务，因而多次北上秋狝，行围猎之典，几乎一年一次。乾隆皇帝巡幸避暑山庄和木兰秋狝，正是继承了祖父的遗愿，对清朝国家来说是非常重要的举措。

乾隆皇帝巡幸避暑山庄和木兰秋狝之前，要做许多准备工作。其中包括，蒙古各部派出随围兵丁1350名，扈从的侍卫、官员、护军等5000名，马10000余匹，驼800余只，各项赏银60000余两。在木兰围场，要派官员前往查看，是否有人偷入打牲和开垦土地。对于活动在木兰围场附近的土匪，兵部要派人前往缉拿。在避暑山庄内，则开始了大规模的工程维修和建造，因火灾焚毁的如意洲上的几组建筑，首先进行了改建。洲上正门改为面南夏屋，名字也由康熙皇帝时的"澄波叠翠"改为"无暑清凉"，而原来的正门澄波叠翠则成为如意洲东北面的观览亭。在东南面还增建了法林寺等建筑。在准备工作中，还包括哪些大臣留在京城总理诸事，哪些官员随行口外。

乾隆六年七月二十六日，乾隆皇帝奉皇太后从北京西郊圆明园启銮，开始了第一次巡幸避暑山庄和木兰秋狝之行。出发的第二天，他颁布了减免所过州县额赋的谕旨，一般是应征数的十分之三。从京城出发后，当日驻兰沟。二十七日驻怀柔县。二十八日驻密云南。二十九日驻要亭。三十日在古北口阅兵后驻两间房。八月初一日、初二日两天行围，驻常山峪。初三日至初五日驻喀喇河屯。初六日驻小营。初七日驻波罗河屯，蒙古王公等前来迎驾。初八日驻张三营。初九日驻十八里台。初十日至二十二日，除去十三日外，连续行围。二十四日至二十六日，二十八日至三十日，又连续行围。这期间，先后驻在拜布哈昂阿、乌拉贷哈达前、准乌拉岱、都木达乌拉岱、布尔哈苏台、巴彦沟、鄂尔楚哈达、扎克月鄂佛罗等地。九月初三日至初七日，在承德避暑山庄住了5天。初八日启程回銮，二十日回到京城。来去共用55天。以后，乾隆皇帝巡幸避暑山庄和木兰秋狝，行程路线和安排，大体上同于第一次，只是时间上或长或短，顺序上有时先去避暑山庄罢了。

在北巡御道上

乾隆皇帝巡幸避暑山庄和木兰秋狝走的是御道。这条御道在康熙皇帝时期就已修建，被称为北巡御道。到乾隆皇帝时，御道沿途设拖更加完备，许多地方都修建了行宫，为乾隆皇帝巡幸避暑山庄和木兰秋狝提供了沿途住宿的方便条件。

乾隆皇帝的巡幸车队出圆明园以后，往北经过汤山，再往东北经过南石槽直奔密云，然后出古北口。在京师和古北口一带，南部是川原湖淀，北边是绵嶙叠翠，既有古镇雄关，又有起伏蜿蜒在山巅的万里长城，风景真是优美如画。在这一段御道上，建有汤山、三家店、怀柔、南石槽、密云、兰沟、白龙潭、南天门等行宫，总称为关内行宫。其中，汤山行宫有温泉。乾隆皇帝在乾隆六年经过这里时，写有《御制汤泉行宫诗》一首，诗中写道：

> 灵境辟离宫，停銮秋宇空。
> 庭轩静朝旭，树石老金风。
> 暖溜溶溶洁，清波处处同。
> 心神堪澡雪，抚景兴无穷。

在初秋时节，乾隆皇帝面临秋风，面对秋水、秋景，心里感到格外的恬静和惬意。怀柔行宫是由三教堂旧址改建祉园寺而成，后来便成为行宫。南天门行宫风景优美，令人赏心悦目，乾隆皇帝曾写诗称赞，其中有这样的句子："偶来精室憩征鞍，窗肩岚光送晓寒。谷里霓旌烟里度，座中羽骑画中看。盘盘古柏阴犹翠，的的秋英露未乾"。密云行宫有两处，一是县东门外刘家庄行宫，一是县东北35里罗家桥行宫。乾隆皇帝首次巡幸避暑山庄和木兰秋狝，写有《密云道中望长城》诗：

秦时闉堞汉时山，总为天骄守御艰。
此日长城为苑囿，三秋巡狩数经还。

诗中流露出乾隆皇帝的得意心情。是的，往昔争战之地，今日成为和平地区，这样的历史功绩有哪个朝代取得了呢？作为清朝的帝王，乾隆皇帝有资格为他的先辈，同时也是为他自己感到骄傲。乾隆皇帝还写有《密云行宫晚坐》诗：

金风玉露静秋天，别馆初开翰墨筵。
亦有蛩声啼砌下，那无月色到窗前。
山围大野寥萧夕，宇转新晴淡沲烟。
何必御园云水榭，忘怀是处俗尘蠲。

该诗宛若一幅田园画，表现了皇上恬静的心情。

出古北口，乾隆皇帝巡幸的车队继续往北走，先是左山右水，河水湍湍地流着，继而御道两旁是平坦宽阔的河流浅滩地带，起伏的山峦延绵不断，满山遍野覆盖着茂密的森林，野兽成群出没。巴克什营行宫就在此处。"巴克什"是满语，译成汉语是"师傅"之意。清朝初年，朝廷曾委派16个大臣、8个巴克什住在这里，负责办理登记粮食的收集事宜，后来这里便有了居民。巴克什营行宫是清朝皇帝在口外的第一处行宫。行宫门内有松树 8 棵，取名罗汉松。行宫内大殿前还有两棵槟子树。当乾隆皇帝一行住在这里的时候，果满枝头，香气袭人，另有一派风光。在宫门前面，一条蜿蜒清澈的河流向西流去，注入潮河。站在宫门的高台上，南望边墙，高出山上，雉堞参差，与云烟出没，只闻潮河声奔流入塞。乾隆皇帝看到这番景象，深感往昔安屯、置戍之区，今日田畴井里，妇子嘻然，不觉得身在边关以外。乾隆皇帝多次写过出入古北口的诗，其中有一首名为《出古北口》，他这样抒发了自己的情怀：

栖山驾海带秦辽，拓抱中原回近霄。
此日无烦夸地险，当年见说控天骄。
金瓯讵恃一九固，玉烛恒惭六幕调。
来往巡农兼阅武，万年家法仰神尧。

当年万里征战的地方，现在已变成和平的巡农阅武地区，化干戈为玉帛，这也许就是历史的进步。作为一个封建帝王，乾隆皇帝吟诵诗章的时候，是否自觉地意识到了这一点呢？

过了巴克什营行宫，再走约 40 多华里，就到了两间房行宫。两间房行宫包括山区和平地两部分。平地部分建有亭、台、楼、阁。山区部分也就是苑景区，有墙和宫殿区隔开。几十只麋鹿在山林中自由行走，楼台等建筑物就掩映在山谷中的林木间。一条小河从山区南面山根下流过，河上一座木桥把宫殿区和苑景区连接起来。乾隆皇帝曾说，塞外山川，两间房首当形胜。他还写有《两间房行宫即景》诗多首，其中有一首是这样写的：

树荫深处觉微凉，脱却单衣换裕裳。
开户对山如话旧，隔林见鹿不能详。

庭禽喜客殷勤语，砌卉当和自在芳。

垦种人家已满百，昔名犹说两间房。

在悠闲的气氛中，人们不由得想到，当年以两间房得名，而今这里已经农郦布列，烟火相望，鸡犬之声相闻了。从两间房行宫沿御道向东北方向走，两旁山峦越来越高耸挺拔，御道也变得狭窄了。山泉的声音淙淙作响，两面高山显得更加峻峭。就在人们感到山穷水尽之时，一大片葱绿色映入人们眼帘，炭局子地方到了。这里丛林灌木生机勃勃，山花野草非常茂盛，道路也变得有些宽敞了。再往前走，就到了青石梁御道段。这里的御道全部用河卵石砌筑成。山路盘旋，弯弯曲曲，拐过一个大山谷弯就登上了青石梁东头的梁顶御道。这里也是山谷的出口。再往前走不到 10 里路，就到了常山峪行宫。

常山峪行宫位于一片高台上，分宫殿区和山区两部分。宫门两侧有18 棵罗汉松，南山最高处有四柱亭，亭周围有假山、碑刻。常山峪行宫有八个地方被乾隆皇帝誉为景点，名常山峪行宫八景，分别是绿樾径、虚白轩、青云梯、枫香阪、蔚藻堂、如是堂、翠风埭、陵霞亭。乾隆皇帝小的时侯，随祖父康熙皇帝去木兰围场，曾在常山峪行宫停住。乾隆六年，乾隆皇帝第一次巡幸避暑山庄和木兰秋狝，住在常山峪行宫，曾写诗回忆幼时住在这里的情况。诗中写道：

忆昔髫龄际，趋陪圣祖前。

于今巡幸至，驻跸故宫边。

湛露曾叨泽，含饴想侍筵。

秋风悲此日，轩屋尚当年。

鸟语如怀旧，花香故逞妍。

恩勤终古慕，承显一身肩。

乾隆皇帝还写有《常山峪行宫晚秋》诗多首。"山容似画谈弥趣，秋色如诗老益工"；"谷门风来声觉壮，溪头潦尽影含清"；"峣峰无数入窗纱，写照窗前了不差"；"急雨驱云增暮寒，秋英绕砌湿阑干"，这些都可称得上佳句，描绘了常山峪行宫美丽的景色。对于常山峪行宫八景，乾隆皇帝更是多次写诗加以赞美，其中关于翠风堞的一首是这样写的：

野木不知名，雨后增新翠。

谁云塞北山，却有江南致。

诗中有景，虽然没有费多少笔墨，但是景物的特点却被勾划出来了，与此同时，也表现出乾隆皇帝闲适的心情。

过了常山峪行宫，大约走 70 里，就到了喀喇和屯行宫。这段御道多为山石土路，由于乾隆皇帝巡幸的车队经过之前，当地官员已经组织百姓用黄土填平，又泼了清水，所以倒也平整。喀喇和屯行宫又称小金山、滦阳别墅，周围有 20 多华里。"喀喇"是蒙语黑或旧的意思，"和屯"是城，"喀喇和屯"蒙语即为黑城或旧城。喀喇和屯行宫处于滦河和伊逊河交汇的南岸，这里川谷宽敞，气候温和，土地肥沃，宜于耕牧。喀喇和屯行宫分为宫殿区和苑景区两部分。宫殿区有三组庭院，即东、西、中三宫。三宫的后院是小花园，园中有假山、垂柳、叶杨、松柏和各种花草。苑景区地势辽阔，滦河从中缓缓流过。苑景区的西边是滦阳别墅，建筑在两个山包之间的坡台上，是园中之园，有假山、石峰、奇花、异草，分布自然，极有情趣。苑景区的精华是小金山，也是园中之园。喀喇和屯行宫从整体上说来，既有严整的布局，又有乡间田园的自然情趣，是一处别有风貌的山林别墅。在喀喇和屯行宫的周围，还有十几座寺庙，多是乾隆皇帝祖父康熙皇帝敕建的。乾隆皇帝巡幸避暑山庄和木兰秋狝，往来停驻喀喇和屯行宫，写有不少吟咏喀喇和屯行宫的诗章。在一首《喀喇和屯行宫怀古》的诗中，乾隆皇帝写道：

往事徵难信，犹传此黑城。
轩庭新岁月，闉郭旧榛荆。
北界夫何藉，山田已遍耕。
致兹讵容易，益凛守基情。

通过怀古，乾隆皇帝抒发了岁月流逝、山河变貌的思想感情，特别是对和平生活的赞美，反映了乾隆皇帝大一统的胸怀。也有一些诗，完全是乾隆皇帝到达喀喇和屯行宫后喜悦心情的流露，读来使人感到轻松愉快。还有一些诗，写了滦水之阳、深秋时光、千尺古松、环水山房、鹿声呦呦、蝴蝶起舞的环境，以及在这种环境中，乾隆皇帝兴致高昂的情景。

喀喇和屯行宫图。故宫博物院藏。

从喀喇和屯行宫出发，沿着御道向东走，经过西平台、双塔山、大三岔口、广仁岭、上下营房等地，就到达了热河行宫，也就是乾隆皇帝巡幸的避暑山庄。进入承德避暑山庄，首先要通过三座木制牌楼。乾隆六年，乾隆皇帝首次巡幸避暑山庄和木兰秋狝，离开喀喇和屯以后，并没有先来避暑山庄，而是去了木兰围场。那么，也让我们沿着北巡御道继续朝前走，先看看其他行宫的情况吧。

从热河行宫往北沿御道行进，大约走 60 华里，就到了中关行宫。这一带山峦重叠，树木茂密，河水环绕，风景奇特。中关行宫依山面水，分宫殿区和苑景区两部分。宫殿区有东、西、中三院，殿、台、楼、阁彼此相连。苑景区内地面上绿草一片，野花争妍斗艳，麋鹿在草地上自由地群聚漫游，百鸟在树林中欢快地歌唱。

从中关行宫沿御道北行 37 华里，就到了什巴尔台行宫。行宫四周围绕虎皮石墙，东北部山区占绝大部分。山上古松、老榆成林，上有凉亭，极目四眺，清溪远岫，旷望高深，塞田万顷，秋稼盈畴，可以见丰收景象。行宫的宫殿区在西南宫墙外，东、西、中三院并排，各有独立围墙环卫，互不联接。乾隆皇帝巡幸木兰，多次在此驻跸。

从什巴尔台行宫沿御道再往北走约 18 华里，就到了波罗和屯行宫。波罗和屯是蒙语，汉译为青城或旧城。波罗和屯又称皇姑屯，是康熙皇帝的姑，即清太宗皇太极公主下嫁巴林，往来停居地，因以得名。波罗和屯行宫位于伊逊河东岸，历来都是水陆交通的枢纽和重要的渡口。这里风景美丽，有著名的土城风雨、宫树晚烟、西山塔影、南陌柳荫、笔峰耸翠、伊水拖兰、循坊晓月、古寺清钟八大景观。波罗和屯行宫周围有虎皮石墙环绕，行宫里面分左、中、右三个庭院，每院都有殿、台、楼、阁等建筑物。乾隆皇帝巡幸木兰行围，每次都驻跸波罗和屯行宫，并且写下了不少诗篇。在一首题为《波罗和屯行宫作》的诗中，他这样写道：

一谷轻寒破晓风，几湾流水溯源通。

已看别馆行来近，且喜山田极处丰。

过雨秋苔依砌绿，含霜野果缀枝红。

底缘到此多吟兴，笔架三峰正峙东。

诗中描绘了一幅色彩鲜艳的风景画，从中可以看出乾隆皇帝的心情非常美好，农田的丰收使他感到高兴。过了波罗和屯行宫，继续沿御道北行，有两条道路可以进入木兰围场：东道从张三营入崖口，西道自济尔哈朗图及阿穆呼朗图入伊玛图口。因而，张三营行宫、济尔哈朗图行宫和阿穆呼朗图行宫，就成了北巡御道抵达木兰围场前的最后三座行宫。

张三营行宫在波罗和屯行宫北 56 华里处。这一带山峦环绕，草木茂盛，气象万千。乾隆皇帝巡幸木兰秋狝，张三营行宫是往来居住次数最多的行宫之一，该行宫建筑在一片开阔地带，一面背山，三面临水，周围环绕虎皮石墙，青砖白灰饰顶。行宫内有大殿、后殿，以及东、西跨院。东跨院栽果树，西跨院种花草，宫殿后面植罗汉松。行宫围墙的外面种的是垂柳杨树。每当秋风吹过的时候，张三营行宫到处是绿、红、黄的颜色，非常好看。乾隆皇帝写有张三营行宫的诗，描绘了枫叶飘零、菊花盛开、一派秋光的美丽景色，那鲜艳的五颜六色，给人留下了鲜明的印象。

济尔哈朗图行宫在波罗和屯行宫西北 58 华里处。济尔哈朗图是蒙语，汉译为安乐所。行宫所在地是一片宽阔的河谷地带，树木葱笼，绿野流芳。行宫南向，依山面水，周围环绕石墙。行宫内建有前后殿，以及假山、花园，富有山寨情趣。

阿穆呼朗图行宫在济尔哈朗图行宫北 43 华里处。阿穆呼朗图是蒙语，汉译为康宁所。行宫建在南面山坡上，四周以虎皮石墙围绕。行宫分宫殿区和苑景区两部分。在苑景区，有成群的小鹿在游玩。乾隆皇帝写有许多首关于阿穆呼朗图行宫的诗，描绘了行宫及其周围的景色，令人心旷神怡。其中一首这样写道：

> 一由旬里路非遥，满谷秋田倍觉饶。
> 数宇轩亭颇足息，千庐竿帜各为招。
> 石泉陡涧银拖界，霁景尧峰翠落标。
> 瓯研适当神谧处，闻来摛句亦清超。

美丽的热河行宫

　　乾隆皇帝巡幸避暑山庄和木兰秋狝，通过始于京师的北巡御道，在沿途驻跸各行宫，最后终于到达了避暑山庄和木兰围场。那么，避暑山庄和木兰围场究竟是什么样子呢？我们先了解避暑山庄的一些情况吧。

　　承德避暑山庄，原称热河行宫，是乾隆皇帝的祖父康熙皇帝在位时创建的。这个地区有林木茂密的山峦，幽静深邃的峡谷，形态奇异的怪石，蜿蜒回环的河水，是修建行宫的理想处所。乾隆皇帝继位后，对避暑山庄进行了扩建。山庄周围环绕着虎皮石墙，绵延起伏，宛若游龙，总长约20华里。山庄南向，整个布局分两部分，即宫殿区和苑景区。宫殿区在整个山庄的南部，由正宫、松鹤斋、万壑松风和东宫四部分组成。苑景区则包括湖区、平原区和山区三部分。

　　正宫是乾隆皇帝等处理政务和居住的主要场所，在宫殿区的西部，四周有围墙，共九进院落，布局严整、对称。正宫的主要建筑，由前而后分别是丽正门、避暑山庄门、澹泊敬诚殿、四知书屋、烟波致爽殿、云山胜地楼等。

　　丽正门是避暑山庄的正门，也是正宫的正门。"丽正门"三字是乾隆皇帝所题，用满、汉、蒙、藏、维五种文字镌刻在南面门额上。丽正门是三个门洞的城台门。它的南面有一座红照壁，照壁后两侧分别是两块下马碑，上写"官员人等至此下马"。丽正门的两旁蹲着两个造型浑朴、神态凶猛的石狮。乾隆皇帝写的一首诗，镌刻在面北的门额上，诗的全文如下：

岩城埤堄固金汤，溢荡门开向午阳。

两字新题标丽正，车书恒此会遐方。

诗中所写"丽正"二字，是取其方正光明之意。最后一句中的"会遐方"，不仅表现了丽正门，而且也表现了整个避暑山庄在联络国内各少数民族上层人士中的重要作用。

进入丽正门，两边是钟鼓楼。门正面有座面阔五楹的大宫门，两旁腰墙相连，各辟有一掖门。东西各有平房5间。门内又是一层院落，东西又各有5间平房。原来，这些平房是朝房，是乾隆皇帝驻跸避暑山庄时，被召见的文武官员和少数民族王公贵族等候的地方。在内朝房北，有一道高大的红墙，正中有5间大门，这就是避暑山庄门。门正中额有乾隆皇帝的祖父康熙皇帝御题的一块铜匾，上有"避暑山庄"四个鎏金铜字。门前列有铜狮一对。两侧石壁上刻有乾隆皇帝写的四首诗，其中一首这样写道：

巡狩宁稽除授官，门前次第引来看。

随材简职仍余暇，以己先人与众观。

弓操手柔秋正好，侯空鹄揭月轮团。

耆龄回忆原兹地，屡中亲承仁祖欢。

原来，乾隆皇帝经常在避暑山庄门引见官吏，看射箭比赛，诗中所述就反映了这些活动。此外，康熙六十一年（1722）时，乾隆皇帝当时12岁，他的祖父康熙皇帝在这里引见官吏，看射箭比赛，也让跟随自己来避暑山庄的皇孙试射，表演给扈驾的文武大臣们看。当时乾隆皇帝连发数箭，箭箭射中靶心，受到了康熙皇帝的褒奖。诗中的最后两句，回忆的正是这一段往事。从此可见乾隆皇帝对他祖父康熙皇帝的深厚感情。

进入避暑山庄门，又是一个四合院，正中的主体建筑就是澹泊敬诚殿。大殿用巨大的条石砌筑台基，东西各有 5 间配殿，配殿南山墙旁各有一座奏乐亭。澹泊敬诚殿全部是楠木结构，因此也称楠木殿。大殿的地面用花斑石漫砌，院内有古松 42 棵。澹泊敬诚殿是乾隆皇帝过生日、正式接见文武大臣以及少数民族王公贵族的地方。他在这里写下了大量的诗篇，有些诗短小清新，似乎和这座大殿的庄重肃穆之感不相吻合，不过，倒也反映了乾隆皇帝的心境。请看下面一首：

隔岁驻山庄，山容镇似常。
风来花作态，雨过草生香。
小鸟窥帘卷，清琴倚壁张。
含饴叨厚泽，触景哪能忘。

诗中描述了山庄的美丽景色，也抒发了乾隆皇帝对祖父康熙皇帝的感戴之情。的确，如果没有康熙皇帝的厚爱，澹泊敬诚殿里的主人还不知是哪一位呢。大概就是这个原因吧，乾隆皇帝无论身在何处，总要想念起他的祖父。

四知书屋在澹泊敬诚殿的后面，面阔五楹，有走廊和澹泊敬诚殿相通。这里是乾隆皇帝上朝休息的地方。有时也在这里召见大臣和少数民族王公贵族，以及藏传佛教的领袖人物。四知书屋的后面是面宽十九楹的平房，叫"万岁照房"。正宫区由此分界，此后就是乾隆皇帝的居住部分。万岁照房以北有门殿三楹，后面自成一个院落，主要建筑是烟波致爽殿。它是乾隆皇帝的寝宫。烟波致爽殿面阔7间，正中3间设宝座，是乾隆皇帝接受后妃朝拜的地方。西次间是佛堂，最西1间是乾隆皇帝的寝室。东两间是乾隆皇帝和近臣议事的地方。乾隆皇帝寝室的东西各有一小院，与寝室有侧门相通，称东西所，是乾隆皇帝后妃居住的地方。烟波致爽殿宏敞高明，后有湖水。每当夏雨初晴，或秋风乍起，这里没有一点尘埃，没有一丝云雾。每天清晨太阳初升之际，或夜晚月光挥洒之时，真使人有飘飘欲仙之感。乾隆皇帝为烟波致爽殿题有两联，一联是：鸟语花香转清淑，云容水态向暄妍。另一联是：雨润平皋桑麻千顷绿，晴开远峤草树一川明。乾隆皇帝还写诗赞美烟波致爽殿的环境是"堙波此处饶"，"长教暑气消"。

在烟波致爽殿的后面是云山胜地，这是一座面阔5间的二层楼房，楼内不设楼梯，而是由楼前东侧小巧玲珑的假山蹬道上楼。楼上西间是佛堂，楼下西间是室内戏台。在云山胜地楼上，凭窗远眺，林峦烟水，一望无极，气象万千，真可谓湖光山色，美不胜收。楼后有垂花门，名岫云门。正宫部分到这里就结束了。出门是驯鹿坡，那已经属苑景区了。

和正宫并列的东面是松鹤斋，布局和正宫相似，只是规模略小，是乾隆皇帝母亲的住所。斋名松鹤，是松鹤延年之意。松鹤斋有前后两个院，斋额是乾隆皇帝所题，后来改名含辉堂。松鹤斋北面有绥成殿，是乾隆皇帝太子颙琰居住的地方。绥成殿的后面是乐寿堂，为乾隆皇帝母亲的寝宫。畅远楼在乐寿堂的后面，和云山胜地形式相似，也是两层楼房。院内有假山、古松，由假山蹬道可进二楼。楼北是垂花门，出门后是万壑松风。

万壑松风是一组据岗临湖的建筑，几座大殿平行错列，加上曲折闭合的游廊，显得格外别致典雅。万壑松风的主殿和其他殿不同，它坐南朝北。殿的南面是鉴始斋，3间平房，是乾隆皇帝12岁时，随祖父康熙皇帝来避暑山庄读书的地方。万壑松风庭院内及附近有几百棵古松，每当风起山谷，松林就发出海啸般的松涛声。乾隆皇帝为了感谢祖父康熙皇帝的养育之恩，曾把万壑松风的主殿改名为"纪恩堂"。

东宫位于松鹤斋的东面，这里地势稍低，是乾隆皇帝宴赏少数民族王公贵族的地方。东宫的大门名德汇门，建筑规制和丽正门相似。进入德汇门，先是面阔7间的门殿，东西各有一座井亭。接着是正殿，宽11间，前后出廊，有左右耳房和配房各5间。再往北是大戏楼清音阁，坐南朝北，阁高三层，外观宏大。清音阁的每一层都有乾隆皇帝的题额。清音阁的东西两侧是上下各9间的二层群楼，这是王公大臣看戏的地方。群楼往北是福寿阁，阁高二层，乾隆皇帝和后妃看戏在二层。福寿阁的后面是勤政殿，乾隆皇帝在这里处理朝政。勤政殿的后面是卷阿胜境殿，乾隆皇帝曾在这里奉母进膳，也曾在这里赏赐王公大臣食果茶点。

宫殿区的北面是湖区，这里水面宽阔，洲岛错落，花木葱笼，亭榭掩映。湖区的中心有如意洲、月色江声、环碧三个岛屿，中间以长堤相连。错落有致的洲、岛、堤、坝、桥、闸、榭把整个湖面分隔成许多形态不同的小湖面。这些小湖面分别以银湖、镜湖、下湖、上湖、如意湖、澄湖、西湖、半月湖等命名。洲岛和湖泊的周围建造了许多形态、意趣不同的建筑物，成为宫殿区向湖区的过渡带。

湖区分东、中、西三线。东线，出了卷阿胜境殿即为起点，往北是水心榭，它是置于石砌驳岸上的并列的三座重檐亭，两旁碧波荡漾，水面空阔。和水心榭东隔银湖相对的是文园狮子林，内有16景，玲珑秀丽。去文园有水、陆两条路。走水路在水门靠岸下船，登上占峰亭，周围景色如画，尽收眼底。走陆路要登上山顶的八方亭，在这里放跟四望，只见文园彷佛一个巨大的盆景，苍松翠柳参天，成群鹤鹿徘徊，静动相间，景色极美。在纳景堂庭院中，有假山、古松，十分幽雅。在延景楼的四周，分别是呈菊花形的拖烟亭，呈梅花形的吐秀亭，卷棚歇山式的凝岚亭，重檐六角形的牡鱼亭。由文园往北，在镜湖中的一个洲岛上是戒得堂，这是一个长方形四合院，乾隆皇帝曾在这里读书。在水心榭北面的月色江声岛上，有一大组四合院建筑，这就是月色江声殿。乾隆皇帝曾在这里研读《周易》等古典书籍。在后门外临湖的地方，有几块平石，乾隆皇帝及其后妃们曾在这里垂钓。在月色江声殿西南角有座方亭，名"冷香亭"，是乾隆皇帝深秋时节赏花的处所。从月色江声岛北行，就到了由人工堆砌的金山岛，岛上怪石嶙峋，高低相错。岛的顶部是平台，建殿3间，名"天宇咸畅"。穿过天宇咸畅，即为六面三层的上帝阁，又称金山亭。亭额"金山"二字是乾隆皇帝所题。金山的北面是香远益清，建筑在热河泉南面的平地上，南、北、西三面临水，是两座庭院式建筑。香远益清的北面，隔热河泉相对，是萍香泮。东线到此结束。乾隆皇帝对东线的许多景点，例如水心榭、文园狮子林、冷香亭、香远益清等，都曾写诗给以赞美。这些诗或借景抒情，或托物言志，短小清新，令人难忘。在题为《冷香亭》的诗中，乾隆皇帝写道：

> 潦水寒潭芦荻苍，汀沙白露欲为霜。
> 晚荷几朵支敧影，风韵今朝把冷香。

冷香亭临水东向，山庄荷花秋深未落，可与晚菊、寒梅媲美。乾隆皇帝的《冷香亭》诗，正是表现了这一意境。

湖区中线从芝径云堤为起点。芝径云堤是一道长堤，蜿蜒曲折，绿柳蔽荫，有石条铺路。径分三支，连接着月色江声、如意洲和环碧三个洲岛，好像一支灵芝草，又好像连接的云朵。堤上有两座小桥，桥下可以行船。长堤西支是环碧岛。从环碧沿堤北行就到了如意洲。岛上的主体建筑是无暑清凉殿。如意洲北是澄波叠翠亭。如意岛上有一组建筑名金莲映日，殿前的数亩广庭中，种植了几万株金莲花。沧浪屿是如意洲上的园中之园，园内的殿堂有的建在池水之上。池北有假山，怪石挺拔，错落相间。在无暑清凉殿西南，靠湖有一南向小亭，名"观莲所"，是乾隆皇帝

《避暑山庄诗意图·无暑清凉图》。故宫博物院藏。

观赏荷花的地方。在如意洲北端的青莲岛上是烟雨楼。这里风景宜人，每当山雨来临之时，湖山尽洗，烟云渺渺，彷佛进入仙境。乾隆皇帝写过许多诗，赞美湖区中线的景点。在《烟雨楼对雨》一诗中，乾隆皇帝描述了烟雨楼四面临水，一碧无际，每当山雨，湖烟顿增的奇异景色：

西南云起有雷鸣，眨眼天中雾雨倾。

竖洒横排函畅意，繁弦急管莫形声。

入窗哪得珠帘卷，四宇纷披银竹晶。

略释渴忧生逸趣，高楼今日善循名。

沿如意湖西沿前行，是湖区的西线。西线的建筑和景点首先是驯鹿坡。这里背风向阳，入秋后仍然绿草如茵，有许多麋鹿到这里寻食。乾隆皇帝在一块大石上亲笔书写了"驯鹿坡"三字。驯鹿坡北面有座四合院式建筑，名芳园居，这里贮存着乾隆皇帝用的金银绸缎和其他御用物资，所以也称宝库。在芳园居的东配殿里还开设纸笔、古玩、磁器以及茶酒等物，供朝廷大臣们购买，因此称为买卖街。在芳园居以北隔湖相对，是临芳墅，乾隆皇帝在前殿面额题名"知鱼矶"，他常和后妃到这里垂钓。殿的西边有船坞，乾隆皇帝的御舟青雀舫就停泊在这里，以备随时泛舟于湖上。在临芳墅的西北是远近泉声，四周围廊环绕。这里高敞风凉，乾隆皇帝题额"招凉榭"。在远近泉声南面，是背依青山前临绿水的"石矶观鱼"建筑。乾隆皇帝写有石矶观鱼诗，描写了垂钓时的闲适心情和美丽风景。西线的最后风景是水流云在和莺转乔木。水流云在是沿澄湖北岸环列的四个风格各异的亭子。莺转乔木则是这四个亭子中偏东的一座，为八角长形。

平原区从澄湖北岸起，东到宫墙，西至山脚。平原区东部是万树园，这里有榆、松、槐、柳等各种各样的古树，郁郁苍苍，挺拔劲立。飞鸟在树林中欢唱，麋鹿和野兔在草地上奔跑，极富山野情趣。"万树园"三字是乾隆皇帝所题。在万树园的西南部是试马埭，乾隆皇帝常在这里扬鞭策马，纵横驰骋，选择良马骑。这里绿草如绒，平齐似剪，彷佛铺的绿色地毯。每当乾隆皇帝在这里试马的时候，还要举行野宴，一座座蒙古包拔地而起，一派草原风光。

在平原区周围，环列了一些园林建筑。其中，千尺雪位于长湖的北端，是一个悬流的瀑布，是乾隆皇帝把江南寒山范氏山园中的千尺雪，在避暑山庄仿建而成。在千尺雪西面是玉琴轩，这里水流激湍，清越相应，宛若琴声。和玉琴轩并峙的是宁静斋，斋名出自诸葛亮"非宁静无以致远"的名句。这是乾隆皇帝的读书斋。文津阁建于玉琴轩、宁静斋的后面，仿照浙江宁波范氏的天一阁建成，是贮藏《四库全书》的地方。阁外观两层，内为三层，中出腰檐，挡住阳光不射入阁内。文津阁的前面有水池，水色清澈。池的南面是假山，怪石嶙峋。假山上有月台，是赏月的地方。假山下面是幽深的洞府，阳光从假山的小洞眼中折射到水池里，形成一个弯月，令人惊奇不已。

万树园东南宫墙下是春好轩，有墙廊把正殿、配房及二门连接，形成闭合式的小院。院内山石棋布，草绿花红。春好轩的北面是嘉树轩，这里有百年老树，枝叶茂密。永佑寺在嘉树轩的北边，这是平原区最大的一组建筑，寺庙的规模也比较大，寺后的八角舍利塔，高达九层，气势雄伟。塔后有御容楼，里面供奉着乾隆皇帝祖父康熙皇帝和雍正皇帝的遗像。在永佑寺的东面是同福寺，同福寺的后边是乐成阁，乾隆皇帝曾在这里东观秋稼。他还写有《乐成阁》诗，反映了忧悯农民的心情。诗文如下：

村村比栉更崇墉，揽景城楼喜动容。

今岁秋成真可乐，又闻谷贱叹伤农。

澄观斋位于永佑寺东北，是一个比较小的庭院，前有流水，后倚山壁，环境清幽。澄光斋的后面是翠云岩，这里晨霞暮霭，绚紫绯青，岸峦交复，云气特多。在文津阁北西山脚下，是云容水态，因为这里云无定容，水非一态得名。宿云檐在万树园西北门北面的一个平台上，所以取这一名称，是因为这里云气往来，若宿檐际，萦纡缭绕，时出房檐。

山区位于避暑山庄苑景区的西北部，是一片谷壑纵横、翠峦叠嶂的山地。在山区里，有四条西北往东南走向的沟谷，从南到北依次是榛子峪、松林峪、梨树峪、松云峡。在沟谷间，有亭台楼阁等各式各样的建筑，富丽堂皇，在清雅幽静的环境中更加引人注目。

　　榛子峪在避暑山庄内西北，这里青草遍地，异花满崖，古松苍郁，百鸟飞翔，令人心旷神怡，有飘飘欲仙之感。进榛子峪不远的北坡台地上，有一组建筑名"松鹤清越"。这是布局规整的方形宫院，乾隆皇帝题名"静余轩"，是皇太后居住的地方，乾隆皇帝也曾在这里读书。和松鹤清越并列偏西的庭院，乾隆皇帝题名"秋澄斋"。从松鹤清越北攀到峰顶，有敞亭3座，名"锤峰落照"。敞亭东向，每当夕阳西映，彩霞万道，返照在山庄东边的磬锤峰上，苍然暮色，景色极美。乾隆皇帝写诗形容说：

　　西日隐东峰，天光入水底。
　　披襟松籁寒，千林纷翠紫。

　　在松鹤清越对面的南山顶上，有一座依宫墙而建的庭院，有楼北向，乾隆皇帝题额"绮望楼"。绮望楼后面，是城台楼，以及半月形瓮城，俗称月牙城。在松鹤清越以西北侧，是一座布局严整面东的大型寺庙，名碧峰寺，寺后有书屋，乾隆皇帝题额"味甘"二字。在碧峰寺的西北侧有一小岔沟，山凹处有一组庭院名"有真意轩"。从有真意轩前行往北拐，峪内有秀起堂、惊云寺、静含太古山房等建筑。秀起堂踞冈跨涧，是一组规制较大的庭院。由于它是建在山冈上，地势较高，放眼四望，周围景色尽收眼底，云气空蒙，山风飒飒，使人彷佛感觉在半空中。乾隆皇帝的一首《秀起堂》诗，描写的正是这一景状：

　　四围山色郁苍苍，秀起中央回筑堂。
　　今岁才喜今日到，昔题都共昔年忘。

峰姿树态张图画，目击心存伴缥缃。

习习岩风拂檐梢，襟披夏五顿生凉。

惊云寺在秀起堂的西南，分正殿、崇楼、后门殿等部分。秀起堂的西侧是静含太古山房，位于山坳中。山房的西面有不遮山楼，楼南有趣亭，楼、房由曲廊相通，山房周围有墙环绕。

松林峪在榛子峪的东北，主要建筑和景点是食蔗居和观瀑亭。食蔗居在松林峪的最里面，建筑在一块高敞的地方，乾隆皇帝题额"食蔗居"三字，取渐入佳境之意，好比食甘蔗，越到最后越甜美。这里是松林峪最美的地方。十步之内还不见屋角，及至岩齐乍启，周览旁皇，则万象森罗，如临窗户。道路曲折幽深，地势高敞明快。观瀑亭在松林峪的中部南侧山麓，乾隆皇帝题额"瀑源"。观瀑亭上面的亭子名"笠云亭"，这里瀑流有声有色，水气溟濛。乾隆皇帝的《听瀑》诗，反映了他来到这里的心境：

雨后来听瀑，淙淙响益繁。

大都得之耳，惟此不为喧。

赴涧来鸣鹿，攀林饮渴猿。

山中足佳趣，难与俗人言。

梨树峪在松林峪的东北，以梨树多而命名。在梨树峪入口的南面，西湖西山坡平台上，建有一座大型佛寺，名珠源寺。寺内有天王殿，殿内的佛阁全部用铜铸成，雕刻细腻，工艺精良。阁内佛像也全部用铜铸成。因为该寺据瀑源来处，所以名珠源寺。在珠源寺的东北是涌翠岩，瀑布从崖流下。绿云楼在珠源寺北侧，瀑布从楼阁中流出，直泻湖中。这里绿树成荫，云气蒙蒙。乾隆皇帝写有《绿云楼》诗，既描绘了景物，

又抒发了胸怀:

> 树叶犹然密似云,秋暄浓蔚绿氤氲。
> 何当倾刻为霖雨,菜圃荞田望正勤。

梨花伴月是梨树峪中一组布局严整的四合院建筑。这里假山错落,景色清幽。每当春月,万树梨花素艳,幽香清辉不隔。乾隆皇帝的《梨花伴月》诗,描绘了梨花万树、微云淡月的美丽景色:

> 谁道边关外,春时亦有花。
> 寒香雪添艳,淡影月增嘉。
> 雅称风头雨,何须谷口霞。
> 涂山千万树,踪迹漫相夸。

梨树峪的底端是创得斋,这是乾隆皇帝的书斋。乾隆皇帝在这里写了不少诗,其中有不少佳句,例如"登高一步艰,就下片时易","破除思虑归澄照,五柳先生不我欺",都很有哲理味道,对人颇有启发。

松云峡是山区最北端的一道沟谷。峡口建有关城,关城两侧城墙和台上殿房四周都砌有雉堞,仿佛一道雄关。峡内有溪水从关侧水门流出,注入湖区。进入关门,在北山麓依山面谷有组建筑,名清溪远流,其中的含粹斋,是乾隆皇帝祖父康熙皇帝的书斋。在清溪远流后墙外山巅上有一座四角重台崇亭,名"凌太虚",题额为乾隆皇帝御笔。所以取名凌太虚,是因为登上此亭,飘飘然有凌云之致。松云峡北山峰顶有一亭,名"北枕双峰"。站在南山积雪亭上,南望诸峰,环绕山庄;因为塞外高寒,深秋即有雪花飘落,山庄内楼阁轩榭,一片皎白,仿佛寒玉光中,因此取名"南山积雪亭"。北枕双峰亭,双峰指金山、黑山。两山一在西北方向，一在东北方向，两峰翼抱，与亭相鼎峙，所以名北枕双峰亭。乾隆皇帝曾经写诗，赞美这些山亭的奇异美景。

在南山积雪、北枕双峰之间的山鞍处，有一组建筑名"青枫绿屿"。从松云峡口前行，不远处有一座石牌坊，过了牌坊就是水月庵。乾隆皇帝常到这里，还写了许多诗，赞美这一带的美丽景色，有一首《水月庵》诗是这样写的：

树色千峰翠浪流，花宫悬是广寒秋。
于中大士如如坐，问尔起心分别不。

在水月庵西边是旃檀林。旃檀林西北岔沟内是含青斋。在含青斋西南，横跨两溪间的半山腰上，有一组建筑名碧静堂，门是八角形重檐亭子，进门须经山洞的小石板桥。对旃檀林、含青斋、碧静堂等建筑和景点，乾隆皇帝都曾写诗赞美。在一首《旃檀林八咏》的诗中，乾隆皇帝描绘了这里的风、云、月、松、枫、花、鹿、蛩，读来尤有情趣。其中关于蛩的一首是这样写的：

夕瑟晨箫伴玉塞，草间石底韵金风。
五香薰体都清净，慈力何曾遗小虫。

在碧静堂以西山谷中有一圆形庭园，名"玉岑精舍"，庭园内有小溪穿过。玉岑精舍四字是乾隆皇帝御笔。舍内高处有三座小亭，殿亭因地势高低错落相间，庭园围墙随山势走向曲折环绕。松云峡底端是西北门。西北门东侧是宜照斋。宜照斋是倚石城修建而成，这里临风致爽，炎宇初晴，谷荫凉生，林飒响答，别有洞天。乾隆皇帝为宜照斋写有楹联：触目无非远尘俗，会心皆可入研罩。在宜照斋东南山南麓，有一组庭院式建筑，名"敞晴斋"。门前溪流上飞架石桥。从敞晴斋往东过小桥，沿山路上行，峰顶是广元宫。这是一组布局严整的寺庙，乾隆皇帝御书"广元宫"三字。广元宫后门外山顶上有二亭，名"古俱亭"。

从广元宫东南下山，再过三孔大石桥，迎面山坡上，有一座庭院式建筑，乾隆皇帝命名"山近轩"。山近轩在避暑山庄西北，这里峰峦窈窕，璟抱檐楹，万山深处，乾隆皇帝取名山近轩，实在非常贴切。乾隆皇帝写有《山近轩对雨》诗，描写了这一地方雨中的奇异景色：

> 塞雨时作止，山轩小憩停。
> 乍飞一川白，顿失万峰青。
> 拟仪如观幻，画图难写形。
> 须臾云敛尽，岩瀑尚余听。

在山近轩东东北，青枫绿屿的上面山顶处，是一座寺庙，名斗姥阁。寺庙西配殿乾隆皇帝题额为"蓬山飞秀"。整个寺庙有围墙环绕。

在避暑山庄宫墙的东面和北面，有12座藏传佛教寺庙，俗称喇嘛庙。其中有8座直接归属清朝管理边疆民族事务的机构理藩院管辖，又因为它们地处塞外，所以称为"外八庙"。这些寺庙和乾隆皇帝有密切关系。

溥仁寺，在避暑山庄东3里许，南向，门额"溥仁寺"三字由满、汉、蒙古三种文字写成。门内天王殿供奉三世佛，乾隆皇帝御书额"具大自在"，后殿供无量寿佛，乾隆皇帝题额"宝相长新"。乾隆皇帝写有《溥仁寺瞻礼》诗，其中有这样的句子："渡河多稼迎眸润，过雨千峰着意皱。免赋以三蠲漕二，继绳亦曰溥前仁。"反映了乾隆皇帝参加溥仁寺活动时仍然关心农事。

溥善寺在溥仁寺后百步许，南向，门内是天王殿，乾隆皇帝题联是：

总摄三摩资善果，普函万象护祥轮。

普宁寺，在避暑山庄东北 5 里狮子沟，仿西藏三摩耶庙。寺南向，联额都是乾隆皇帝御笔。门外树牌楼 3 座，门内正中有一碑亭，碑上刻着乾隆皇帝写的碑文。左右是钟鼓楼。正殿供三世佛，大乘阁内供千手千眼菩萨像。阁楼建筑奇特宏伟，四周还有根据佛教宇宙观修建的日殿、月殿、四大部州、四小部洲，以及白塔数座。阁东有精舍五楹，是乾隆皇帝临时休息的地方。乾隆皇帝在《普宁寺观佛事》一诗的序文中写道："蒙古等皆敬宗喀巴黄教，故于山庄之北建此梵刹，聚黄衣者流，而啴梵呗。"这说出了普宁寺修建的目的和作用。

普佑寺，在避暑山庄东北 6 里许，南向。寺额是乾隆皇帝题写。正殿是天王殿，其后是法轮殿，最后是经楼。寺中诸佛都是依照西藏塑像。

安远庙，在避暑山庄东北山麓，距普宁寺东南 2 里许，仿伊犁固尔扎庙式。庙西南向，缭垣正方四面各有门，中间是三层的普度殿，周有回廊。回廊前有大石，上面刻着乾隆皇帝写的诗，用满、汉、藏、蒙古四种文字书写。普度殿最上层贮藏着乾隆皇帝用过的甲仗。乾隆皇帝写有《安远庙》诗，其中谈到"新疆底定后，安远建祇林。"说明安远庙的修建和清朝统一新疆有关。

普乐寺，在避暑山庄东北 2 里许，寺东向，乾隆皇帝御书门额"普乐寺"。该寺所有殿额都用满、汉、蒙古、藏四种文字书写，都是乾隆皇帝御笔。正殿内供药王佛。正殿西为经坛，又名阁城。通往经坛的门内有一块巨碑，上面刻着乾隆皇帝书写的《普乐寺文》。阁城四面有门，上有圆亭，名"旭光阁"。

普陀宗乘庙，在避暑山庄北里许，仿西藏布达拉宫样式建成。乾隆皇帝题写庙额"普陀宗乘之庙"。有前殿、中殿和后殿。庙的主体建筑是大红台。乾隆皇帝写有《普陀宗乘之庙碑文》，还写有普陀宗乘庙即景诗、即事诗多首。诗中有"普陀本以抚遐为"句，说明了这座庙在怀柔少数民族王公贵族中的作用。

殊像寺，在普陀宗乘庙的西边，仿山西五台山殊像寺。乾隆皇帝曾陪同他的母亲去山西五台山烧香。五台山殊像寺内有文殊像。回北京后，乾隆皇帝命人按样刻石像，并仿照殊像寺，在北京香山建宝相寺，寺内供奉文殊像。后来，乾隆皇帝又在避暑山庄北面修建了殊像寺。寺南向，寺额"殊像寺"三字是乾隆皇帝御笔。左右钟鼓楼，内为天王殿，东西有配殿。再里面是会乘殿，又有东西配殿。殿后建有八方亭，名"宝香阁"。再里面是清凉楼，以及东西配殿等。宝香阁坐落在竞秀争奇的假山上，里面有高 12 米的骑狮文殊像，两旁还有侍者像。有人说，这个巨大的文殊像，是乾隆皇帝的化身。乾隆皇帝写有《殊像寺》诗：

殊像亦非殊，堂堂如是乎？
双峰恒并峙，半里弗多纤。
法尔现童子，巍然具丈夫。
丹书过情颂，笑岂是真吾。

看来，乾隆皇帝也相信自己是文殊菩萨转世了，只不过话说得有些模棱两可。

广安寺，在普陀宗乘庙西，南向，乾隆皇帝题写寺额"持胜门"。他还写有《广安寺》诗，其中有"蒙古尊黄教，其来已久时。以神道而设，因俗习为治"句，表明了该寺的修建是为了怀柔蒙古等少数民族。

须弥福寿庙，在普陀宗乘庙的东边。乾隆四十五年（1780），六世班禅从西藏来到承德，为乾隆皇帝庆祝七十岁生日。班禅在日喀则住扎什伦布寺。藏语"扎什"即"福寿"意，"伦布"即须弥山。乾隆皇帝便谕令在承德修建须弥福寿庙，作为六世班禅来承德居住处所。庙门南向，寺额"须弥福寿之庙"为乾隆皇帝题写，用满、汉、蒙古、藏四种文字刻成。东西有二山门，山门内有碑亭和宝坊。再里面是三重都纲殿楼和二重佛楼。乾隆皇帝写有《须弥福寿之庙碑记》一文，对藏传佛教中的格鲁派即黄教的起源和发展，论述极为详细，反映了乾隆皇帝广博的佛学知识。

打开庄门迎远人

美丽的热河行宫，吸引着乾隆皇帝多次前往巡幸。庞大的避暑山庄，在乾隆皇帝谕令下，也多次打开庄门，欢迎来自远方的客人。

乾隆十九年（1754）五月十二日，避暑山庄迎来了三位杜尔伯特蒙古首领，他们是车凌、车凌乌巴什、车凌蒙克，人称三车凌。也刚刚抵达山庄的乾隆皇帝，立即降旨加封车凌为亲王，车凌乌巴什为郡王，车凌蒙克为贝勒。十三日，乾隆皇帝就在澹泊敬诚殿召见了三车凌，并设宴赏赍。亲王车凌赏银5000两，郡王车凌乌巴什4000两，贝勒车凌蒙克3000两。乾隆皇帝为什么对三车凌又封爵又宴赏，他们是什么人呢？

原来，三车凌是我国西部蒙古杜尔伯特部的三个首领，最初依附于西蒙古的准噶尔部。乾隆十年（1745），准噶尔部首领噶尔丹策凌死后，准噶尔王公贵族之间展开了争夺权位的斗争，西蒙古各部由此陷于内乱，杜尔伯特部也卷入了这场纷争。西蒙古各部内乱延续了许多年，到乾隆十八年（1753）夏天，准噶尔部的达瓦齐取得了汗位。三车凌原来是反对达瓦齐的，这样，达瓦齐就在哈萨克汗帮助下，出兵大举进攻杜尔伯特部。在交战中，杜尔伯特许多王公的领地被摧毁，大片牧场遭破坏，数千名人口被掠夺。杜尔伯特蒙古部面临着被达瓦齐兼并的危险。在这种情况下，杜尔伯特蒙古首领三车凌为了维护本部落的生存，决定内徙，归附清朝中央政府。这年冬天，三车凌率领杜尔伯特蒙古部3700户部众，离开了额尔齐斯河，向东迁移。当时正值隆冬季节，天气严寒，风雪弥漫，杜尔伯特蒙古部众在三车凌率领下，牵着驼车，赶着牛羊，在极为艰苦的环境中跋涉了 19 天，最后终于到达了清政府控制的地区。清政府定边左副将军闻讯后，立即上奏朝廷。乾隆皇帝得知了这一情况，立即谕示定边左副将军成衮扎布让杜尔伯特蒙古部暂驻乌里雅苏台，然后再妥为安置。

乾隆皇帝非常重视杜尔伯特蒙古三车凌的来归，认为这是解决准噶尔蒙古割据势力的一个极好时机，由此也可以完成从康熙皇帝就开始的几十年未竟之业。乾隆皇帝谕令，接济三车凌杜尔伯特蒙古各部羊 16000 只，马牛 500，粮食 4000 余石。定于乾隆十九年五月，三车凌到热河朝觐。

乾隆皇帝在避暑山庄多次筵宴三车凌，特别是万树园的夜宴，更是别具特色。在筵宴的那一天，在万树园的草坪上，搭好了一座座蒙古包。乾隆皇帝的蒙古包正面居中，也称御幄，占地面积最大。御幄内铺香色五彩勾莲纹地毯，后面设宝座。幄前是三楹庑殿顶黄布帐殿，和御幄连为一体。帐殿前边铺苇席，两边设宴桌各两排，每排 6 桌，共 24 桌。中和韶乐设在两侧。此外，东边还有庑殿顶帐蓬三楹，内设 14 桌。幄殿筵宴，最多可容纳千人。筵宴开始前，乾隆皇帝乘坐紫檀雕花步辇来到御幄，乐队奏乐。已经在这里准备接驾的文武官员，各少数民族王公，一律排列跪迎。乾隆皇帝进入御幄落座后，鸿胪寺官员、理藩院大臣再导引官员王公等人分别入座。筵宴开始，乾隆皇帝赐酒。三车凌作为远方的来客，国家的功臣，座位和乾隆皇帝御座相邻。他们身着乾隆皇帝赏赐的行龙补服，回答乾隆皇帝的问话，气氛非常和谐。乾隆皇帝写有接见三车凌的诗，其中写道：

> 路在倾城候属车，未归怜远自员渠。
> 识时称杰惟嘉尔，敷德宾遐有何予。

锡爵都教加衮服，赐飨还拟赋嘉鱼。

一家中外欢言畅，底事周官藕象胥。

诗中把三车凌为维护国家统一而"倾城""来归"的义举看做是"识时称杰"，反映了乾隆皇帝对三车凌归附的高度重视。

《万树园赐宴图》轴。乾隆十九年（1754）五月，乾隆皇帝在万树园设宴款待归附清朝的蒙古族杜尔伯特部首领"三车凌"（即车凌、车凌乌巴什、车凌蒙克）。该图反映了民族和谐、国家统一的历史画面。

日宴结束以后，随着夕阳西下，夜色降临，万树园点燃了灯火。火树银花，色彩缤纷。盏盏高悬的挂灯和天上的星月争辉，避暑山庄沉浸在一片欢乐之中。三车凌第一次置身于这种灯火辉煌的壮阔场面，彷佛来到了美丽的月宫。夜宴的主要内容除欢宴外，就是观灯和欣赏歌舞以及杂技表演。观灯本是民间习俗，多在每年正月里进行。避暑山庄万树园观灯，则不局限于正月十五日前后，每月夜宴，都要张挂各式各样的灯笼。这些灯笼的形状，有的是兽形，有的是花形，五颜六色，非常好看。除张挂的灯笼外，还有人手持灯笼边歌边舞，或进或退，或左或右，甚至组成"万寿无疆"等字样，用来颂扬乾隆皇帝。表演的歌舞多是少数民族舞蹈，节奏紧张欢快。杂技表演内容丰富，有走绳、跳板、爬杆、吞刀、吐火、翻跟斗等，在夜宴的高潮时刻，突然一阵隆隆声，千姿百态的焰火腾空而起，刹那间夜空亮如白昼。避暑山庄的夜宴给三车凌留下了终生难忘的印象，乾隆皇帝的抚慰更增加了他们对清朝中央政府的向心力。后来，他们一直坚守在西北边疆，为维护国家的统一做出了贡献。乾隆皇帝写了许多首诗，记述了夜宴三车凌的情景，其中有一首这样写道：

黄幕穹庐向远开，灯光月色共徘徊。
今宵未驰金吾禁，都道居然度上元。

还有一首，描绘了热烈欢快的夜宴环境：

岩风入夕觉轻寒，五月烟花快意看。
更向幔城举首望，锤峰早挂玉轮圆。

乾隆三十六年（1771）九月十八日，避暑山庄又迎来了我国蒙古土尔扈特部的一位王公，他的名字叫渥巴锡，被人们称为飘落异域的民族的首领。说起渥巴锡率领土尔扈特蒙古回归祖国，还需要回顾一下他们历尽艰辛的途程。

渥巴锡像。德国汉斯博物馆藏。

土尔扈特蒙古是我国西蒙古的一部，由于各种原因，他们在明末清初离开了原来的牧地雅尔地区，来到了当时俄国政府还没有控制的伏尔加河流域。土尔扈特虽然迁居到了异地，可是和故土的联系一直都没有中断，清朝中央政府也派遣使团前往伏尔加河流域看望土尔扈特蒙古。乾隆二十六年（1761），年仅19岁的渥巴锡成为土尔扈特蒙古新的大汗。而这时，俄国政府采取了种种措施，企图限制汗国的权力，完全征服土尔扈特蒙古。尤其是俄国政府无限制地从土尔扈特蒙古征兵，更给土尔扈特蒙古民族带来了巨大的灾难。就是在这种情况下，土尔扈特蒙古的首领们为了反抗俄国政府的奴役和压迫，维护民族独立，决定发动武装起义，返回故土。乾隆三十五年十一月二十日（1771年1月5日），在伏尔加河流域生活了140年之久的土尔扈特蒙古人民，在渥巴锡等人率领下，开始了返回故土的征程。当时正是隆冬时节，天气严寒，又有俄国政府派兵围追堵截，33600余户，168000余人的土尔扈特蒙古东返队伍，旅程的艰难可想而知。乾隆三十六年五月二十六日（1771年7月8日），土尔扈特蒙古的先锋部队在伊犁河流域的察林河畔和前来迎接的清军相遇。当大队土尔扈特蒙古人到达的时候，总计只有80000余人了。

　　乾隆皇帝得到土尔扈特蒙古回归的消息以后，立即谕令有关部门做好准备，给以赈济。自乾隆三十六年六月至九月，在三个月的时间里，清政府调拨马牛羊270000头（匹、只），茶20000余封，米麦41000余石，羊裘51000余张，布61000余匹，安置土尔扈特蒙古部众。乾隆皇帝还谕示，在当年秋天，在避暑山庄接见渥巴锡等土尔扈特蒙古王公。

　　乾隆三十六年九月初，渥巴锡等人从伊犁来到了木兰围场，九月初八日，受到了乾隆皇帝的召见。在行幄中，渥巴锡等土尔扈特蒙古王公向乾隆皇帝行三跪九叩礼，献上了刀、弓箭、钟表等礼品。乾隆皇帝赐座，赏茶，用蒙古语和他们交谈。九月十七日，乾隆皇帝来到避暑山庄以后，谕令封渥巴锡等人爵位。结果，渥巴锡被封为乌纳恩苏珠克图旧土尔扈特部落卓里克图汗，和渥巴锡同归的土尔扈特蒙古其他首领，有的被封为亲王，有的被封为郡王，还有的被封为贝勒。土尔扈特蒙古的游牧地也得到了确定。

九月十八日，乾隆皇帝在避暑山庄的澹泊敬诚殿接见了土尔扈特蒙古各部王公。随后，又在四知书屋和卷阿胜境殿个别召见了渥巴锡。渥巴锡献上了明朝永乐二十二年（1424）银印一颗，并向乾隆皇帝叙述了土尔扈特蒙古在伏尔加河流域一百多年的生活情况，以及这次回归的艰辛历程。乾隆皇帝深表同情和赞许。在此后的半个月时间里，在万树园和溥仁寺，乾隆皇帝又多次宴请渥巴锡等人，有关方面还安排了火戏等歌舞活动。乾隆皇帝写有《万树园灯词》诗多首，从一个侧面反映了宴请渥巴锡等人的情况：

西陲平定已多年，宴赉频施结后先。
敦意新归额济勒，山庄重看设灯筵。

程途万里不辞遥，嘉与优恩咏蓼萧。
自是劳徕志远部，非关寻兵借元宵。

夕峰渐隐夕阳晖，万树须臾万烛辉。
望后漫嫌无月色，上元景物岂其非。

九月二十日，恰逢普陀宗乘庙落成典礼。渥巴锡等人率领土尔扈特蒙古回归，来到避暑山庄觐见乾隆皇帝。这两件事的巧合使乾隆皇帝感到十分欣慰。他亲自撰写了《土尔扈特全部归顺记》和《优恤土尔扈特部众记》两篇碑文，用满、汉、藏、蒙古四种文字刻在两块巨型石碑上，石碑矗立在普陀宗乘庙前的方形重檐歇山顶式的碑亭内。在这两篇碑文中，乾隆皇帝追述了土尔扈特蒙古的历史，回归的历程，以及清政府接纳土尔扈特蒙古各部的情况。在碑文中有这样的话：夫此山庄，乃我皇祖所建以柔远人之地。乾隆皇帝在避暑山庄筵宴渥巴锡等人，正符合了他的祖父康熙皇帝建立山庄的目的。

乾隆四十五年(1780)，乾隆皇帝70大寿，祝寿大典在避暑山庄举行。六世班禅喇嘛也前来祝寿，从而使避暑山庄迎来了第一个从西藏前来的客人。

班禅是清朝中央政府尊崇的四大活佛之一。班禅活佛系统以藏传佛教黄教派创始人宗喀巴大弟子凯朱结格雷贝（1385—1438）为一世班禅。六世班禅法名巴丹益喜，生于乾隆三年（1738）十一月。乾隆五年(1740)，乾隆皇帝批准了五世班禅转世灵童的认定手续。乾隆六年（1741），乾隆皇帝派人从北京到西藏扎什伦布寺主持了六世班禅喇嘛的坐床典礼。乾隆二十七年（1762），由于八世达赖喇嘛年幼，按照惯例，由六世班禅喇嘛主持西藏事务。乾隆三十一年（1766），乾隆皇帝册封六世班禅为班禅额尔德尼，掌管扎什伦布政教事务。封册用纯金制成，以满、汉、藏三种文字书写。除金册外，乾隆皇帝还赏赐六世班禅金印一颗，印文是"敕封班禅额尔德尼之印"，也是用满、汉、藏三种文字制成。

六世班禅对乾隆皇帝的敕封非常感激，表示希望觐见乾隆皇帝。因此，当他听说乾隆皇帝要举行七十大寿的消息后，便要求参加乾隆皇帝的祝寿活动。乾隆皇帝也早就想邀请六世班禅进京朝觐，以借此巩固清朝在西藏的统治，可是六世班禅没有出过天花，京城气候炎热，恐有不便，这次在热河举行祝寿活动，气候、地点都很合适。这样，乾隆皇帝便谕示六世班禅直接到热河参加祝寿活动。乾隆皇帝谕令在承德修建须弥福寿庙，作为六世班禅前来热河时的住所。该庙规模宏大，仅用一年多的时间即已修成。

乾隆四十四年六月十七日，六世班禅从西藏日喀则启行，前往承德，护送人员多达2000余名。清朝驻藏大臣留保住率领官员、兵丁30多名，在拉萨迎接六世班禅，然后陪护其东行。八世达赖喇嘛也在羊八井为六世班禅送行，并举行了盛大的讲法论经会，会上还演出了歌舞。乾隆皇帝对班禅东来非常关心。在班禅启程的当天，承德外八庙和京城雍和宫分别诵经祈祷一天，以祝祷班禅额尔德尼一路平安。乾隆皇帝还颁布谕旨，问班禅是否安吉，表示要以前代欢迎五世达赖同样隆重的仪式欢迎班禅。乾隆皇帝命人带给六世班禅一幅自己的画像，说明这幅画像什么时候和班禅相遇，相遇的地点就代表乾隆皇帝在那里迎接班禅了。当六世班禅抵达青海境内时，乾隆皇帝谕令当地官员准备马匹、牛羊、帐篷供六世班禅一行使用。乾隆皇帝还把外国人进献的精美时钟转送给了六世班禅。六世班禅到达塔尔寺以后，青海僧众举行了盛大的欢迎仪式。乾隆皇帝也送六世班禅御马、马鞍、朝珠、缎匹、白银茶桶等。乾隆皇帝还送六世班禅乘轿、轿夫、驮骡等，以便六世班禅乘轿前行。六世班禅对乾隆皇帝的关照十分感动，上折表示重谢浩荡皇恩，并把如意白佑主佛像一尊，红白念珠、藏香、藏呢等物敬献给乾隆皇帝。六世班禅在青海塔尔寺度过冬天。这期间，乾隆皇帝派人送来了御用豹袍、貂尾帽等，以供六世班禅御寒。乾隆四十五年三月十三日，六世班禅一行从塔尔寺启行，继续向承德进发。五月十一日，到达呼和浩特。五月二十六日，抵达岱海，乾隆皇帝派皇子和领侍卫内大臣等前来迎接。途经多伦诺尔时，举行了有10余万人参加的大法会。

七月二十一日，经过万里跋涉、克服了无数艰难险阻的六世班禅一行，终于到达了承德避暑山庄。这一天，承德地区晴空碧蓝，阳光灿烂。清朝中央政府的官员，蒙古各部王公贵族，以及各寺庙的喇嘛，都来迎接六世班禅。就在这一天，乾隆皇帝在避暑山庄依清旷殿会见了六世班禅。他们俩人用藏语交谈，互致问候。六世班禅把一尊紫铜主玛佛像和一串珍珠念珠敬献给乾隆皇帝，乾隆皇帝则还礼一条哈达。乾隆皇帝请六世班禅用茶，并带领他到烟波致爽、云山胜地等佛堂拈香拜佛，做开光善住宗教仪式。随后，六世班禅乘坐乾隆皇帝赏赐的黄盖肩舆，在内务府大臣及章嘉活佛等陪同下，回须弥福寿庙。乾隆皇帝和六世班禅初次见面，他们互赠的礼物还有：班禅奉献鎏金带宝牀宗喀巴大师塑像1尊，镶嵌各种宝石菩提大乐佛像1尊，紫铜释迦牟尼佛像8尊，黄金1000两，备鞍马1000匹等。乾隆皇帝回赐30两黄金所铸曼扎，金碗、盂、瓶、盘、香炉等，黄金500两，哈达500束，黄红缎26匹，水獭皮、玄狐皮共18张，百狸皮1000张，灰鼠皮1000张，紫羔皮1000张。

六世班禅回到须弥福寿庙以后，乾隆皇帝早已命人准备了佳肴。菜八品是：燕窝锅烧鸭子，奶子西尔扎，山药葱椒羊肉，托汤鸡，豆豉荔枝面，松子羊肉，攒丝冬瓜，口蘑肥鸡。饽饽四品是：象眼棋饼小馒首，糜子米面糕，羊肉馅包子，果馅鲁酥。攒盘一品是：蒸鸡烧羊肉。此外还有蒸鸭、糊羊，奶皮、奶茶、奶子等。

六世班禅到达承德避暑山庄的第四天，乾隆皇帝就在万树园举行了盛大的筵宴。参加的有蒙古王公、回部伯克、四川土司，文武大臣以及一些高僧喇嘛，共计60桌。六世班禅坐在乾隆皇帝旁边，享用银餐具，仅比乾隆皇帝低一格，而其他入宴者则都用磁器。几天以后，乾隆皇帝又在万树园第二次宴请六世班禅。他们同坐在大幄内宝座牀上，使用的都是金制餐具，美味佳肴竟有上百种之多。筵宴间，在悠扬的乐曲声中，他们还观看了角斗、杂技、魔术、歌舞等表演。

六世班禅主持的须弥福寿庙的开光大典，把乾隆皇帝的祝寿活动推向了高潮。原来，开光是佛教的一种宗教仪式。佛像塑成后，选择吉日致礼供奉，称为开光。须弥福寿庙开光典礼的这一天，六世班禅主持诵经，大小喇嘛200多人参加念经。香烟袅袅，钟鼓齐鸣，金碧辉煌的须弥福寿庙里别是一种气氛。喇嘛们诵的经文中说：

恩赐无量寿与明，三宝护法诸空行。

真实不诳加持力，喇嘛长寿佛法兴。

乾隆皇帝还在须弥福寿庙为六世班禅举行了熬茶这一佛事活动。西藏的喇嘛有一种习惯，就是饭前要熬制一锅酥油茶，以便吃饭时食用。因此，凡是到寺庙中布施的人，都必须熬茶，并在僧众吃茶时布施。须弥福寿庙的熬茶场面非常宏大、壮观，六世班禅端坐在大殿正中，其余喇嘛僧坐在两侧。乾隆皇帝缓缓入席后，僧人诵经，众喇嘛分别得到酥油茶。清朝皇室成员和蒙古王公纷纷布施，并请求六世班禅摩顶赐福。最后，六世班禅向乾隆皇帝敬献哈达。在六世班禅讲经时，乾隆皇帝听得非常专心。他后来还曾三次亲到须弥福寿庙听六世班禅讲经，并和六世班禅进行认真的讨论。

八月十三日，是乾隆皇帝70寿辰日，祝寿大典在澹泊敬诚殿举行。六世班禅和乾隆皇帝同登宝座。六世班禅首先向乾隆皇帝敬献祝寿礼，其中包括长寿佛画像81幅，以及哈达、银塔、金字无量寿经等。六世班禅还率领众僧为乾隆皇帝唱赞无量寿经。与此同时，乐队奏中和韶乐，祝寿大典的气氛隆重而热烈。

六世班禅在承德避暑山庄停留了一个多月，之后，又尊奉乾隆皇帝谕旨，前往北京进行各种佛事活动。在六世班禅停留避暑山庄的日子里，乾隆皇帝写了许多首诗，礼赞班禅的佛事活动和一片诚心，其中有一首是这样写的：

祝厘远至裪宗风，三接欣于避暑宫。

敬一人而千万悦，垂名册亦乃予同。

雪山青海胥增忭，色罽精金许献衷。

初见宛然旧相识，本来如是匪神通。

"敬一人而千万悦"，这道出了六世班禅在喇嘛教中的地位和影响，这也正是乾隆皇帝邀请六世班禅前来承德避暑山庄参加祝寿活动的原因，而其本意则在于利用喇嘛教加强和巩固清朝政府对于蒙藏地区的统治。

乾隆五十八年（1793）八月初十日，避暑山庄迎来了第一个踏进山庄大门的西洋人，他就是英国正使马戛尔尼。随同马戛尔尼走进山庄的，还有他的副使斯当东，以及使团的其他成员。这些西洋人到避暑山庄来干什么？

原来，随着英国资本主义经济的发展，英国政府及其商人总想在中国开辟更广大的市场，于是，便想和当时中国最有权力的乾隆皇帝直接进行谈判。乾隆五十八年正值乾隆皇帝83岁寿辰，马戛尔尼使团便打着为乾隆皇帝祝寿的旗号，带着600箱贵重礼物，前来中国。乾隆五十七年秋，马戛尔尼一行人乘军舰前来中国。乾隆皇帝从广东官员的奏报中了解到英国贡使前来中国的消息以后，一度非常高兴。他认为这是英国第一个观光天朝大国的使团，又是前来祝寿贡献礼品，因此必须好好接待，官兵列营站队也要旗帜鲜明，甲仗精良，让西洋人看看天朝的威严。为了把接待英国贡使的场面搞得更有气派，乾隆皇帝决定马戛尔尼使团一行人参加乾隆五十八年秋在避暑山庄进行的祝寿活动。对于英使的觐见礼仪问题，乾隆皇帝没有深入考虑，他觉得按照惯例，行三跪九叩礼就行了。

不料，事情的发展和乾隆皇帝想像的不一样。乾隆皇帝没有了解英使来华的真正动机，也不了解马戛尔尼在觐见时不会行三跪九叩礼，因为这种礼节在英国人看来是对他们国家的侮辱。乾隆五十八年六月十八日，马戛尔尼乘坐的军舰到达大沽，乾隆皇帝按照原先预想的那样，谕令有关官员给以热烈欢迎。但是在觐见礼仪上中英双方还是发生了分歧。中国官员坚持英使必须行三跪九叩礼，英使则表示只能行"单腿跪地，一手轻轻握着皇帝的手以嘴吻之"这种礼节。最后双方妥协的结果，决定马戛尔尼行单腿跪地礼，而免去吻乾隆皇帝手这一项。乾隆皇帝了解到这些情况后，感到非常不快。他说：朕于外夷入觐，如果诚心恭顺，必加恩待，用示怀柔；若稍涉骄矜，则是其无福承受恩典，同时即减其接待之礼，以示天朝体制。乾隆皇帝密谕：撤掉对英使团的所有格外赏赐；万寿节过后，即令该使回京；京城不必准备招待来使的戏剧演出；留京五大臣接见英使时，不必起立，只须预备几凳令其坐在一旁。

八月初十日，乾隆皇帝在避暑山庄万树园大御幄接见了英使马戛尔尼一行人。尽管乾隆皇帝对英使的到来已不太感兴趣，但是在表面上他还是保持了宽宏的气度。马戛尔尼在礼部尚书的导引下，双手恭捧装在镶着珠宝的金属盒子里面的英王书信于头顶，到乾隆皇帝宝座旁拾级而上，单腿下跪，简单致词，把书信呈递到乾隆皇帝手中。乾隆皇帝亲手接过，并不启阅，随手放在旁边。乾隆皇帝仁慈地对马戛尔尼说：贵国君主派遣使臣携带书信和贵重礼物前来致敬和友好访问，我非常高兴。我愿意向贵国君主表示同样的心意，愿两国臣民永远友好。马戛尔尼还把副使斯当东13岁的儿子介绍给了乾隆皇帝。乾隆皇帝让小斯当东来到御座前，听他讲了几句汉语，并欣然从自己的腰带上解下一个槟榔荷包亲自赏赐给了小斯当东。

八月十一日和十二日两天里，在大学士和珅的亲自陪同下，马戛尔尼英国使团一行人游览了避暑山庄。十三日，是乾隆皇帝的83岁生日，庆贺典礼在澹泊敬诚殿举行。马戛尔尼一行人也参加了庆贺礼，他们向乾隆皇帝行深鞠躬礼，随后，参加了在卷阿胜境举行的宴会。庆寿典礼结束后，马戛尔尼英国使团一行人就离开了避暑山庄，前往北京。在接见英国使臣的日子里，乾隆皇帝曾写下这样一首诗：

> 博都雅昔修职贡，英吉利今效尽诚。
> 竖亥横章输近步，祖功宗德逮遥瀛。
> 视如常却心嘉笃，不贵异听物诩精。
> 怀远薄来而厚往，衷深保泰以持盈。

诗中的博都雅，即葡萄牙。乾隆皇帝的一种矛盾心情，在诗中流露出来。

木兰行围

　　木兰围场和避暑山庄的情况完全不同。离开波罗和屯以后，继续北行，走东道有崖口地方。崖口是一个狭窄的山口，四周连绵起伏的山峦，到这里一刀两断，形成壁立陡峻的悬崖。在两崖相对的峡谷里，伊逊河从山口奔腾涌出，流向开阔的平川。崖口俗名石片子。在面对山崖的高地上，矗立着一座巨大的石碑，上面用满、汉、蒙古、藏四种文字刻写着乾隆皇帝的《入崖口诗》，诗中有"朝家重习武"句，反映了清朝对习武的重视。进了崖口，就是著名的木兰围场。

　　木兰是满语哨鹿的意思，围场是哨鹿的场所，所以叫木兰围场。木兰围场位于塞外蒙古高原，南至燕山山脉，北接坝上草原，在蒙古各部落之中，周围 1200 余里，东西 300 余里，南北 200 余里，比今天河北省围场县还要大。这里山峦绵亘，雨量充足，森林茂密，水草丰美，河流纵横，清泉萦绕，因此，适宜在北温带大陆生长的动物应有尽有；这些种类繁多的飞禽走兽，给清军行围习武提供了取之不尽的活靶子，而错综复杂的地形，也适合训练满蒙骑兵的骑射技术。总之，木兰围场是行围习武的好地方。

《哨鹿图》。故宫博物院藏。

　　木兰围场建于乾隆皇帝的祖父康熙皇帝在位期间。围场四面树栅界，名为柳条边，以别内外。围场四周设立了40个卡伦，即巡逻哨所，来阻止一般百姓进入。在木兰围场范围内，根据地形的变化和禽兽的分布，又划分67个小型围场。在围场的东北界，名叫岳乐的小围场里，树立着一块高大的石碑，碑上刻着乾隆皇帝写的《御制虎神枪记》一文。文中绘声绘色地描述了乾隆皇帝打死一只老虎的经过。在围场的东界，有达颜德尔吉分围场，在这个分围场的北面，也立着一块石碑，上面刻着乾隆皇帝写的《御制古长城说》一文。在围场的南界，在卜克分围场内矗立的一块石碑上，刻着乾隆皇帝写的《御制于木兰作诗九首》。在围场的北界，有都呼岱分围场。都呼岱分围场的北面，就是兴安大岭，高耸入云，迤逦远去。乾隆皇帝在乾隆十四年（1749）八月七日，曾到都呼岱分围场打猎，八日，登上了兴安大岭，并且写下了著名的《登兴安大岭歌》。诗中有这样的句子："隆崇乎！兴安之高高极天"，"迤来三万六千岁，未许尘世知津源"，"北顾苍茫乃无际，边防久什心筹旃。兴安之高高极天，非我作歌其谁传"，歌颂了兴安大岭的雄伟巍峨，表现了对国家边防安全的关注。

木兰围场设总管、左右翼长、章京、骁骑校等官员管辖，统领驻防官兵八旗满洲、蒙古总共800名。乾隆皇帝木兰秋狝规模很大，随从的官员有宗人府、内阁六部以及各院的办事人，还有八旗官兵，各种夫役，以及蒙古各部王公，新疆维吾尔族、哈萨克族、柯尔克孜族等上层人士，最多时竟达30000人。乾隆皇帝进入木兰围场以后要安设大营，也称御营。御营内方外圆，占地纵20丈6尺，横17丈4尺。正中建黄幔城，黄幔城正中又建黄幄，也称御幄，高2丈，直径3丈4尺，上面是穹庐顶，前后有门。幄正中设御座，也就是乾隆皇帝的宝座。幄内左右悬挂着各种武器，有佩刀、鸟枪等。幔城外面是网城，用黄色绳结网而成。周围又设连帐175座，称为内城。内城外面称外城，有连帐254座。在外城的周围，设9个宿卫帐，即内阁六部、都察院、提督衙门等机构的宿帐。在宿卫帐的四周，又设警跸帐40座，每帐树护军旗一面。上述严密的御营规制，从一个侧面反映了对乾隆皇帝的保护措施。乾隆皇帝写有《御行营诗》，描述了御营情况以及他自己的心情：

万幕拱黄城，千山绕御营。

朝家修武备，藩部输忠诚。

远向郊芜色，静闻牧马声。

毡庐亦排几，复觉引吟情。

乾隆皇帝木兰行围一般是在中秋以后，行围方式大致有四种，即行围、试围、围猎和哨鹿。行围，是乾隆皇帝只带领数百人，分翼入山，围而不合，边走边射猎。试围，是乾隆皇帝先率百余骑进入崖口，在平甸地区行猎，也称小围或甸猎。第二天才进行大围即围猎。围猎规模浩大，分撒围、合围、待围、罢围几个阶段。进入围场后，御行营护军统领率领官兵先行前往度地，立行营，扈从官兵等依次安设帐篷。届时内蒙古科尔沁等部照例出虞卒1250人，谓之围墙，供合围之用。喀喇沁、土默特、翁牛特、巴林、敖汉等部旗扎萨克要提供管围官兵、赶车人、射枪手1900余名。第二天五更时分，管围大臣率蒙古布围官兵，绕过向导大臣选定的围场，由远及近，在看城附近完成合围。看城是乾隆皇帝在合围过程中稍事休息的地方，待合围完毕，他便入围首先引弓射矢，以此显示皇帝的无限权威和至高无上的尊严。随后，乾隆皇帝命皇子皇孙和王公大臣们射兽，自己回看城观战。这时，满蒙王公贵族和各部落的射手们大显身手，如同急风骤雨般的马蹄声、喊杀声立刻震动山野。如果有的野兽冲出围圈，还有布置在外面的官兵追杀。如有猛兽出现，则管围大臣要派遣侍卫驰报乾隆皇帝，乾隆皇帝便亲到那个地方，命虎枪官兵掩杀，或御神枪及弓矢亲殪之。猛兽如果负伤逃跑，乾隆皇帝则命令侍卫追杀，不管是跨越岩谷，还是舍马步行，都要捕获。围中射鹿的先割掉尾巴献给皇帝，用车运到幔城，等候乾隆皇帝赏赐。蒙古王公台吉获得野兽，二品以上的官员在乾隆皇帝面前跪献，三品以下的交有关管理机构。大臣侍卫射中的要记入档册，以备乾隆皇帝奖赏。在围猎中，如有队形不整齐，以及不奋勇追杀的，要给予严厉惩处。对于勇敢不怕死伤的人，则给以提拔或优恤。射猎完毕，乾隆皇帝回到大营，名为散围，各部落也按队归营。一天的行围到这里就结束了。

哨鹿的场面和围猎截然不同。哨鹿的那一天，乾隆皇帝在五更出营，侍卫及各种备差人分为三队相随。出营十余里停第三队，又四五里停第二队，将至哨鹿处停第一队，最后跟随的只有乾隆皇帝的侍从和护卫十余骑。他们头顶制做的鹿角，吹着木制的长哨，模仿雄鹿求偶的声音。在深山密林之中，渐闻清角声扬，远林呦呦，低昂应和，突然间，枪声一响，被吸引而来的雌鹿已被击中。乾隆皇帝和侍从们取鹿血食饮，据说鹿血能使人延年益寿。乾隆皇帝写有许多描写木兰哨鹿的诗，其中有一首这样写道：

晓蟾驻魄碧光流，哨鹿时惟八月秋。

邃谷试呼来得得，虞人真解鹿呦呦。

耽盘媒鷖嗤刚挂，闻放纶竿任钓舟。

朱鸟旋升闻晓色，塞中随意作清游。

诗中描写的完全是乾隆皇帝"清游"的闲适心情。不过，在一首题为《猎》的诗中，气氛则与此迥然不同：

奇花异草总含芬，少坐冈峦亦可欣。

几树浓青几树赤，半峰晴霭半峰云。

兽惊避箭殴丛伙，人语呼围障嶂闻。

倩洌鸿綱原有度，即兹深寓教三军。

诗中描绘了木兰围场美丽的景色，以及"兽惊避箭"、"人语呼围"的壮观场面，而这一切，乾隆皇帝认为都是为了锻炼三军。

木兰行围时间一般是20天。行围结束后，乾隆皇帝要到张三营行宫，和满族大臣、蒙古王公聚集一堂。届时设蒙古包6座，备有白骆驼18只，鞍马18匹，骟马162匹，牛18头，羊162只，酒81罐，食品27席。此外，还有什傍（蒙古乐名）90人，骑生驹20人，生驹无定数，呈技马250匹。内蒙古卓索图、昭乌达二盟长按例进宴。宴会期间，由蒙古族歌手演奏蒙古音乐，艺人陈相扑之戏，蒙古王公子弟也表演骑生驹技艺。乾隆皇帝写有塞宴四事诗，描述了诈马、什傍、相扑、教跳的热烈场面。

诈马是蒙古旧俗，汉语的意思就是赛马，也称跑马。元朝人所说的诈马，实际上是"咱马"之误。蒙古语把掌食的人称为咱马，是在表演完之后，设宴赐食款待。表演赛马时，要选择名马数百匹，列队20里以外，由幼童当骑手，以便轻捷，马能跑远。枪声响后，赛马开始。众马驰骋，各个争先，不一会儿就跑完了20里全程，先到者36人成为优胜，获得不同程度的奖励。乾隆皇帝的《诈马》诗，记述的正是这种比赛活动。

什榜是蒙古乐名，用于饮宴过程中，给饮食的人们起助兴作用，有的地方称作"十番"的，可能指的就是这种情况。宋朝诗人杨万里诗中有"全番长笛横腰鼓，一曲春风出塞声"句，说明乐曲名番本是塞外语，后来几经变动，称为什榜。奏这种乐的乐器有笳、管、筝、琵琶、弦阮、火不思等。在人们饮酒的时候，乐队在筵前鸣奏，演员放声高歌，很有古代遗风。乾隆皇帝的《什榜》诗，其中有"四裔之乐舞于庭"句，记述的正是这种欢快的场面。

相扑这种游戏，是蒙古人最重视的，每当筵宴时候，一定要进行表演。清朝政府也通过这种形式锻炼士兵，名叫"布库"，蒙古语称为"布克"。表演者脱帽短裤，两人一对，以把对方摔倒在地决定胜负。获胜的人奖赏一卮酒。厄鲁特蒙古人相扑时脱掉上衣，即使倒了也不松手，一定要按住脑袋和肩膀，让肩膀着地才算胜利。胜利的人被奖赏一块羊肉，吃的时候还拱手鞠躬，顾盼左右，发出叫声，表现出一付欢快的样子。他们的习俗就是这样。乾隆皇帝写有《相扑》诗，诗中有"健儿揎袖短后衣，席前相扑呈雄嬉"句，记录的就是相扑的情况。

教跳攻驹，在《周礼》中有记载，后来人们只知道攻驹，而不能教跳。蒙古人则非常熟悉教跳的方法，称作骑额尔敏达驸。马三岁以上叫达驸，额尔敏是没有配鞍勒的意思。每年蒙古各部旗长都把许多生马赶到举行筵宴的地方，让它们在原野上奔跑。王公子弟中雄杰的，手执长竿追赶套马，套住以后加上羁鞯。开始的时候马还发怒跑跳，极力挣脱缰绳，但是，在套马人的控制下，不一会儿就被调教好了，而成为一匹名马。乾隆皇帝写有《教跳》诗，描述的就是这一过程。

《狩猎聚餐图》轴。故宫博物院藏。

各种表演活动结束以后，乾隆皇帝对参加木兰行围的蒙古王公和士兵给以隆重赏赐。王公们赏绵龙缎袍、镀金璟佩带、毡袜、皮靴、腰刀、撒袋、弓矢等，士兵们则赏银，自6两至1两5钱不等。

乾隆皇帝木兰行围，有许多趣事，当时的人就有记载。一个是杀虎的故事。那是乾隆二十二年（1757）秋，有一天停围，乾隆皇帝宴请蒙古各部王公。正在演剧的时侯，两个蒙古王公相互耳语。乾隆皇帝看见他们在悄悄说话，便召他们过来问怎么回事。两个蒙古王公回奏说，刚才有家人来报，他们营地白天有老虎来伤马，所以才小声耳语。乾隆皇帝立即谕令停止演剧，骑马出大营，侍卫们没有准备，仓猝跟随。虎枪营的士兵听到消息，也急速骑马前来，侦察到虎窝里仅有两只小老虎在。乾隆皇帝命一个侍卫把这两只小虎抱出窝来。谁知这个侍卫刚要举手，一个小虎突然站了起来，待卫没有准备，身体向后躲了躲，乾隆皇帝立即拔去了他帽子上的花翎。正巧这时有一个蒙古青年赶上前来，只见他到虎窝里，分别把两只小虎挟在左右腋下。乾隆皇帝看到后非常高兴，随手把拔下的那个侍卫的花翎插到了这个蒙古青年的帽子上。这时公虎已经跑远，只有母虎因恋其子，还在前山回头，虎枪营的士兵尽力追赶，跨过了几座山梁，几条河川。乾隆皇帝骑在马上等待，一个时辰以后老虎才被抬了回来。虎枪营有三个士兵受了伤，其中一个较重的，乾隆皇帝赏孔雀翎一枝，白银 200 两，另外二人各赏银 100 两。那只老虎已死，放在幔城里，从头到尾长八九尺，毛呈浅红色，虎蹄极粗，可能是最大的老虎了。

还有一个是狗咬死老虎的故事。老虎咬死狗，本是常事，但是，在木兰行围中，狗却能咬死老虎。木兰行围中的狗，牙齿尖锐，腿高，身细而长。侍卫追赶老虎追不上的时候，就放出狗去追。一般情况下要同时放出三只狗，老虎才无力咬狗。具体情况是，一只狗向前咬老虎的后腿，老虎挣脱出，另一只狗又咬老虎的另一条后腿，老虎又挣脱出，在老虎两次挣脱之间，第三只狗从后面窜出直咬老虎的下颔，老虎就倒下了。不过，狗是依仗人势才这样威风的，如果没有人在，这些狗也不敢前去咬老虎。

另外一个是兔子蹬死鹰的故事，具体情况是，鹰见到兔子以后，必定追逐博击，兔子料想躲避不过，便仰面倒下而把四足收缩在腹部，等到鹰追赶上来以后，兔子猛然把腿一蹬，就把鹰击倒了。

编书、办案和惩处权臣

乾隆皇帝巡幸避暑山庄和木兰行围期间，除联络蒙古等少数民族王公贵族，以及训练八旗军队外，还要处理其他许多事情，主要是组织编书、办理案件、惩治权臣和确立制度等。

组织编书。乾隆三十八年（1773）六月十六日，乾隆皇帝在避暑山庄，命对《日下旧闻》一书详加考证，悉作补充，编为《日下旧闻考》。《日下旧闻考》由大学士于敏中、英廉任总裁，窦光鼐、朱筠等根据《日下旧闻》加以增补、考证而成，是以往最大最完全的关于北京历史、地理、城坊、宫殿、名胜等的资料选辑。全书160卷，仍沿用《日下旧闻》的编次目录，但是其中20卷的国朝宫室、2卷的京城总记、4卷的皇城、14卷的国朝苑囿，则都是新增加的。此外，官署12卷，从城市门内独立了出来。效坰原6卷增为20卷。京畿也从10卷增加到37卷。《日下旧闻考》一书在乾隆五十年至五十二年刻版出书，离乾隆皇帝最初在避暑山庄谕令始编，已经过去12年多了。

乾隆四十四年（1779），乾隆皇帝在避暑山庄主持编辑了《蒙古王公表传》和《回部王公表传》两书。乾隆皇帝认为，国家开基定鼎，统一寰宇，蒙古四十九旗，以及外扎萨克、喀尔喀各部，咸备藩卫，世笃忠贞，其抒诚效顺、建立丰功者，不乏其人，宜奠奏绩、著有崇勋者，也指不胜屈。于是，为了奖励猷而昭未来，八月初一日，乾隆皇帝命国史馆会同理藩院，将蒙古各扎萨克事迹谱系，详悉采订，以一部落为一表传，其有事实显著的王公，在部落表传之后，再每人立一传，这样，则建功端委，传派亲疏，都可按籍而稽，昭垂奕世。受命后，国史馆总裁大臣等，即选派纂修各员，详慎编辑，以满、汉、蒙古字三体合缮成帙，陆续进呈乾隆皇帝。成书后，同宗室王公功绩传一样，以汉字录入四库全书。与此同时，各部落也将所部表传、专传，以三体合书，编辑一册，以使其子孙更知观感奋励。《回部王公表传》在当年九月初二日开始编辑。乾隆皇帝认为，各城回人自投诚以来，宣力军前，封授王公者不乏其人，应同内外扎萨克一样一体加恩，编纂表传。这样，理藩院便会同国史馆，照蒙古王公编纂表传例，将回人内实心效力、立有军功的，也编纂成表传，用以表示乾隆皇帝一体矜恤回部臣仆之意。

谕令编辑《河源纪略》一书，是乾隆皇帝在乾隆四十七年（1782）巡幸避暑山庄和木兰行围期间做出的一个重要决定。这年春天，因河南省青龙冈漫口，合龙未成，乾隆皇帝乃派乾清门侍卫阿弥达前往青海，采查黄河源。事竣，阿弥达返回复命，并据按定南针绘图具总呈览。乾隆皇帝览奏后，认为所奏河源非常明晰，纠正了以前关于河源即星宿海的说法。七月十四日，乾隆皇帝命馆臣编辑《河源纪略》一书，并录入四库全书。乾隆四十九年（1784），《河源纪略》编成，共36卷，绘图列表，考古证今，杂录沿河所见风俗、物产、古迹、轶事。不过，该书以星宿海西南天池为黄河源，仍然有误。

审理案件。乾隆六年（1741），乾隆皇帝首次巡幸避暑山庄和木兰行围期间，京城发生了户部宝泉局工匠罢工事件。七月二十七日，户部宝泉局四厂工匠举行罢工，抗议清政府减发工资，停炉不再鼓铸。后经宝泉局监督及各厂大使安置匠役，并严饬炉头照常办理，西、北、南三厂工匠按数支领工价后，才开炉鼓钱。但是，东厂内翻沙工童光荣仍指使诸匠不领工价，并砸死了不听指使的磨钱匠张文仓，监督把童光荣拿交大兴县审讯，其余工匠照常支领工价后，方才开炉鼓铸。八月初七日，北厂匠役突然又停炉，声言要算本年秋季新账，并要找算两年旧账，每炉每卯俱要工钱二十八串。虽经宝泉局监督指示开导，众匠役仍然喧闹，一定要算账后开炉。十八日，西厂匠役也突然上房呐喊，抛掷砖瓦，要求照北厂那样重新和值头找算旧账。随即南厂、东厂也都停炉观望，要算旧账，找给工价。清政府户部官员以若不给银，势必喧闹，难于安置，决定采取息事宁人政策，暂将存局冬季工料银两，借给炉头，令其按数发给，以使各工匠帖然心服，照旧开炉鼓铸，以后再于炉头名下，分年按季扣还，以清帑项。并在开炉后，密访为首者，查交刑部，从重治罪。乾隆皇帝在木兰围场知道这一情况后谕示：此等厂风甚属可恶！京师之地尚且如此，怎么能够宣示四方？他命令兵部尚书办理步军统领事务舒赫德等人严密访查为首者，查出后务必重处，以儆他人。

乾隆十七年（1752）八月十四日，乾隆皇帝在避暑山庄处理了著名的顺天乡试案。当年八月，顺天乡试，主考官入帘时，在内帘监试御史蔡时田行李内搜出关节二纸，外帘监试御史曹秀先辨认，系其侄举人曹咏祖笔迹。乾隆皇帝以为即位以来，留意整饬，应当诸弊尽除，人知畏法，不料尚有憨不畏死、藐法行私、潜通关节的人，实在出于情理之外。蔡时田身为御史，以监试为职，竟然受带关节，尤属不法，实在可恶，命将蔡时田革职，曹咏祖革去举人，曹秀先解任，案内有关人犯交在京总理事务王大臣会同刑部严加讯问，切实审拟定罪。十四日，乾隆皇帝又了解到蔡时田所带关节二纸，原拟入帘时遇有相识之人，相机转托，并非实有其人，于是以蔡时田身为御史，奉命监试，反倒收受关节，串通嘱托，曹咏祖奔竟夤缘，藐法营私，情罪俱为重大，遂命把二人处以斩刑。

乾隆四十七年（1782）八月，乾隆皇帝在避暑山庄处理了新疆官员多报粮价侵蚀帑银案。原来，乌鲁木齐各州县官，自乾隆三十九年以后，就不照市场卖粮的实际价格报销，而是浮开多报。比如，小麦每京石用银不过八九钱至一两零九分不等，州县却以每石一两八九钱具报。据各州县官供认，每石多报银三四钱或五六钱，通计各官历年侵冒银两一万两至数百两不等。各官还供认，通同舞弊，馈送都统索诺木策凌银两自一千两至数千两不等。乾隆皇帝听到上述情况奏报后做出裁定：收受馈赠银1万两的原乌鲁木齐都统索诺木策凌令其自尽，原奇台县知县窝什深侵用帑银4万余两，立即正法，侵蚀银1万两以上的德平、伍彩雯等人立即处斩，索诺木策凌管家王老虎等即行处绞，其他有关人犯4人发往烟瘴地方及黑龙江充当苦差，虽遇大赦，不得省释。

惩处权臣。乾隆三十四年（1769），乾隆皇帝巡幸避暑山庄期间，惩处了权臣良卿。良卿是贵州巡抚，他庇护贵州威宁州知州刘标积年亏帑银28万两事件，他自己长期在布政使处支养廉银。当乾隆皇帝命人调查时，良卿不行察究，敷衍了事。结果，乾隆皇帝以负恩欺君、违法婪赃罪，将良卿斩首，其子富多、富永二人也削去满洲正白旗旗籍，发往伊犁，赏给厄鲁特人为奴。

乾隆三十七年（1772）七月二十六日，乾隆皇帝在避暑山庄，谕令将云南布政使钱度押赴刑场斩首。原来，钱度是个贪官，他任职期间，云南解北京的铜历年短欠。钱度则利用贪污得来的钱，共2200余万两，购买玉器古玩，金银器皿。剩余的钱则藏在老家的地窖或夹壁墙中。乾隆皇帝处死钱度，也是对所有大臣的警告。

乾隆四十七年（1782）七月初八日，乾隆皇帝在避暑山庄谕令山东巡抚国泰在狱中自尽。原来，该年春天，御史钱沣上疏弹劾山东巡抚国泰与布政使于易简，说国泰贪纵营私，勒索属员，遇有升调，惟视行贿多寡，以致历城等州县亏空或八九万或六七万之多。布政使于易简也纵情攫贿，与国泰相同。乾隆皇帝看过奏疏后，立即派人调查，发现国泰、于易简亏库银二百余万两，便命先把他们逮捕入狱，后又赐死。

确定制度。乾隆五十二年（1787）六月初九日，乾隆皇帝在避暑山庄，经刑部奏请，决定准许汉人娶蒙古妇女为妻。乾隆皇帝在对军机大臣的谕示中说：国家休养生息，中外一家，本无畛域之分。从前定例内地民人不准娶蒙古妇女，或因民人等暂时出口谋生，在彼婚娶，易滋事端，是以没有明禁。近年生齿日繁，内地民人子身出口贸易种地的不可胜计，伊等相处日久，往来婚娶，势难禁止。于是，"民人不得娶蒙古妇女"一条，便在有关法律中删去。

乾隆五十七年（1792）八月二十六日，乾隆皇帝启跸自避暑山庄回銮的第二天，第一次提出以金奔巴瓶抽签法方式，确定达赖、班禅等大喇嘛的化身呼毕勒罕。后来，正式颁布了金奔巴瓶制。其具体做法是：设金奔巴瓶于拉萨大昭寺，内装象牙签数枚，遇有呼毕勒罕出世互报差异时，将报出孩童数名的出生年月日及名姓，各写一签，放入瓶内，焚香诵经七日，由驻藏大臣会同大喇嘛等在众人面前抽签决定。蒙古地方各旗部落供奉的呼图克图很多，大小不等，则在京城雍和宫内设一金奔巴瓶，如蒙古地方某旗某部落出有呼毕勒罕，即报明理藩院，将其有关小孩年月姓名缮写签上，入于瓶内，交堂印扎萨克大喇嘛等，在佛前念经，由理藩院大臣公同掣签。金奔巴瓶制的颁定，不仅达赖、班禅和西藏的呼图克图，就是青海、蒙古的呼图克图，择定呼毕勒罕之权，实际上都已归属清政府。这对加强清朝中央政府对蒙藏地区的管辖起了重大作用。

乾隆六十年（1795）五月初六日至八月二十七日，乾隆皇帝在自己当政的最后一年，又巡幸了避暑山庄。他当了太上皇以后，还分别在嘉庆元年（1796）、二年（1797）、三年（1798）三次巡幸避暑山庄，和蒙古王公、外藩使臣欢聚一堂，处理有关国家大事，尤其是制裁贪官污吏，以期整顿朝政。不过，这时白莲教起义已经爆发，社会问题更加严重。嘉庆四年（1799）正月初三日，89岁的乾隆太上皇病死在紫禁城中乾清宫养心殿，这离他最后一次巡幸避暑山庄归来的日子仅有四个月零一天！

乾隆皇帝巡幸避暑山庄和木兰秋狝，在大清帝国的社会发展中产生了积极的影响。首先，锻炼了清朝的军队，增强了他们的作战能力和献身精神，有利于平息分裂势力，巩固国家的统一。乾隆皇帝时期平定准噶尔之乱最终统一新疆，应当说和这有密切关系。

其次，乾隆皇帝巡幸避暑山庄和木兰秋狝，融洽了中国各民族的关系，尤其是满族贵族和蒙古族、藏族、维吾尔族等上层人士的关系，这对清朝国内民族关系的发展产生了深远影响，有利于清朝国家的统一和巩固。在木兰围场和避暑山庄的所有活动中，有许多少数民族上层人士参加。这些人中，既有蒙古各部的王公贵族，也有天山南路的回部（维族）伯克，还有中亚一带的哈萨克族首领，葱岭以西的布鲁特（柯尔克孜族）部的领袖人物。他们在木兰围场纵马驰骋，在避暑山庄载歌载舞，表现出各少数民族和满族上层的融洽关系。

乾隆皇帝巡幸避暑山庄的活动，有的也反映了乾隆皇帝的历史局限性，主要是接见英国使臣马戛尔尼所表现出的。乾隆皇帝对当时欧洲各国社会经济的发展和近代资本主义的历史性进步茫然不知，把西方各国仍然视为"海夷"，称马戛尔尼为"贡使"，称他们带来的礼品为"贡品"，要求他们遵从中国礼制。特别是，马戛尔尼使团乘坐的船只和携带的大批礼物都是经过精心挑选和特意制造的。比如那艘"狮子号"炮舰，装有64门大炮，是当时英国第一流的军舰。使团携带的礼物除一部分是投乾隆皇帝之所好外，更多的是为了显示英国的科学技术，如蒸气机、棉纺机、梳理机、织布机。英王还特意赠送了当时英国规模最大并装备有 110 门大口径火炮的 " 君主号 " 战舰模型。英国人的礼单中还有榴弹炮、迫击炮以及手提武器如卡宾枪、步枪、连发手枪等。英国使团还带来了一些精美的仪器，如天体运行仪。这个仪器代表了整个宇宙，它能够准确地模仿太阳系天体的各种运动，如月球绕地球的运行、太阳的轨道、带 4 颗卫星的木星、带光圈及卫星的土星等。另外，还有一个地球仪，上面标有各大洲、海洋和岛屿，可以看到各国的国土、首都以及大的山脉，并画出了所有这些远航的航海路线。但是，在乾隆皇帝看来，这些洋人的东西，不过是些无用的奇技淫巧罢了，根本没有派人进行研究。乾隆皇帝的固步自封，为大清帝国的后患埋下了伏笔。

第六章

六下江南

乾隆皇帝六次巡幸江南，是他一生中的重要活动之一。他曾说：予一生中有两件大事，一是西师，二是南巡。乾隆皇帝把南巡和平定准噶尔并列，可见他是多么重视南巡这一活动。

到江南去

　　乾隆十四年（1749），乾隆皇帝认为东巡盛京谒祖，巡幸避署山庄和木兰秋狝联络蒙古上层人士，平定西南苗民起义，降服大小金川土司首领，这些巩固皇权和国家统一的事情都已经做了，辅政大臣鄂尔泰已经去世，张廷玉也已退休，南巡江南的条件已经具备，大臣中不会有人进行阻拦，于是，便提出乾隆十六年（1751）巡幸江南。

　　那么，乾隆皇帝为什么六下江南呢？他曾对别人讲：朕恭读圣祖康熙皇帝实录，上面详细记载着祖父侍候皇太后南巡的历史。当时百姓扶老携幼，夹道欢迎，齐声赞颂皇家的孝顺美德，朕心里真是羡慕极了。后来乾隆皇帝就把自己的南巡叫做"法祖省乡"，也就是效法祖宗，视察地方，而且也是恭奉皇太后六次巡幸江南。这样看来，乾隆皇帝六下江南是效法康熙皇帝。其实，这只是表面的现象。从更深的层次考虑乾隆六下江南有着复杂的社会背景。

　　一是江南地区经济发展，当时处于全国前列，是清政府的粮仓。江南地区土地肥沃，气候宜人，水利资源丰富，适宜农作物生长，一般单位面积产量很高，民间早有"苏湖熟，天下足"的谚语。乾隆年间，江苏的苏州、松江，浙江的嘉兴、湖州，竟有一县额征比其他地方一省还多。再加上江南地区生齿日繁，人口密集，商业发达，所以成为全国的财富中心。乾隆皇帝说过："惟念大江南北，土沃人稠，重以百年休养，户口益增。"因此，乾隆皇帝知道，经济发达、钱粮丰盈的江南地区，是维持清朝统治的命脉。

二是江南地区的反清思潮在全国居于首位。清初，江南地主阶级不满清军南下屠城和剃发政策，曾进行大规模的反抗，有的还和农民军余部合作。到了乾隆年间，江南地区的反清势力仍很活跃。为了监视江南地主阶级的动向，从清初起，清政府就专门派了大量皇帝密探前往江浙一带，防止他们的越轨行为。杭州、江宁、苏州等地设有织造署，表面上他们专门监造皇室的衣饰用品，实际任务却是报告各地见闻，察看在乡大臣生活静，侦刺地方官言行以及公众舆论。乾隆皇帝每次南巡，都要前往江南各地织造家中，也说明了这一情况。由于江南地区的反清思潮，江浙地区屡屡发生文字狱。乾隆年间，江南地区因文字获罪的人更多，所以乾隆皇帝搜寻遗书，就以江南地区为重点。他说："明季末造，野史甚多，其间毁誉任意，传闻异词，必有诋触本朝之语，正当及此一番查办，尽行销毁，杜遏邪言，以正人心而厚风俗。"他还特别强调："此等笔墨妄议之事，大率以江浙两省居多。"在乾隆皇帝搜寻遗书的上谕中，多次点到江苏、浙江，充分说明了乾隆皇帝对江南反清思潮的重视。

三是为了勘察水情，解决水患。乾隆皇帝说过："南巡之事，莫大于河工。"乾隆年间，从直隶经山东、江苏、安徽，直至浙江，水灾多有发生。乾隆七年（1742），夏秋雨水过量，黄河在铜山、石林决口。乾隆十年（1745），黄河决口陈家铺。除黄河水患外，还有浙江海潮之灾。杭州湾一带地理环境特殊，海潮一至，汹涌澎湃，形成强大的潮汐流，对沿海地区有极大的破坏力。到底应当怎样做，才能免除水患，这是乾隆皇帝不得不考虑的问题。

四是为了稳定江南，清除危机。乾隆年间，清朝虽然还是处于盛世，但是深刻的社会危机已经孕育。乾隆皇帝即位后，江南地区农民起义和各种形式的反抗斗争接连不断。马朝柱领导农民在安徽、湖北等省起义。混元教等秘密组织在河南等省广泛活动。农民抗租、争田、反克扣工钱、夺粮、抗粮斗争时有发生。奴婢逃亡、赎身、严惩奴主的斗争接连不断。手工业工人罢工罢市，水手罢工，盐贩抗官罢市等斗争，在江南地区表现得尤其激烈。应当怎样做，才能缓和日益深刻的社会矛盾，这也是乾隆皇帝必须认真考虑的问题。

五是为了游山玩水。江南地区的美丽山水深深地吸引着乾隆皇帝。江南向以水乡见称，以水景为主的园林比比皆是。例如小巧的苏州网师园。此外，还有以山石见胜的上海豫园，南京瞻园，扬州个园，苏州沧浪亭、狮子林等。乾隆皇帝说过："江南名胜甲天下"。因此，他希望"眺览山川之佳秀，民物之丰美。"

乾隆皇帝南巡作为声势和规模都很大的活动，需要进行认真的准备。一般说来，南巡前一年，要指定亲王一人担任总理行营事务王大臣，负责全面的筹划安排。要派向导勘察沿途道路，制定巡幸计划。巡幸所经过的地方，各级官员要提前修桥铺路，建筑行宫，准备器玩，安排迎銮。稳定社会秩序、美化环境的工作也要做，包括训练士卒，通缉盗匪，清理刑狱，安抚穷苦百姓，修缮城郭，治理河渠等等。

乾隆皇帝六次南巡的基本情况怎样呢？我们这里先做一个简要的概述。

乾隆十六年（1751）正月十三日，以省方问俗、考察戎政、阅视河工海防、了解民间疾苦、奉母游览为由，乾隆皇帝奉皇太后离京，首次南巡江浙。沿途蠲免应征地丁钱粮不等。二月初八日，渡过黄河。由运河乘船到杭州，已是三月。回銮时绕道江宁（今南京）。四月，从陆路至泰安，祀岱庙拈香。五月初四日还京。首次南巡往返行程水陆共计5800里，历时三月余。

乾隆二十二年（1757）正月十一日，乾隆皇帝奉皇太后启銮出京师，开始第二次南巡。二月初五日渡过黄河。二十七日到达杭州。三月十八日至江宁。回銮时，四月初十日到曲阜谒孔林，亲祭孔子。二十六日，还京师圆明园。

　　乾隆二十七年（1762）正月十二日，乾隆皇帝奉皇太后从京师出发，开始第三次南巡。二月初八日渡过黄河。三月初一日到杭州。二十六日至南京，祭明太祖陵。回銮时到邹县祭孟子庙，再至孔庙行礼，谒孔林，登泰山，至玉皇顶拈香。五月初四日，回京住圆明园。

　　乾隆三十年（1765）正月十六日，乾隆皇帝奉皇太后从京师出发，开始第四次南巡。闰二月初七日到杭州。回銮时亲至明太祖陵奠酒。四月二十一日，回京居畅春园。

　　乾隆四十五年（1780）正月十二日，乾隆皇帝从京师出发，开始第五次南巡。经过山东时，他派遣官员至曲阜祭祀了先师孔子。他还在杭州、江宁等地阅兵。在江宁拜谒了明太祖陵，颁布了移风易俗的谕示。五月初九日，乾隆皇帝返回京师。

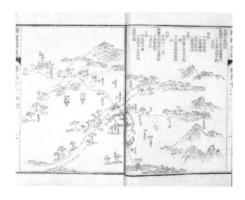

《南巡盛典·途程》

　　乾隆四十九年（1784）正月二十一日，乾隆皇帝从京师出发，开始第六次南巡。在曲阜谒见了孔子庙。三月，进入浙江境内。二十四日，他撰写了《南巡记》一文，总结性地叙述了六次南巡的原因、目的及成效。闰三月，到达江宁，接见了安南国（今越南）使臣黄仲政等，并遣官祭祀明太祖陵。四月二十三日，乾隆皇帝一行返回京师。

南巡路上

　　乾隆皇帝南巡准备充分，沿途驻宿多建行宫或大营，行程固定。下面，让我们沿着乾隆皇帝当年南巡经过的道路，比较详细地了解一下他六次南巡途程的有关情况吧。

　　乾隆皇帝南巡，要经过直隶、山东、江南（江苏）、浙江四省。在直隶，首先经过的名胜和地方有卢沟桥。桥在京城西南 30 里，桥侧有碑亭，石碑上刻着乾隆皇帝御书"卢沟晓月"四字。乾隆皇帝还写有《卢沟桥》诗，诗中描写了卢沟河（永定河）洪水造成的危害，阐述了治水重防护的道理。过了卢沟桥，进入良乡县，这里建有黄新庄行宫。离行宫不远的地方有效劳台，是为纪念将军兆惠平定准噶尔和大小和卓后振旅凯旋而筑。在良乡县南，有弘恩寺。该寺层楼杰阁，崇栋飞檐，门临古道，周垣环绕丛木，苍翠荫凉，是游人休息的好地方。乾隆皇帝写有《弘恩寺杂咏》诗多首，其中一首这样写道：

　　丈室纸窗明，依然昨景情。

　　却怜枝上鸟，解报晓春生。

　　读过这首小诗，弘恩寺清幽的环境确实令人流连忘返，难怪乾隆皇帝几次南巡，都认为这里是块福地。进入涿州境地，在涿州城北，巨马河上，有一桥名永济桥，是乾隆皇帝敕建的。该桥地处要津。桥南表以坊宇，辅以楼栏。桥附近榆柳垂陂，蒲苇夹岸。桥西高处有碑亭，碑上刻着乾隆皇帝写的碑文。永济桥碑亭和卢沟桥碑亭在百里之内相互辉映，成为京城南边著名的建筑物。在涿州城南，有涿州行宫。行宫建在一个平冈上，石径曲折，亭馆周通飞阁。凭高远眺，云连万室，塔影浮空，一派雄奇景象。乾隆皇帝写有《涿州行宫作》诗，其中有"轩楹无藻饰，几席有余清"句，还有"兴与对春发，心依古月明"句，写出了行宫的不事雕琢，以及乾隆皇帝的恬淡心情。过了涿州，到达新城县，这里建有紫泉行宫。行宫位于新城县西南，因有紫泉而得名。行宫画舫风亭，清幽飒爽，墄旁种竹，拳石秀峙，道路迂回，树木婆娑。乾隆皇帝写有《紫泉行宫十景》诗，描述了敞轩、屏山、镜湖、舫室、楼亭、虹桥、鱼罾、石径、竹墄、箭厅的美丽景色。在任丘县北，建有赵北口行宫。这里湖光烟霭，帆影云飞，水槛风廊，环映于莲泊莎塘之际，晴空一碧，彷佛江南图画。乾隆皇帝写有《赵北口行宫作》诗，其中有"初岁临行馆，开韶景已妍"，"帘卷和风细，窗含嫩日明"句，读后令人心情舒畅，深切感受到了赵北口行宫的优美环境。在任丘县南10里，是思贤村行宫，思贤村原名四善村，是汉代太傅韩婴故居。韩婴在孝文帝时任博士，善写诗。乾隆皇帝即景怀古，改四善村名思贤村。行宫垣墙简朴，栏槛清旷，和远坰云树相映，别是一番景色。战国时代著名的医学家扁鹊，姓秦名越人，家居任丘县。乾隆皇帝南巡途经任丘县时，写有《题扁鹊墓》诗多首，其中有一首这样写道：

渤海名医术有神，功同岐伯世无伦。
庸医嫉妒加残害，活得人多转杀身。

诗中表现出乾隆皇帝对一代名医扁鹊的尊崇和同情。过了任丘县，是河间县。在河间县南，有太平庄行宫。这里原是汉代大儒毛苌的故居。太平庄行宫不事雕文藻绩，轩窗潇洒，别具风雅。在献县南30里，是红杏园行宫。这里以环植红杏数百株而得名，有亭翼然，有池泓然，月矫形似半规，曲通台榭，是汉、明两朝大臣的别墅。乾隆皇帝写有《红杏园》诗，其中"渤海经古邑，芳园驻翠辇。徘徊寻故迹，云昔日华馆"，讲的就是这种情况。绛河行宫在景州城西北。斜抱村墟，环罨烟树，中构行馆，修廊作槛，曲通邃室，虹桥宛转漾碧，澄虚月影风光，随时延入亭榭，景色十分优美。乾隆皇帝为绛河行宫题有颐志堂、展义斋、澹怀堂、四照亭、延月台、涵虚舫、葆光洞、通涤桥等八处景点，并题有"半扉爱日虚而朗，一水护门湛且清"联。在景州西北还有开福寺，是明朝旧刹。刹前有古塔，是隋朝建筑。乾隆皇帝南巡，多次经过这里，写有《过景州》和《开福寺》诗。诗中的"城上遥看塔影孤，轻尘不动雪微铺"，"法云垂四界，花雨散诸天。韶秀春光阑，崇隆塔影悬"等句，描写了古塔初春的美丽景色。

过了景州，乾隆皇帝的南巡车队便离开了直隶辖境，进入山东省。进入山东境内，首先要驻跸德州行宫。行宫在德州南门外，是汉代大儒董仲舒的故里。这里平原开阔，树木丛茂。乾隆皇帝写有《入山东境》诗，其中"不争十里度平川，民俗全分齐与燕"句，道出了直隶和山东民俗的不同。在齐河县西北，有晏子祠行宫。晏子即春秋时齐国大臣晏婴，后人建祠祭祀。行宫建于祠的两边，供乾隆皇帝南巡经过这里时休息。在长清县东南灵岩山有灵岩行宫。灵岩山原有灵岩寺，峰峦秀美，是谒泰山必经之地，后来寺庙移建他处，便在寺的旧址修建了行宫。这里山色溪光，别有情趣，是理想的休息地。在泰安县北是泰山，泰山上有红门、玉皇庙、朝阳洞、岱顶行宫等建筑，是乾隆皇帝南巡途中拜谒泰山休息的地方。在泰安府治西有岱庙，岱庙旁有行宫一处。乾隆皇帝写有《望岱庙》诗，其中"敬仰崇祠一念驰"句，反映了他的心情。在泰安县西南魏家庄有四贤祠行宫。四贤是指宋朝大臣胡瑗、孙复、石介、孔道辅。行宫建在平原上，树木葱郁，环境优美。行宫不侈雕镂，不崇彩饰。在曲阜县城中有孔庙，庙中有杏坛，有孔子亲手栽种的桧树遗迹。乾隆皇帝南巡回銮途中，迂道过鲁，多次到这里谒庙瞻拜，表示奠崇之情。古泮池行宫在曲阜县东南，该地旧有泮宫台。乾隆皇帝写有《古泮池证疑》一文，引经据典，详加考证，叙述了该地的历史沿革，风土人情。孔林在曲阜县城北，这里桧柏森茂，黛色参天，广袤数十里，中有子贡亲手种植的楷树。乾隆皇帝南巡回銮途中，迂道幸鲁，到孔林奠酒，以表示尊师重道。孟庙在邹县城南，右临大道，此去孟子故宅30余里。乾隆皇帝南巡回銮经过邹县，曾亲自到这里拈香。泉林行宫在泗水县东50里，这里有泉数十，互相灌输，合而成流，所以名泉林。相传"子在川上曰：逝者如斯夫，不舍昼夜"中的川，即指此处。乾隆皇帝驻跸这里，曾给八处景点命名，分别称近圣居、在川处、镜澜榭、横云馆、九曲杓、柳烟波、古荫堂、红雨亭，并且每处景点都写诗赞美。在题名《红雨亭》的诗中，乾隆皇帝写道：

　　春晓绯枝苞尚含，趱程巡跸指江南。
　　慢言佳景成孤负，看到霏霏转不堪。

　　景色虽好，不是久驻之地，乾隆皇帝南巡赶路的急切心情，在诗里充分地表露了出来。万松山行宫在贵县东北10里，这里松柏成林，苍翠一片。乾隆皇帝写有《万松山小憩》诗，诗中有"小憩登程去，帖毫兴已偿"句。郯子花园行宫在郯城县城外里许，这里林木苍郁，相传是春秋时郯子花园。行宫规模俭朴，没有台沼观游之胜。乾隆皇帝写有《郯子园六韵》诗，其中有"观民指吴会，按顿莅郯墟"句，点明了江南才是南巡的目的地，郯子花园只是途经之所。实际上，乾隆皇帝在郯子花园也只是休息一夜，次日天明就又匆匆赶路了。南池在济宁州南门外，依城面河，林木苍郁，饶有雅致。唐朝大诗人杜甫曾云游到此，后人为了纪念他，建有少陵祠。乾隆皇帝南巡，由水道回銮，曾经过这里。太白楼在济宁州南城，南城古时也称任城。唐朝大诗人李白客游任城，任城县令贺知章设宴款待，后来就在此处建楼。太白楼形势雄杰，俯临运河，南北帆樯往来如织。乾隆皇帝南巡曾到达这里。分水口在汶上县界，汶水在这里流入运河，七分北流，至临清合漳、卫入海，三分南流，接济漕运。这里有大禹庙、龙王庙、宋公祠。修建分水口行宫，是为了乾隆皇帝南巡，御舟到这里以便观看分水形势。光岳楼在东昌府城中，杰构入云，高下在目，可以远望岱岳。乾隆皇帝南巡，由水道回銮经过此处，曾登楼远眺。无为观在临清州境内，运河南岸，这里原有玉皇阁。乾隆皇帝南巡曾在这里休息。四女寺在恩县境界，运河滚水壩旁边，是运河减水分入老黄河的要道。乾隆皇帝南巡由水路回銮，曾在这里停留，视察水势，并作短暂休息。

乾隆皇帝南巡渡黄河图。图中描绘了乾隆皇帝于淮安府渡黄河的情景，在龙舟的四周，有许多船舰保护。

乾隆皇帝南巡进入江南以后，第一个行宫是顺河集行宫。该行宫在宿迁县运河东遥堤旁边，进入江南将近百里的地方。行宫有便殿数重，附近山光水色，美不胜收。乾隆皇帝写有《入江南境》诗：

袅袅东风拂面春，乘春銮辂举时巡。
江南至矣犹江北，我地同予总我民。
只縁观方怀保切，岂难解泽惠鲜频。
更欣余事寻天翰，秀丽山河发藻新。

春风拂面，山河秀丽，江南江北，同是子民，乾隆皇帝的心情非常愉快。在一首题为《暖》的诗中，也表达了这一心情：

才入江南半日程，温暾暖气面前迎。
丝鞭不袅东风软，檐帽轻掀晓日明。
千里征人忘栗烈，一时景物报芳荣。
省方本欲知民事，疾苦应须谘老吏。

在美好的心情中，乾隆皇帝没有忘记省方观俗的南巡目的。陈家庄行宫在桃源县。原来，乾隆皇帝南巡驻跸鲁家庄营盘，后来，因为陈家庄地势较高，且和鲁家庄相去不远，便在陈家庄修建了行宫，作为乾隆皇帝南巡驻跸所在。惠济祠在淮安府清河县，临近大堤。祠前黄淮合流，是形胜之地。乾隆皇帝南巡，多次到这里拈香供奉。他还写有《惠济祠》诗，其中"梦雨飘初逢晓霁，灵风恬不致波兴。漕艘来往称庥应，争奉馨椒洁享蒸"句，反映了往来河上的人们求得平安的心情。从清河开始，乾隆皇帝南巡改走运河水路。天宁寺行宫，在扬州府拱宸门外，原为晋朝太傅谢安别墅，僧人曾在这里翻译华严经，后来便改为寺庙。行宫建在寺的右边，乾隆皇帝南巡驻跸这里，天宁寺也广为人知。慧因寺原为舍利禅院，乾隆皇帝首次南巡经过这里，赐名慧因寺。寺旁有小园，树木葱笼，园中有悟番亭。每当寺庙钟声响起，僧人同声念经，静中有动，极有神趣。园内又有曲廊水榭和芍园，也别有兴味。倚虹园，原为元朝崔伯亨的园址。这里烟楼月榭，竹槛松廊，跸地垂杨，明湖若镜，人称柳湖春泛。乾隆皇帝南巡曾到这里游玩，写有匾联。净香园，内有茂竹千竿，峰石矗立，还有西洋式建筑，景色十分秀美。乾隆皇帝写有《净香园》诗，其中有"窗含话画船，吹笙桥那畔"句，使人感到仿佛身在画图之中。趣园，旧称四桥烟雨。四桥即南为春波，北为长春，西为玉版，又西为莲花。乾隆皇帝南巡至这里，改名趣园。这里每当春水方生之时，千顷一碧，而层轩洞豁，曲槛逶迤，高下掩映。又当云烟空濛，小雨霏霏之际，环望四桥，如彩虹蜿蜒，出没浪波之中，极尽水云缥缈之趣。水竹居，原名石壁流漂，乾隆皇帝南巡途经这里，赐名水竹居。这里山石壁立，屈曲若展画屏，中有花潭竹屿，又有玉兰数十株，开花时清辉照人，彷佛在瑶林琼树中间。水由石罅落人池中，冬夏不断。又有亭台楼阁，万竿净绿，水竹幽奇。乾隆皇帝题有匾联，匾为"水竹居"、"静照轩"，联为"水色清依杨，竹声凉入窗"。功德山，又名观音山，山上有观音寺。山头有小池，养鱼数百条。池旁筑屋。乾隆皇帝南巡到这里，写有《题天池》诗，其中有"林中功德池，回自半天披。渌水入澄照，青山犹古姿"句，赞扬了这里的优美景色。小香雪，在蜀冈平衍地方，东接万松亭。这里古梅绕屋，疏影寒花，实在是清凉香界。乾隆皇帝写有《题小香雪居》诗，其中有"竹里寻幽径，梅间卜野居"句，表现了这一名胜的特点。法净寺，古名栖灵寺，又名大明寺，乾隆皇帝南巡经过这里，赐名法净寺。平山堂，在法净寺的右边，宋代大诗人欧阳修当郡守时修建。梅尧臣、王安石、苏轼、秦观等宋代名人都曾写诗赞美平山堂。这里有楼阁池台，颇具特色。乾隆皇帝南巡，写有《咏平山堂》诗多首，其中一首这样写道：

> 梅花才放为春寒，果见淮东第一观。
> 馥馥清风来月窗，枝枝画意入云栏。
> 蜀冈可是希吴苑，永叔何曾逊谢安。
> 更喜翠峰余积雪，平章香色助清欢。

诗中称平山堂是淮东第一观，实在是很适合的。乾隆皇帝还写有《詠平山堂梅花》诗，赞颂了"平山万树发新花"、"未许歌莺语燕哗"的美丽景色。高詠楼，相传是宋朝大诗人苏轼题写《西江月》词的地方，后来人们在此地建楼，以示纪念。乾隆皇帝南巡经过此地，赐名高詠楼。这里轩堂相连，台榭萧疏，园内外萦回一水，缭以长垣。列置太湖石，种植名花嘉树，春夏之交，别有一番特色。高旻寺行宫，在扬州城南15里的茱萸湾，寺中有塔。乾隆皇帝南巡，多次在此驻跸。他还写有《塔湾行宫》诗多首。

乾隆皇帝的南巡船队经过扬州和瓜州以后，渡过长江，进入镇江府辖境。乾隆皇帝首先驻跸的地方是金山。金山在镇江府西北7里大江中。这里随山势建造房屋，金碧交辉，和长江水色相互辉映，别具特色。过了金山是焦山。焦山在镇江府东北9里大江中，与金山对峙。乾隆皇帝南巡，多次登临焦山。他写有《游焦山作歌》诗，其中的"轻舟减从聊揽胜，不教警跸呼纷纭"句，反映了他希望自由自在游焦山的心情。钱家港行宫，在镇江府西门外，傍临小港，可达大江，是乾隆皇帝御舟渡江驻跸之地。甘露寺，在镇江府北固山，山三面临江，岩壑陡绝。山上有巨石，形状似羊，相传是诸葛亮和孙权坐在一起商议破曹兵的地方。乾隆皇帝写有《甘露寺和苏轼韵》诗，赞美了这里的"小阁冠峰顶，拂拂大风寒。长烟一空碧，骋目穷江乾"的奇丽风光。

乾隆皇帝的船队过了镇江府，进入常州府境内。在常州府东门外有舣舟亭，宋朝大诗人苏轼常在这里系舟，后人为了纪念此事，便修建了园亭。这里古木参天，土丘蜿蜒，杂种花竹。乾隆皇帝南巡，御舟经过这里，下船稍事休息。这里还有苏轼洗砚池，形如半圭，水槛风廊，涤波半亩，给人天光云影共徘徊的感觉。惠山，在无锡县锡山之西，因为山有九陇蜿蜒如龙，所以又名九龙山。山上有泉，泉旁建寺，名惠山寺。乾隆皇帝南巡经过惠山，曾以泉水冲茶，又作《惠山寺》诗多首，描绘了这里的"暗窦名亭相掩映，天花涧草自婆娑"的美丽景色。寄畅园，在惠山左边，这里环以清流，植以嘉木，遂成胜景。乾隆皇帝南巡过此，题有"竹净梅芬"匾额。

过了常州府，乾隆皇帝的南巡船队进入苏州府境内。乾隆皇帝首先驻跸苏州府行宫。该行宫在府城内，原为织造官府，乾隆皇帝南巡后改为行宫。乾隆皇帝写有多首有关苏州的诗，其中一首这样写道：

牙樯春日驻姑苏，为向民风岂自娱。
艳舞新歌翻觉闹，老扶幼挈喜相趋。
周谘岁计云秋有，旋察官方道弊无。
入耳信疑还各半，可诚万众庆恬愉。

从诗中可以看出，乾隆皇帝对苏州的民风吏治非常满意，尽管他自己也还认为"信疑各半"。狮子林，在苏州城东北角，中多怪石，犹如狻猊，因以得名。乾隆皇帝南巡多次到这里游玩。他为狮子林写有匾额"真趣"，并写有《游狮子林》诗多首，其中一首有这样的句子："宁论龙井烟霞表，却爱狮林城市间。古街春来亦芳树，假山岁也似真山"，

乾隆皇帝南巡驻跸姑苏图。图中描绘了乾隆
皇帝南巡驻跸苏州的情景。

反映了乾隆皇帝对狮子林景致的喜爱。虎邱在苏州府西北9里，原是晋朝司徒王珣别墅，后改为寺。这里两崖劈分，中有剑池，石泉清冷，相传春秋时吴王阖闾试剑即在此处。还有千人石、说法台等景点。乾隆皇帝为虎邱行宫题有匾联，匾有"海涌岚浮"等，联有"翠竹苍松全寿相，清泉白石养天和"等。灵岩山在苏州府西30里，又名石鼓山、砚山。山上有灵岩寺，还有琴台、吴王井等景点。山顶有月池、砚池、玩华池，气候多旱，也不干涸。乾隆皇帝写有《灵岩杂咏》诗，其中有"竹籁萧萧喧处静，梅花漠漠白边红。太湖万顷轩窗下，坐辨洞庭西与东"句，描绘了灵岩山的美丽景色。邓尉山在苏州府西南70里，又名光福山。这里山势绵亘，冈峦起伏。濒湖有阁，东望太湖洞庭，渔洋掩映，是著名的风景胜地。香雪海又名吾家山，是邓尉山的支峰。居住在这里的人们以种树为业，满岭梅花，望之如云，香飘数十里。乾隆皇帝南巡到这里游玩，写有《游邓尉山观梅花》诗多首，其中一首为五言绝句：

香雪旧曾闻，真逢意所欣。

南华为篇二，大小漫区分。

支硎山在苏州府西25里，山多平石如硎，因以得名。山上有石室、寒泉、放鹤亭等古迹。山的南面有三块巨石屹立，如同大门一样。下面有观音寺，所以此山又名观音山。这里岩石清幽，烟霞映发。乾隆皇帝南巡到此，写有《游支硎》诗，其中有"如斯佳境安能尽，不及欢情慢久停"句，既反映了支硎山的秀丽风景，也表现出了乾隆皇帝的欢快心情。华山在苏州府西30里，上有石屋二间，四壁都凿佛像，还有石虎跑泉、苍玉洞、洗心泉、秀屏、鸟道等景点。山上有寺名华山寺，这里长松夹道，非常幽静。乾隆皇帝南巡游华山，写有《华山鸟道》等诗。寒山别墅在支硎山西边，明朝赵宦光在此隐居，构筑居室，后来成为寺庙。屋前有老梅树，旁边有芙蓉泉，寒山上还有千尺雪景点。因为寒山石壁峭立，赵宦光凿山引泉，缘石壁而下，飞瀑如雪。寒山上还有法螺寺，因为山路如旋螺状，因以得名。寺中有精舍四间，四面环山，一片翠绿。寺院中有大石一块。乾隆皇帝写有《寒山晓钟》诗，中有"姑苏城北夜泊船，寒山钟声清晓传"句，令人读后感到十分清新。高义园在苏州府西天平山中，这里有宋代文豪和忠臣范仲淹的祖墓，以及范氏的庄园，还有望湖台、照湖镜等景点。乾隆皇帝南巡到此，赐名高义园。穹窿山在苏州府西南60里，山顶宽广有百亩，赤松子炼丹台、升仙台等是著名的景点。乾隆皇帝写有《穹窿仙观》诗，以"阳山高抵穹窿半，拔地千仞参霄汉"起笔，很有气势。石湖在苏州府西南18里，是太湖的支流。这里有千岩观、天镜阁、王雪坡、盟鸥亭等古迹。又有石佛寺，寺外长桥卧波，风帆沙鸟出没其间。一片空濛，诸山映带如画。乾隆皇帝到这里游览后，曾发出"仁知之性，山水效深"的感叹。上方山距石佛寺2里许，山势绵亘，北望吴王郊台，东睇茶磨石湖，烟波掩映，飘渺无际。上方山东边是治平寺，寺旁有井，深不可测。寺前翠竹一片，寺后山泉喷流。乾隆皇帝南巡到这里游玩，写有《游上方山》诗。

《趣园图》。扬州趣园原是盐商的私家园林。乾隆皇帝南巡，多次在此驻跸，并在乾隆二十七年（1762），御书赐名"趣园"。

　　龙潭行宫在江宁府句容县西北80里，背倚大江。行宫前树木葱笼，外面岩峦苍翠。宝华山在句容县北，山上建寺，寺庙中有铜殿。宝华山是秦淮水的发源地，山上还有虎山、观音洞、叠石塔、杨柳泉等名胜。乾隆皇帝南巡，每次都到这里游览。栖霞寺在江宁府东北栖霞山上，山上多草药，寺中有明月台、白鹿泉等景点。栖霞行宫在栖霞山中峰左边与东峰相接的地方。这里秀石嵯峨，茂林蒙密。白鹿泉下面，有春雨山房、太古堂、武夷一曲精庐等建筑，泉上面有话山亭、有凌云意等景点。玲峰池在栖霞山中峰侧面，在群山万壑之中，一池清水可以照出毫发。紫峰阁在栖霞山中峰山脚处，四周群峦环绕，附近山上雕琢大佛像，神态庄严。又有云根泉，清澈可鉴。更有石壁间飞出一泉，形成瀑布，从空而降。万松山房在栖霞山中峰半山腰处，这里松林翁蔚，山风过处，有如万壑鸣涛，崇楼高台掩映在一片苍翠之中，别具特色。天开岩在栖霞山中峰的右边，石壁奇峭，中通一线可以看到蓝天。有大石一块，名为"醒石"，上面刻满了六朝文人的诗作。醒石后面是迎宾石，大禹碑就在石的背面。栖霞山中峰右边和西峰相接处，是幽居庵，竹木环绕，奇石众多。庵下流泉泠泠，如奏琴声。拾级而上，崇栏曲径，可以直达禹碑。叠浪崖在栖霞山西峰侧面，乱石错落，高低起伏，有如大海潮汐，波澜万叠。崖下是见山楼，前后疏窗，两翼为回廊。凭高远眺，松林苍翠。德云庵在栖霞山西峰脚下，幽篁绕屋，奇石玲珑，瀑布高悬。乾隆皇帝南巡，游遍了栖霞山的各个景点，并留下大量诗篇和匾额。《栖霞行馆作》一诗，反映了乾隆皇帝游栖霞山所看到的美丽风景，表现了他的欢快心情：

> 行馆朴而幽，依然前度修。
> 轩窗无俗韵，林壑有神投。
> 鸟语花间出，泉声竹里流。
> 玲峰院墙内，趁暇一登游。

　　燕子矶在江宁府城观音门外，为观音山的余支。一峰特起，三面陡绝，江中望之形如飞燕。峰顶有俯江亭，旷览长江，极目千里，樯帆楼橹，出没烟涛云浪之间。乾隆皇帝写有《燕子矶》诗，诗中有"峭壁插长江，孤骞似飞燕"，"南朝凡几更，临流发浩叹"句，表现了乾隆皇帝触景生情、回顾历史的感慨。江宁行宫在江宁城中，原为织造廨署，乾隆皇帝南巡，改建行殿数重，作为休息处所。报恩寺在江宁城聚宝门外，寺中有舍利塔，用五色琉璃造成。塔分九级，乾隆皇帝南巡至此，给每级塔都题有塔额。他还写有《大报恩寺》诗，称此寺是"城南最古寺"。雨花台在江宁府聚宝山东麓，据冈阜之巅，俯瞩城闉，烟火万家，和远近云峰相间，大江如带，千顷微茫，风景别具特色。朝天宫，相传春秋时期吴王夫差曾在这个地方铸剑。乾隆皇帝南巡来到这里加以改建，前为三清殿，后是大通明殿。殿栋崇深，规制巨丽，石室丹台，是江宁最大的道观。清凉山，在江宁府西北，山据石头城，下临大江，被称为金陵雄观。山上有清凉寺，山顶有翠微亭。鸡鸣山，在江宁府城东北，因形似鸡笼，故名。灵谷寺，在锺山东南，旧为道林寺，后改为灵谷寺。进入山门之后，松径5里，才看到殿庑，寺庙规制十分壮丽，其中有无梁殿，不用一根木头。牛首山，在江宁城南30里，双峰角立，取其形像牛首以命名。由山麓起石磴数百级，路两旁杉树桧树成行，景色十分幽致。山上有虎跑泉、芙蓉峰、梅雪岭等景点。还有石洞，深不可测。祖堂山在牛首山的南面10里地方，山上有石窟，极深广，唐朝名僧法融曾在这里居住，有百鸟献花之异，所以又名献花岩。乾隆皇帝南巡，写有《鸡鸣山》、《游清凉寺》、《题雨花石》、《牛首山》等诗多首。在《驻跸江宁》诗中，有"寰中可数建邦区，观胜应教翠跸纡"句，表现了乾隆皇帝对江宁地区名胜的向往之情。

乾隆皇帝南巡到浙江省，第一个名胜是烟雨楼。烟雨楼在嘉兴府城外，南湖中湖心岛上。这里澄湖如镜，万瓦鳞次，雉堞周遭，晨烟暮雨，杳霭空蒙，渔唱菱歌，相间有声，是晴天雨天都适宜游览的环境。乾隆皇帝写有《烟雨楼即景》诗：

春云欲泮旋濛濛，百顷南湖一棹通。
回望还迷堤柳绿，到来才辨谢梅红。
不殊图画倪黄境，真是楼台烟雨中。
欲倩李牟携铁笛，月明度曲水晶宫。

游烟雨楼，真彷佛人在画图中。船过嘉兴，不知不觉到了杭州府行宫。该行宫在涌金门内太平坊，原为织造公廨，后改建为行宫。乾隆皇帝写有《至杭州行宫驻跸八韵》诗，表现了"几闲拟畅游"的心情。西湖行宫在孤山南面，群山环拱，万堞平连，在这里西湖全景一览无余。乾隆皇帝为西湖行宫题有宫联：云岚静对自高秀，城郭远映余青苍。杭州的名胜古迹很多，只西湖就有十景：

苏堤春晓。宋朝元佑年间，苏轼当临安太守时，筑堤湖上，从南山至北山，夹道植柳，人称苏公堤。乾隆皇帝祖父康熙皇帝南巡时，御书"苏堤春晓"，是西湖十景之首。每当春天晨光初启，宿雾未散，杂花生树，飞英蘸波，纷披掩映，彷佛列锦铺绣。一年四季，游览的人们都认为这里很美，而尤以春晓更为突出。

柳浪闻莺。宋时丰豫门外，沿堤植柳，地名柳州，上有柳浪桥。丰豫门即涌金门。康熙皇帝南巡时，御书"柳浪闻莺"，并建亭构舫，平临湖曲，架石梁于堤上。这里柳丝垂地，轻风摇扬，如翠浪翻空。春天到来时，黄鸟睍睆其间，流连倾听，和画舫笙歌，相互应答。

花港观鱼。苏堤第三桥名望山，和西岸第四桥斜对，水通花家山，故名花港。宋代废园凿池，引湖水养鱼几十种，并在花港南面建楼。池清见底，游鱼毕现。康熙皇帝南巡，御书"花港观鱼"。

曲院风荷。宋代取金沙涧水造麴以酿官酒，名曲院。院中种荷花，称曲院荷花。清朝建立后，在其旧址平陵湖面，环植芙蕖，引流叠石，为盘曲之势。康熙皇帝南巡时，改为曲院风荷。每当春天开花季节，这里香风四起，水波不兴，绿盖红衣，纷披掩映。

双峰插云。在九里松行春桥湖上。诸山层峦叠嶂，蜿蜒蟠结，列岫争雄，而两峰独高出众山。每当云气蓊郁之时，露出双尖，望去如插，所以名两峰插云。康熙皇帝南巡，易两峰为双峰，并建亭台。春秋佳日，凭栏四望，俨如天门双阙，拔地撑天，白云暧叇，随风舒卷。

雷峰夕照。在净慈寺北峰，峰顶有塔，为吴越时所建。康熙皇帝南巡时，曾改夕照为西照。每当日轮西映，亭台金碧和山光互耀，彷佛宝鉴初开，火珠半坠。

三潭印月。西湖中有三塔鼎立，相传湖中有三潭，深不可测，所以建三塔镇之。塔影如瓶，浮漾水中，月光印潭，影分为三。康熙皇帝南巡，御书三潭印月匾额，并建碑亭。

平湖秋月。宋代有水仙王庙在苏堤三桥南，明朝末年移建在孤山路口，名望湖亭。康熙皇帝南巡到西湖，御书平湖秋月匾额，并建亭台。这里三面临水，每当清秋气爽之时，皓月中天，玻璃澄彻，宛如琼楼玉宇。

南屏晚钟。在清波门外南屏山，正对孤山。层峦耸列，翠岭横披，宛若屏嶂凌空。其下有净慈寺。每当云归穴暝，万籁俱静，寺钟一鸣，山谷皆应。康熙皇帝南巡，御书南屏晚钟匾额。

断桥残雪。出钱塘门沿湖行，入白沙堤，第一桥名断桥。桥界于前后两湖之间，水光潋滟，桥影倒浸，如同玉腰金背。康熙皇帝南巡，御书断桥残雪匾额，并在桥上建亭。每当春雪初消之时，寒岩深谷，塔顶峰头尚有余雪。

对于上述西湖十景，乾隆皇帝南巡时，看到祖父康熙皇帝题写的匾额，无限思念。他对十景中的每一景，也都写诗赞美。其中，《三潭印月》一首是这样写的：

塔影虽三月一轮，是三是一是金身。
谁能织得金身幻，可向潭前悟净因。

诗中的内容还有一些佛教的哲理，这也可能是三塔镇三潭引起的吧。在杭州的风景点还有：

湖心平眺。在西湖中央，远望南北两峰左右对峙，群山遥列如屏障。前筑石台，后启舫轩，中构层楼，周围杂植花柳，雕栏画槛，金碧掩映。

乾隆皇帝南巡，御题"天然图画"匾额，并写诗赞颂。

吴山大观。在紫阳山山顶，建有高台，左江右湖，近在几席，而环城30里，烟火万家，与山光云影互相映射。乾隆皇帝写有《登吴山作》诗，诗中称"吴山畅大观"，"游目心因远"。

湖山春社。在金沙涧北，泉水自栖霞山涓涓流出，两旁多桃花，称为桃溪。后来创建祠宇，祭祀湖山之神。又在溪流屈曲环绕的地方建流筋亭、临花舫、水月亭、观瀑轩和泉香室等。

浙江秋涛。浙江又名曲江，潮汐自海入江，为龛、赭二山约束，激成而涛，以秋八月为最盛。

梅林归鹤。在孤山的背面，宋朝人林逋曾在这里隐居，植梅树成林，养放仙鹤。后人在这里建亭。每年早春微寒，梅花盛开之时，都有白鹤到这里翩翩翔舞。

玉泉鱼跃。在清涟寺内，由泉水汇积成池，清澈见底，池内养五色鱼，鱼鳞斑斑可见，投以香饵，则扬鳍而来，吞后则去，有相忘江湖之乐。泉上有亭，名洗心亭。亭旁有小池，水色翠绿，投以白粉，白粉也都变成绿色。

玉带晴虹。在金沙堤上，堤上有桥，名玉带桥，桥有三洞，通达里湖。桥南是丁家山，隔湖眺望，林壑深邃，彷佛蓬阙浮漾海上。桥西飞阁撑空，回廊绕水，朱栏画拱，金碧澄鳞。桥畔花柳夹映，湾环如带，好像长虹卧波，横亘霄汉。

天竺香市。在乳窦峰北，白云峰南，夹道溪流，松竹茂密。有下竺、中竺、上竺三山寺。所在多村市野店，春天远近乡民络绎不绝前来焚香顶礼，以祈丰年。

以上所述湖山春社至天竺香市等景点，乾隆皇帝南巡时都前往观赏。他曾临摹董其昌《舞鹤赋》一文，刻在梅林归鹤的石碑上，还曾赐天竺香市中的上竺寺名法喜寺，中竺寺名法净寺，下竺寺名法镜寺，并写有《天竺寺》诗：

屈曲流泉绕石林，到来竺宇畅幽寻。
了知说法无多子，且喜入山不厌深。
七佛总空身语意，三生谁话去来今。
未能习静催归辔，已听钟声云外音。

诗中有景有思，最后两句，道出了乾隆皇帝的真实心态。

云栖寺在钱江上，五云山西，以旧传山上时有五色瑞云飞集而名。乾隆皇帝写有《云栖寺》诗，诗中"一碧万竿翠，双流百折澄。竹泉行尽处，门径得来登"两句，写出了云栖寺有竹有泉的特色。蕉石鸣琴在丁家山当湖西边，这里奇石林立，状类芭蕉，又有泉水从石缝中流出，彷佛弹琴声。冷泉猿啸在云林寺山门外飞来峰下，峰下有呼猿洞。相传六朝时智一和尚善口哨，声响林木间，猿猴就集中到他那里。此外，这里还有清莹的泉水，寒凉沁人心脾。乾隆皇帝南巡，这两处景点也是他喜欢的地方。敷文书院在凤凰山万松岭，因为松树很多，所以原名为万松书院。康熙皇帝南巡，改名为敷文书院。乾隆皇帝南巡多次到这里，为敷文书院题有院联：正其宜不谋其利，明其道不计其功，还写有《敷文书院六韵》诗，诗中强调了"崇儒因广学"的道理。

浙江的名胜还有很多，乾隆皇帝南巡时都一一游览。这些名胜主要是：

韬光观海。从云林寺往西走，山径曲折，两旁多松竹，草树茂密，仿佛行走在深谷中。大约走三四里，就到了韬光庵。韬光庵建在悬崖上，如同半空中，盛夏时节也没有暑气。寺顶有石楼，正对钱江，远远望去云涛浩渺。乾隆皇帝写有《韬光观海》诗，内有"云中镜已幽，韬光幽更极。蜿蜒盘云径，仰视天一隙"等句，幽深的景况如在眼前。

北高峰。在云林寺后，是湖上诸山最高的一峰，石磴数百级，曲折三十六弯。登上峰顶，凭高俯视，群山像土堆，湖似杯中水。云光倒垂，气象万千。远望浙江，如一匹白练横放在那里，使人胸怀开阔，超脱尘世。乾隆皇帝在《登北高峰极顶》诗中，有"江海一杯水"、"涤尽万虑尘"等句，写出了北高峰的特点。

云林寺。在灵隐山背后，北高峰下面，也就是古灵隐寺。从晋朝到明朝，屡建屡毁。清朝建立后，重修大雄殿和堂宇楼阁。康熙皇帝南巡，赐名云林寺。乾隆皇帝南巡，多次前来寺中，写下了无数诗篇，其中尤以《云林寺二十韵》著名。诗中称"灵隐古禅林，佳称乃自今"，歌颂了康熙皇帝。此外，对云林寺周围的景物也多有描绘，仿佛一幅美丽的风景画。

六和塔。在龙山轮峰开化寺中，建于宋朝开宝三年（970），建塔的目的是镇江潮。乾隆皇帝南巡，因为修建海塘，前来开化寺，登上六和塔顶，江流曲折，一览无余。他还写有《登六和塔作》诗，其中有"造极朱栏扶，旷览供仰俯。于己可忘忧，于民那忘苦"等句，一定程度上反映了乾隆皇帝想着百姓疾苦。

理安寺。在南山十八涧，旧名法雨寺。这里绿嶂百重，清泉万转，草木一年四季茂盛。寺内有松巅阁、法雨泉等景点。乾隆皇帝写有《理安寺》诗，描绘了"一径入深秀，万峰森簇攒"的景色，讲述了"禅宁与儒异，惟欲理之安"的道理。

虎跑泉。在大悲山上，泉水清冽甘甜。相传唐朝元和年间（806—820），僧人性空栖禅此山，因为找不到水，想到别的地方去。忽然有二虎在山上奔跑，跑过的地方就流出了泉水，因此名为虎跑泉。乾隆皇帝南巡，写有《戏题虎跑泉》诗，诗中有“一带崖悬钟孔滴，千年藤缀石华疏”等句，描绘了虎跑泉的奇异景色。

水乐洞。在烟霞岭下面，这里山峦起伏，林木茂密，岩洞深邃，夏凉冬暖，清泉从洞底流出，奔向山谷，声音如同金石相击，美妙无比。

宗阳宫。在关山东北，原为宋高宗德寿宫，凿池引水，垒石为山，规制宏丽。乾隆皇帝南巡，多次到达这里，并写有文章，纠正了宫内石刻中的一些错误，反映了乾隆皇帝从政之余，对一些学术问题也很感兴趣。

小有天园。在净慈寺西慧日峰下，旧名壑庵，游人称为赛西湖，后辟为园。这里有南山亭、幽居洞、欢喜岩、琴台等景点。乾隆皇帝南巡，赐名“小有天园”。他还写有《游小有天园登绝顶》诗，开始两句是：“最爱南屏小有天，登峰原揽大天边”，一小一大，极有意境。

法云寺。在赤山，旧名慧因禅院。宋朝元丰年间（1078—1085），僧人静源居住此地，疏释经义，传播到高丽国。高丽国王子以金书《华严经》300 部进贡，因而此寺又称高丽寺。乾隆皇帝南巡到此，赐名法云寺。

瑞石洞。在瑞石山麓，洞顶有飞来石，附近有丁仙阁，是元朝道士丁野鹤弃俗栖真处所。这里秀石玲珑，清幽彻骨，别有境地。乾隆皇帝南巡，写有《游瑞石洞览古》诗。

黄山积翠。在栖霞岭后，建有禅院。院前层崖耸峙，长松修竹，互相掩映，望去苍翠欲滴。洞中凿石为佛。乾隆皇帝南巡，曾经写诗赞颂黄山积翠的奇异景色。

留余山居。在南高峰背面，这里奇石峭拔，泉水淙淙，如奏琴声。下雨时则飞瀑如注，如同一匹白练，下潴为池，澄澈可鉴毛发。有流观亭等景点。乾隆皇帝南巡，御题“留余山居”四字。

漪园。在雷峰夕照亭下面，原有白云庵，相传建于明朝。乾隆皇帝南巡，重加修葺，建有长廊亭阁等。这里云山入画，丘壑之胜，更增加了湖山秀色。乾隆皇帝南巡到此赐名"漪园"。他还写有《题漪园》诗，其中"峰分南屏峰，水占西湖水。竹阁与柏堂，或自苏诗拟。明圣景无边，左右逢源取"等句，写出了漪园的特色。

吟香别业。在孤山放鹤亭南，旧称句留处。这里塘水清莹如鉴，栽种荷花，开花时风来四面，到处飘香。乾隆皇帝写有《吟香别业》诗：

亭台胜迹号句留，义取乐天恋此州。
固惜湖山听荒废，也嫌官吏太搜求。
设鲜民瘼皆如是，斯慰吾心又底忧。
小坐不因赏烟景，题诗用戒保釐俦。

从诗中可以看出，乾隆皇帝对过多地修建园林并不十分满意，因为这会导致对民脂民膏的过度搜求，引起百姓不满，进而影响他对全国的统治。

龙井。本名龙泓。泉从山崖腹部流出，传说那里有龙。泉旁屹立一块大石，上面刻着许多字，大都模糊不清。唐朝乾封二年（667），在井上建寺，名报国看经院。宋朝元丰年间，僧人辨才在此养老，和著名的诗人苏轼、秦观等相交，据说过溪桥就是以辨才送苏轼而得名。这里还有片石青润玲珑，好像神工镂琢，旧称一片云。一片云旁边有归云洞，前边有涤心沼，长竹夹道，林壑幽深，烟霞缭绕，气象万千。山中产茶，名龙井茶。乾隆皇帝南巡，曾到龙井游玩品茶。

凤凰山。在正阳门外，山形如凤，因以得名。山右有胜果寺，寺旁多秀石，翠霭层叠，如云中有巨石矗起。乾隆皇帝南巡到此，御书赐名为澄观台。

六一泉。在孤山西南，旧名孤山寺，又名广化寺。苏轼为杭州太守时，将其改名为六一泉。后来这个地方的建筑有毁有建，多不可考，唯独六一泉水涓涓不涸。明朝时作石屋覆泉上。乾隆皇帝南巡，题写匾额"六一泉"，还作有《题六一泉》诗，诗中有"花竹诚翳然，奇石贮天池，清冷如镜园"等句，描绘了这一景点的特色。

大佛寺。在钱塘门外石佛山，以巨石得名。大佛凿于宋朝宣和年间（1119—1125），后来建宫殿覆盖，遂名大佛寺。乾隆皇帝南巡，写有"大佛寺"匾额，以及《大佛寺题句》诗。诗中有"昔图黄龙佛，已谓大无比。今游石佛山，大佛实在是。一面露堂堂，满月光如洗"等句，描绘了大佛之大，给人以丰富的想像。

安澜园。在海宁县拱宸门内，初名隅园，是大学士陈元龙的别墅。这里镜水沦涟，楼台掩映，奇石灵秀，古木修竹，苍翠茂密。乾隆皇帝南巡，视察海塘，驻跸这里，赐名"安澜园"。

镇海塔院。在海宁县春熙门外，濒临大海。明朝万历年间（1573—1619）修建，旧名占鳌塔。围廊翼栏阶以石磴盘旋穿绕，通达七级顶端。左有平台一座，拾级而上，满目沧溟。每逢潮汐，银涛雪浪，排空而至，非常壮观。乾隆皇帝题有匾联，匾是"海阔天空"，联为"台临上下空无际，舟织往来波不兴"。

禹陵。在会稽山，陵前有禹井、禹池、禹碑，陵左为庙，庙里有梅梁、石船、铁履、水剑等物。乾隆皇帝南巡，亲自到这里祭祀，并写有《谒大禹庙》诗，诗中有"勤俭鸣称永，仪型圣度崇"句，反映了乾隆皇帝对大禹的尊崇。

南镇。在会稽县城南，相传禹登茅山以朝诸侯，遂名会稽，又名镇山。唐朝开元年间（722—741），封会稽山神为永兴公，号南镇，在山坡立庙祭祀。清朝建立后，直到乾隆皇帝即位，有大庆典，都派遣官员前往祭祀。

兰亭。在山阴县城西，兰渚上有亭，名兰亭。晋朝王羲之等 41 人在此修禊，人各赋诗，描写这里的修竹、瓮池、流觞曲水，王羲之写序，称兰亭集序。康熙皇帝南巡，对这里重加修葺，御书大字"兰亭序"，刻在石上。乾隆皇帝南巡，写有《兰亭杂咏》等诗，其中一首这样写道：

竹径廷缘胜赏探，流觞曲水涤波涵。

何妨修禊日过五，且喜行春月正三。

诗中流露了乾隆皇帝对当年兰亭集会的向往之情。岁月流逝，兰亭还在，"向慕山阴镜里行，清游得胜惬平生"。游览了兰亭，乾隆皇帝了结了一桩心愿。

治理黄河与修建浙江海塘

　　乾隆皇帝南巡，一路上驻跸行宫，游览名胜，吟诗作歌，终于到了江南。乾隆皇帝南巡的目的之一是治理黄河和修建浙江海塘，这些具体情况怎样呢？

　　首先是治河。原来，黄河自古以来就多次冲决泛滥，遗害无穷。历史上黄河不断改道，距清朝最近的一次是宋光宗绍熙五年（1194），黄河在阳武决口，随即南下，经开封附近的黄陵岗折向东南进入江苏，经过邳县、徐州、宿迁至清口，汇合淮河入海。这样一来，黄河一河的祸患连及三河，使被夺入海口的淮河以及经过徐州、淮安、扬州的大运河都受到牵连。因此，黄河中下游一带地区的形势极为严峻。清朝建立后，顺治一朝18年，就有10次河决。康熙皇帝即位后的前23年，平均一年决口一次。后来，经过康熙皇帝组织人力认真治理，黄河水患逐渐减少。雍正一朝13年，有4次河决，但是每次都很快堵住了。乾隆皇帝即位初年，黄河处于相对稳定时期。即使这样，乾隆皇帝也没有放松对河防的关注。他多次强调："河工关系国计民生，最为紧要。河臣必须小心从事。"他比较积极地展开了一些有关河务的预防工程，制定了选用河工官员的措施，挑选培养治河的人才。乾隆七年（1742），夏秋雨水过量，黄河又在铜山、石林决口，乾隆皇帝降旨拨帑堵决，加修江南清河县惠济大闸以及高邮、邵伯各坝工。后来了解到，发生这次河灾的主要原因，是淮水下流不能迅速入海，洪泽湖天然二坝以及高邮南关五里车逻等坝永闭不开，水无宣泄之所。乾隆皇帝听到这一情况后，极为震惊，深深感到河务重大，若非谙练之才，即使目睹情形，也不能深入了解，何况消息来自于传闻呢？他还检讨了自己，认为虽然依据河臣呈览的河图，多方指示河工的修筑事宜，也不过是纸上谈兵。因此，他要求河臣，对于他的一时之见，不一定非要执行。乾隆十年（1745），黄河决口陈家铺，乾隆皇帝在给军机大臣的谕旨中，一连串提出了许多问题。这时乾隆皇帝已经认识到，要了解河工的实际情况，必须亲自前往考察。南巡正提供了这种机会。

乾隆十六年，乾隆皇帝首次南巡，渡过黄河，先视察了天妃闸和高家堰。因为他明白，江南河工，清口为黄淮交汇，是河防第一要区。当他看到高家堰堤坝上树木稀少，就命在堤坡上多种柳树，这样既可以用柳树护堤防浪，也可以用柳木当修堤工料，一举两得。到了淮安，乾隆皇帝看到城北一带内外都是水，只有土堤防御，想到淮安是人烟稠密的地方，一旦涨水，这样的土堤决不管用，便命主管官员及时确勘，改建石堤。到蒋家坝阅视堤工时，乾隆皇帝训谕河臣们说："洪泽湖上承清、淮、汝、颖诸水，江为巨浸，所特为保障的，只有高堰一堤，天然坝及其尾闾，秋天盛涨。就开此坝泄水，而下游诸县均受其患，冬天清水势弱，不能刷黄，往往浊流倒灌。下游居民深以开坝为惧，而河臣却以此为防险秘钥。"乾隆皇帝在视察高家堰时，亲自沿堤向南过三滚坝直到蒋家闸。经过实地考察，他得出了"天然坝断不可开"的结论。于是，乾隆皇帝命在天然坝立石，"永禁开放以杜绝妄见"。当河臣高斌提出请在三滚坝之外增建石滚坝以资宣泄时，乾隆皇帝想得更周密。他命增筑两座滚水坝，加上原有的三座，形成了石面高下维均，依次称为仁、义、礼、智、信的五座滚坝群体，同时筹定了五南水志，规定以名次为序，渐次宣泄。仁、义、礼三坝过水 3 尺 5 寸以后，还是不足以减轻水势时，才可依次将智、信二坝石面上所加的封土开启，调节水速流量，以便提高堤防和下游河道的安全系数。即使遇到较大洪水，虽然不能绝对保证下游不被淹没，但是比溃决泛滥要好得多了。另外，高家堰石堤到南滚坝以南原为土堤，乾隆皇帝认为这样有头无尾，和全堤总体形势不相符合，便命自新建坝北雁翅以北，一律改建石工，南雁翅以南至蒋家闸一段，水势较为平稳，堤工可用石基砖砌。

乾隆二十二年，乾隆皇帝第二次南巡，先后阅视了天妃闸木龙以及清黄交汇处和高堰工程，并部署了一系列河工事务。乾隆皇帝认为，六塘河以下为沂、沭诸水下游，屡次受涝，桃源、宿迁等县阻黄临运，又被堤堰所隔，以致积水不能宣泄，洼地多成巨浸，农民失业，十分可怜，于是便命修筑减水坝，酌情建涵洞，加开沟渠，以便水有所归，水减一分则民间受益一分。下河高、宝等湖水大江入海，因小港支渠或淤或浅，以致水无所归，沿海兴化、盐城等七县遭受水患。高、宝更是首当其冲。乾隆皇帝便采纳河道总督嵇璜的建议，在高邮昭关设立一座滚坝，酌定水则，并在滚坝之下开一支河，使高、宝诸湖水，有秩序地各归江海，水流畅达，不致泛滥田亩，从而减轻了这一地区的水患威胁。

乾隆皇帝南巡治河，除亲临实地勘察、因地制宜治水外，还抓重点地段工程，统筹规划，综合治理。徐州地处要冲，为临黄的重镇。乾隆皇帝二次南巡，把治河的主要力量放在淮、徐湖河各工。当时，白钟山、张师载等河臣上奏淮、徐河湖疏筑事宜。乾隆皇帝认为，河身泄浅地方，很难挑渠，增筑堤工及堵筑北岸支河，用来防卫冲刷夺溜，实在是第一要工，应当抓紧筹办。于是，他谕示："淮、徐湖河各工，关系亿万生民，也是朕时常牵念的。清黄交汇地方以及高堰石工，虽已亲临阅看，而徐州一郡，地处上游，南北两岸相距甚近，远承陕、豫诸水，一遇盛涨，便有溃决之患。朕巡省所至，首在勤民，而湖河要工，关系尤其巨大，一切应浚、应筑奏牍批签，自不如亲临勘察，得以随时指示。"回銮的时候，乾隆皇帝再次到徐州阅视，并召河臣赴行在筹办徐州河工。当他抵达徐州，看到城北有石堤而城东城西都是土堤，便命在有石堤的地方加帮以培其势，在土堤地方加筑石堤以重其防。这样，接修徐州石堤总计 1565 丈，修筑时加添汁末石灰、铁层并砖石后筑打灰土，坚固异常，足资捍御。

乾隆皇帝第三次南巡时，再次到徐州巡视堤工，查看徐州北门外的志桩水势。为了解决由于黄河泄垫渐增，洪水一到，各闸坝宣泄无约，下游颇受水患的忧虑，乾隆皇帝命除蒋家坝、傅家洼等处不宜节宣应当坚闭外，毛城铺迄东之唐家湾引河，必依徐州水志长到 1 丈 1 尺 5 寸时，才可开放。同时规定，一俟水落即行堵闭。随后，乾隆皇帝又到高家堰检查武家墩迄北砖堤。他看到从济运坝到运口还有五百余丈旧土堤，便命一体改筑砖堤。还再三嘱咐，要把砖烧得比以前宽厚，以期坚固，俾全湖均籍安澜。以后乾隆皇帝几次南巡，都亲到徐州检查河工。在这里修筑石堤 70 多里，都用石块砌成 17 层，很是壮观。乾隆四十五年（1780），乾隆皇帝最后一次阅示河工时，他命河臣嵇璜等人会同勘察徐州堤防，把砌石不足 17 层的一律加高到 17 层。

在抓重点施工的同时，乾隆皇帝还做了其他一些有关河工的筹划，综合整治，把有关河工事务分派各大臣专管。他命刘统勋负责修筑徐州近城东西石坝，尹继善筹集工料，梦麟专管六塘河以下诸工，嵇璜负责高、宝诸湖的入江入海事宜，张师载、高晋分办徐州南北石坝的加厚培高各工。其中需要河南、山东两省协济的，命图尔炳阿、鹤年两位巡抚随时拨运。乾隆皇帝还降旨告诫各位大臣，要他们诸事共同商酌，和衷共济，联为一体，不要分帮结派各持己见。

乾隆皇帝南巡治河过程中，注意集思广益，然后再做出决策。江南濒临湖河的"高宝甘泉宿清海沭"各属，一遇伏秋大泛，即使不决口，也是水洼一片。这都是因为向来一遇湖河涨水，河臣便下令开河，这一带便常年受水患。乾隆皇帝非常重视这一严重问题，而大臣们对这个问题的看法又很不一致。乾隆皇帝在听取了大臣们的意见之后，决定亲自视察以后再做决策，同时统一大臣们的意见。于是，他在南巡驻跸苏州时，就先命一些督抚河臣将归江归海各路详勘标志，回銮时他就亲往视察。经过实地勘察，加以集思广议，乾隆皇帝最后做出决策：高宝一带金湾滚南新挑引河仅宽 15 丈，底宽 8 丈，不能使水畅泄，命将河底加宽至 10 丈为率。以下地势稍仰并一律挑浚深通，使成建瓴之势，水自然畅导无阻。把西湾坝落低 4 尺，使平常就可有尺水入江，如此循序而进，便可预减暴涨之势，对河头也挑宽、挖深，以便利导。拆去金湾六闸，添建石坝接筑土堤，并量挑引渠用以防备河水暴涨。乾隆皇帝认为上述措施就可以使河湖之水免于壅塞祸患。不过，要达到彻底根除，还必须广疏清口。于是，他又定清口水志以冲下河。根据清口口宽 20 丈为准绳，酌定成标，规定：西坝水再增 3 尺，清口则不必议展，仍存其蓄清之说。如果水增 4 尺，即将清口折宽 10 丈。湖水以次递长，则清口以欠递宽。总之，以上坝增加 1 尺长，下口加开 10 丈门为准。如果春汛过后，夏季水势一时不涨，或时涨时落，则不必以口门既展而忙于堵塞，等秋汛过后为定，逐渐收束清口仍至 20 丈或数十丈。河臣们依照乾隆皇帝亲自规定的清口水志执行，结果使下河各州县在很长时间里都没有发生水灾。

其次是浙江海塘工程。浙江海塘一般是指从平湖到杭州的一段，长约 300 里，历史上亦称浙西海塘。由于浙江海塘地区特殊的地理环境，形成了江流海潮的冲击，形成潮灾。潮灾的表现，一是潮水浸啮海岸，冲塌陆地；二是每次江溢海啸，总要决溃堤岸，淹人畜，漂没庐舍；三是每次海溢冲决堤岸，卤潮随之涌入，败坏田地禾稼，严重妨害农业生产；四是海潮涨没盐灶，妨害盐产。正因为潮灾严重，所以海塘的修筑便成为该地人民与海潮抗争的主要手段。浙江海塘的修筑有着悠久的历史，从唐代就已经有记载。清朝建立后，特别是康熙四年（1701）以后，由于潮水北趋，海宁等地吃紧，海潮渐迫塘根，甚至风潮陡发，海塘坍陷至数千余丈，直接威胁着嘉兴、松江一带，甚至江南运河也有被切断的危险。所以，康熙皇帝执政晚年，曾耗银15万多两，筑海宁石塘。雍正皇帝在位期间，对浙江海塘进行了大规模的兴建，只是由于有些官员不熟悉塘务，以致雍正十三年（1735）八月，风潮大作，仁和、海宁、海盐等县草土石塘，塌坍12200多丈，以往之功毁于一旦。

乾隆皇帝即位后，对修筑浙江海塘非常重视。他委派嵇曾筠总理浙江塘务。嵇曾筠到任后，在乾隆元年（1736）即用银216000两，修石塘1000余丈，坦水8400余丈。乾隆二年，海宁长达5900余丈的永固性鱼鳞大石塘正式兴工修建。同年五月，海宁南门外绕城鱼鳞石塘完工，长500余丈。乾隆四年以后，浙江潮势南移，海宁一带涨沙绵亘数十里，刮卤煮盐，已成原野，为修筑石塘创造了有利条件。于是，从乾隆五年起，便重新开始修筑尖山水口石坝，重新开浚备塘河。到乾隆八年（1743）八月，在耗银112万两之后，终于建成了海宁鱼鳞大石塘6000多丈。

《御制阅海塘记》碑刻拓片的局部。是乾隆皇帝于乾隆二十七年（1762）巡视江南至杭州时，到海宁县视察那里的海塘工程后所撰写的记事碑文。

乾隆十五年（1750），闽浙总督喀尔吉善、浙江巡抚永贵奏请乾隆皇帝南巡时阅视海塘。乾隆皇帝命兵部尚书舒赫德前往浙江查勘准备。舒赫德在复奏中说，浙江海塘工程稳固，现在情形可以不必亲临阅视。这样，乾隆皇帝第一次南巡时，只是登上了杭州开化寺六和塔视察钱塘江流势，没有做更多的工作。当时，他在塔上东望潮头，十分感慨地说："浙江的海潮，人人都知道雄浑巨大，浙江的海塘，也是人人都知道是要害所在，但都只是听说，并非亲眼所见。"可见，这一带的情势给乾隆皇帝留下了深刻的印象。

乾隆二十二年（1750），乾隆皇帝第二次南巡到浙江，了解到大溜直趋中小门，两岸沙滩自为捍御，滨海诸邑得庆安澜，利及民生，非常高兴，乘兴吟诗一首，题为《阅海塘作》：

骑度钱塘阅海塘，阍同本计圣谟良。
长江已辑风兼浪，万户都安耕与桑。
南北田中赖神佑，生灵永莫为民庆。
涨沙百事诚无事，莫颂惟增敬不遑。

从诗中可以看出乾隆皇帝对海塘的关注。由于这时潮流南趋，浙江沿海相对稳定，所以在前两次南巡中，乾隆皇帝并未亲至海宁，对如何长期保持浙江海塘的巩固还没有做出具体的部署。

乾隆二十七年，乾隆皇帝第三次南巡时，浙江沿海的形势发生了新的变化。大约乾隆二十四年以后，潮势北趋，海宁一带吃紧。这引起了乾隆皇帝的关注。与此同时，是建石塘还是修柴塘，主管修筑的官员意见不一，争执不下。因此，乾隆皇帝第三次南巡时，亲自到海宁巡视海塘，筹划方略。他命刘统勋、高晋、庄有恭等大臣前往工地签试桩木，他本人则亲赴老盐仓尖山简从临勘。经过他亲试排桩，见到二百多斤重的硪，虽然可以勉强打下去，但是由于沙散无法稳固，如果采取内移塘基打桩的建议，又将会使田庐聚落，大多拆毁，这实际上是欲卫民而先殃民，等于剜肉补疮。经过再三考虑，乾隆皇帝决定先修柴塘以捍海潮。

他还命行在户部会同该地督抚，调整柴薪价格，解决了柴塘的工料供应问题。乾隆皇帝第三次南巡阅视塘工，虽然没能彻底解决浙江海塘的修筑问题，但是他所采取的先以修柴塘治标，待日后沙涨，塘基坚固再改筑石塘的办法，在当时来说还是比较稳妥的。

乾隆三十年，乾隆皇帝第四次南巡到浙江。这时的浙江海塘连年潮汛安澜，各工俱属稳固，改建石塘的事宜也正在筹备之中。乾隆皇帝到达浙江的当天，就到海塘视察。他看到捍卫海宁的绕石塘下面坦水只有两层，在潮势顶冲、外沙渐刷的情况下，不足以捍卫石塘，便命将坦水在二层之外，一律增筑三层，还把内有桩残石缺的地方，查明更换，以便有益于护城保塘。乾隆皇帝还一再声称，即使多费帑金，为民间承远御灾捍患，也是值得。

乾隆四十五年，乾隆皇帝第五次南巡，又专程来到海宁视察塘务。他见到绕城石塘由于年代已久，再加上潮汐冲刷，不少地段底桩已经微朽，出现了裂缝和塌陷，感到十多年前解决柴塘和石塘之争时的折中办法已经难以维持，而当时改建老盐仓一带石塘的条件也已经基本具备，于是，乾隆皇帝亲自布置了改建石塘的巨大工程。老盐仓一带4200余丈的柴塘，除个别难以下桩的地段外，一律改筑石塘，并添建坦水，以便维持长久。乾隆皇帝还告诫主持施工的官员们说："海塘工程关系重大，必须集思广议，才能经理妥善。"在回銮途中，乾隆皇帝还放心不下，想到石塘未建成之前，如果潮水骤涨，柴塘损坏，怎能抵御？这岂不是开门揖盗？于是，他立即传谕地方督抚大臣，要求他们严饬地方文武官员，见有柴塘，仍和以前那样加意保固，不得任居民拆损窃用。乾隆皇帝还警告说：将来石工完成，几年以后，朕也许亲临阅视，那时如果柴工有损坏，将唯该督抚是问。在乾隆皇帝的督促下，两年以后，海宁老盐仓鱼鳞大石塘终于修筑完毕。

乾隆四十九年，乾隆皇帝第六次南巡，再一次巡视海塘。他看到老盐仓鱼鳞大石塘虽然已经全部完工，但是漏洞很多，没有坦水保护塘根，石塘前、柴塘后有一道沟槽，里面存了不少积水，无法排出，如此日积月累，必定要淹浸渗漏。在这种情况下，乾隆皇帝考虑到，如果再砌坦水，时间上来不及，还要添加耗费，于是决定将石塘上为观光而堆积的无用土牛，都填入积水槽之内，把柴塘后的土顺坡斜作，只须露出石塘三四层即可，并在上面栽种柳树，通过蟠结的树根，来加固石塘。这样，石塘、柴塘连为一体，而柴塘成为石塘的坦水，既能省工时，又能加固石塘。到此，整个海塘工程基本完工。乾隆皇帝最后又再三斟酌，认为从长远考虑，浙江海塘老盐仓一带鱼鳞石塘虽已完工，而章家庵以西，只是藉范公土堤一道卫护，形势单薄，不足以资捍御。浙江巡抚福崧请用船沉石法保护，乾隆皇帝认为这不是一劳永逸之计，便命拨给该督抚部库银500万两，再加上以前发给的各项帑银，还有两省的商捐，限在五年之内，按轻重缓急，依次一律接建石工。当年年底，便修筑了2900多丈。接筑石塘的工程竣工后，浙江海塘系统也最后完成。它和从金山到常熟的江南海塘相连接，全长800余里，仿佛一道雄伟的长城，屹立在东海之滨，捍卫着长江三角洲一带全国最繁富的经济区。

稳定江南和游山玩水

乾隆皇帝六巡江南，还有稳定江南、消除危机、巩固统治的目的。在这方面，他做了大量的工作。

一是祭祀，包括孔庙、著名帝王陵墓、历代名人名臣的祠庙和坟墓等。孔子是我国春秋时期的思想家、教育家，儒家学派创始人，清朝帝王尊他为"至圣先师"。在山东曲阜县城内，有孔庙，是历代祭祀孔子的祠庙。曲阜县城北有孔林，也称圣林，是孔子及其家族的墓地。乾隆皇帝南巡，多次谒孔林、孔庙，亲祭孔子，表现出对儒家学说"钦崇至道，仰止遗风"，对宣传满汉一体，拉拢汉族地主阶级以及江南地区的知识分子，起了重要作用。

明太祖即朱元璋，是明朝的开国皇帝。他的陵寝称明孝陵，位于江宁东郊锺山南麓独龙阜玩珠峰下。明孝陵是汉族士人的精神寄托，对它的态度影响着清政权和江南士人的民族感情。乾隆皇帝南巡，四次亲自谒陵，两次遣官致祭。他在谒陵时曾说："本朝受命以来，百有余年，胜国故陵，寝殿依然，松楸无恙，皆我祖宗盛德保全之所致也。"乾隆皇帝的这番话，确实使一些汉族官员和知识分子十分感动。不仅如此，乾隆皇帝还为明孝陵题写匾联，匾为"开基定制"四字，联是"戡乱安民得统正还符汉祖，立纲陈纪遗模远更胜唐宗"。乾隆皇帝南巡祭祀明孝陵，对于维系江南地区汉族士民的向心力起了一定作用。

御道 30 里以内的历代名人名臣的祠庙和坟墓，乾隆皇帝南巡时或亲往祭祀，或派专人致祭。祭祀名单由沿途各省分别提出，条件是此人或配享历代帝王庙，或从祀贤良祠，或忠义卓著于史册，或有功斯民，或尽节兹土，或归葬此乡。受这类祭祀的人物非常多，有周朝的周公，唐朝的陆贽、钱镠，宋朝的韩世忠、范仲淹、宗泽、岳飞，明朝的于谦、李文忠等。清朝的一些大臣，如赵申乔、张玉书、汤斌、齐苏勒、张伯行、陈鹏年等，也享受这类祭祀。岳飞是宋朝名将，抗金英雄，为奸臣秦桧所害，他的事迹在民间广为流传，有很大影响。乾隆皇帝南巡，为岳飞祠题匾"伟烈纯忠"，还写有一首《岳武穆墓》诗：

读史常思忠孝诚，重瞻宰树拱佳城。

莫须有狱何须恨，义所重人死所轻。

梓里秋风还忆昨，石门古月镇如生。

夜台犹切偏安愤，想对余杭气未平。

诗中颂扬了岳飞的忠孝品德。山东沂州境内有五贤祠。这里是三国时期诸葛亮的故里，晋朝王祥、王览，唐朝颜杲卿、颜真卿也都出生此地。当地人民为了表彰他们的忠孝节烈，建五贤祠合祀。乾隆皇帝南巡经过这里，认为这五人的纯忠至孝节烈彪炳，足以表范人伦，于是不仅遣官致祭，还写有《五贤祠》诗一首：

王祥王览能全孝，真卿杲卿均致身。

所遇由来殊出处，要推诸葛是全人。

乾隆皇帝赐原任大学士张玉书的祠匾是"风度端凝"，赐原任户部尚书赵申乔的祠匾是"素丝亮节"。乾隆皇帝南巡，对历代和本朝的名人名臣致祭，赐祠匾，以及写诗赞扬，对笼络江南地区的士人，倡导对国家尽忠尽义起了一定作用。

二是开科取士，笼络乡绅。江南是人文重地，读书人多。乾隆皇帝利用南巡之机，大沛恩泽，给予种种优惠。他常以"三吴两浙为人文所萃，民多俊秀，加以百年教泽，比户书声，应试之人日多，而入学则有定额"为由，命增加江苏、安徽、浙江三省录取名额。乾隆皇帝第一次南巡，就决定所有江浙皖三省当年岁试文童府学及州县大学各增取5名，中学增4名，小学增3名，而且成为经常之典，每次南巡，都照此办理。乾隆皇帝还不时举行各种考试，以扩选江南士子。他召试江浙诸生，选拔贡生，予以破格擢用，光录取一等的进士举人就多达83人。其中进士授为内阁中书，举人授为内阁中书学习行走，候补人员挨次补用，二等者给予厚赏。清朝文坛上曾经显露身手的钱大昕、褚寅亮、蒋雍植等人，都是乾隆皇帝首次南巡时录取的进士。乾隆皇帝第四次南巡时，在浙江的一次会试中，陆费墀由一个举人被授为内阁中书，后来曾担任四库全书总校官、副总裁官。

乾隆皇帝南巡过程中，竭力表现出优礼学人、尊重读书的态度。他首次南巡，曾谕示内阁："经史，学问之根底。会城书院，士子中优秀者集中之地，相互砥砺，尤其应当示以正学。"于是，乾隆皇帝命将武英殿所刊《十三经》、《二十二史》各发一部给江宁锺山书院、苏州紫阳书院和杭州敷文书院。乾隆四十七年，《四库全书》告成。乾隆四十九年，乾隆皇帝第六次南巡，便以"江浙人文最盛，士子愿读中秘者不乏"为由，特命费银百万缮写三部，于扬州文汇阁、镇江文宗阁、杭州文澜阁各贮一部，俾士子得就近观摩，并且可以借出传抄，使更多的读书人殚见洽闻。

毫无疑问，乾隆皇帝南巡时的上述做法，使一批有才华的读书人以文获进，这不仅选拔了清朝政府需要的人才，也扩大了清朝政权的统治基础。此外，还进一步加强了江南士人对清政府的向心力。

乡绅，实际上是致仕后的官僚文人，他们在家乡和政府中都有潜在的影响力。乾隆皇帝南巡对他们优礼有加，以便他们安心家居，不惹事生非。这方面最典型的例子，是沈德潜和钱陈群。

沈德潜，江南长州人，67 岁中进士。因为他是江南老名士，为人又诚实谨厚，特别是与乾隆皇帝唱和诗得体，所以升迁很快。乾隆十四年（1749），他以年老多病退休，乾隆皇帝命他有所著述就寄到京城呈览。沈德潜回家后著有《归愚集》、《西湖志纂》等书，乾隆皇帝都亲自给作序。乾隆皇帝首次南巡，沈德潜接驾，君臣相见分外亲切，乾隆皇帝当即作诗一首：

> 水碧山明吴下春，三年契阔喜相亲。
> 玉皇案吏今烟客，天子门生更故人。
> 别后诗裁经细检，当前民瘼听频陈。
> 老来底越精神健，劫外胎禽雪里筠。

乾隆皇帝在诗中称沈德潜是案吏、门生，君臣相见有如故人相逢。以后乾隆皇帝几次南巡，沈德潜都前往接驾。沈德潜还替乾隆皇帝改诗，乾隆皇帝命他尽管放心大胆去改，还说什么古书读不尽，有些我知道你不知道，有些你知道我不知道。乾隆皇帝经常称赞沈德潜是老名士、老诗翁、江浙大老，以致于有人说，唐宋以来，诗人中最受皇帝宠幸、福气最好的数第一的是沈德潜。

钱陈群，浙江嘉兴人。乾隆皇帝当政时曾任吏部侍郎、大清会典馆副总裁，江苏乡试正考官。乾隆十七午（1752），钱陈群因病退休，乾隆皇帝亲自赐诗表示安慰。乾隆十八年，钱陈群把沿途诗作寄到京城，乾隆皇帝亲自答和。乾隆皇帝第二、三、四次南巡，钱陈群都前往接驾。乾隆三十五年（1770），乾隆皇帝六十大寿，钱陈群已经87岁高龄，仍准备进京祝寿，被乾隆皇帝阻止，钱陈群便把竹根如意进呈。乾隆皇帝非常喜欢，说是"文而有理，把玩良恰"，并把木兰围猎中的鹿肉回赐钱陈群，让他服食延年，以便君臣再相聚。乾隆皇帝每年都要寄诗100余首给钱陈群，让他相和。钱陈群和诗写好后，每次都亲自用行草书兼并抄写，装订成册，进呈乾隆皇帝。乾隆皇帝后两次南巡时，钱陈群已经去世，乾隆皇帝便派人奠祭，以示眷念旧臣之情。

三是通过特殊褒赏，笼络官员和商人。乾隆皇帝的特殊褒赏种类很多，题字是最为常见的。他曾书写许多"福"字分赐给有关官员和商人。乾隆皇帝第五次南巡时，浙江巡抚王亶望的母亲年过八十，乾隆皇帝不仅赏赐貂皮4张，大缎2匹，而且亲自书写匾额，以示祝福。乾隆皇帝南巡时，赐闽浙总督喀尔吉善匾"耆臣清德"，赐浙江巡抚杨廷璋匾"泽宣浙水"。除了赐字以外，乾隆皇帝还通过赐座、赏饭、晋封官衔、赐子孙功名等笼络有关官员。对于一些罢职回乡的官员，有的重新录用，复其原品，有的赏赐新衔。结果，使大批封建官僚感恩戴德，消除了他们对朝廷的怨恨。

乾隆皇帝南巡过程中也采用多种手段笼络商人。中国传统社会是一个官本位的社会，有了官，哪怕是荣誉性质的官，也格外受人尊重，甚至给自己带来许多实际好处。与此相反，商人就不同了。由于中国封建社会实行重农抑商政策，商人地位低下，许多商人财大气不粗，在社会上受人鄙视。乾隆皇帝在南巡过程中，利用商人希望捞得一官半职提高社会地位的心理，对他们大量授予空头官衔。乾隆皇帝第一次南巡时，就曾发布上谕指出：两淮商人踊跃急公，捐输报效。于是命把他们职衔加顶戴一级。乾隆皇帝第二次南巡时，又以两淮众商虽不是当官的人，但承办差务积极，令将"官秩"在三品以上的，赏给奉宸苑卿衔，未到三品的，各加顶戴一级。乾隆皇帝第五次南巡时，浙江商人姚经进献漪园玉件，乾隆皇帝赏他四品顶戴，其他办事商人中被列为一二等的，也各援"游击"封典。这些空头官衔虽然没有什么实际意义，但是可以荣耀身份，而这正是商人所希望得到的。正因为如此，商人们一旦得到封号，便感恩戴德，颂声如雷。

乾隆皇帝在南巡时，除了赏给商人空头官衔外，也给他们一些实际好处。乾隆皇帝第五次南巡中，免除两淮盐商未缴税银120万两，缓征银27万两。在第六次南巡中，又免除两淮未完提引余利银1602000两。通过这些应征课额的减免，乾隆皇帝博得了"圣恩浩荡"的美名。

四是减免赋税，注意兼顾普通百姓的利益。乾隆皇帝六次巡幸江南，第一次免江苏元年至十三年税欠地丁银228万余两。第二次免江浙等三省二十一年以前未完地丁银，免江南十年前积欠漕项银米及耗羡米，免浙江十八年至二十年未完及蠲剩漕项银，杭、嘉、湖、绍未完借钦籽本银，未完屯饷银，海宁县公租银。第三次免江浙等三省二十二年至二十六年未完地丁。第四次免江浙等五年至二十八年欠银欠米，江苏二十八年前地丁项杂银，浙江银米。第五次免江宁藩司、苏州藩司欠银米，归安欠银米，仁和等县米。第六次免江宁藩司、苏州藩司欠银米。以上是豁除旧欠，此外还有蠲免当年。乾隆皇帝六下江南，除随各地普蠲外，第一次南巡免浙江当年地丁30万两。以后五次南巡免经过地方当年地丁十分之三，和江宁、苏州、杭州三省会附郭县当年地丁，第六次免杭、嘉、湖三府地丁十分之三。

乾隆皇帝南巡时还豁除了一些零星的税银负担。第一次南巡，将常州武进、阳湖二县明代的开抵役田新旧租银概予豁除。第二次南巡，免除浙江坍没滩场地应征银 251 两。吴县有公田 12500 亩，原系明代嘉靖年间（1522—1566）当地富民捐置，入清后应完祖息每年拖欠 1400 余石追补无着，从乾隆三十二年（1767）至四十年（1775），共欠余租折色银 10989 两，经地方奏请，乾隆皇帝豁除，六次南巡更永免征收。

乾隆皇帝南巡减免租税，虽然好处大多落在富人手中，但是下层百姓也分沾了一些余润。此外，乾隆皇帝在确定南巡的时间时，也特别考虑东南的具体情况，尽量做到不影响当地百姓的生产和生活。第二次南巡原定在二十年（1755），因为江苏秋雨成灾，以及虫害严重，乾隆皇帝便谕令改在二十二年，以便督抚专心救济百姓，恢复生产。第三次南巡也因类似情况往后推迟了一年。乾隆皇帝六次南巡中，除第一次以外，其余几次总的来说对百姓骚扰不大。因为乾隆皇帝不提倡督抚等地方官僚亲自办理行宫、御道等具体巡幸差务，而是鼓励他们放手让商人操办。这在客观上免除了百姓的许多负担，使他们得以安居乐业，以致于当时有人称赞乾隆皇帝后几次南巡"熙熙然民不知徭役而供张亦办"。以上这些，有利于江南地区社会秩序的稳定。

五是通过阅兵，显示力量。阅兵是乾隆皇帝南巡的重要典礼之一。通过阅兵加强威慑，向广大人民群众，尤其是那些政治上的反对者显示朝廷的力量。乾隆皇帝当政中期，社会矛盾有所激化，除天地会、小刀会等秘密会党比较活跃外，在民间一度发生剪辫子案。据说有人用迷魂药迷人，偷剪别人的辫子。剪辫子运动最早发生在江苏、浙江一带，后来漫延到山东、湖北、直隶等省。它的矛头是直接指向满族贵族对全国人民的统治的。乾隆皇帝南巡阅兵，不能说没有一定的针对性。此外，乾隆皇帝在位前期，国内还存在着一些分裂势力，特别是西北边境战火正烧。乾隆皇帝巡幸江南，声势浩大，正可以显示朝廷雄厚的军事力量和经济力量。乾隆皇帝第一次南巡期间，在苏州府行宫召见了准噶尔使臣。第三次南巡时，有回部霍集斯郡王和叶尔羌诸城伯克等同行到江南，在扬州有哈萨克使臣策伯克入觐，在涿州归程又有哈萨克陪臣阿塔海等觐见迎驾。这一切，无疑有利于乾隆皇帝向西北地区分裂势力炫耀力量，而最终加速了清政府对西北边疆地区的统一。

乾隆皇帝南巡阅兵的地点多在江宁、京口和杭州。参加阅武的兵丁从两三千人到二三百人不等，项目包括骑射、阵式、技艺等内容，水军主要是阵式、泅水、扒桅等。乾隆皇帝写有多首关于阅兵的诗，其中一首题为《阅杭州旗兵》是这样写的：

> 承平世恐军容弛，文物邦应武备明。
> 已向会稽陟禹迹，便教浙水结戎兵。
> 羽林旧将今谁是，七萃材官古莫衡。
> 四十年重逢盛典，行间踊跃倍常情。

从诗中的内容看，乾隆皇帝最担心的是国家承平日久，军队废弛，所以要阅兵加强训练。一些书中记载乾隆皇帝南巡阅兵的情况时写道：侍卫肃立，将军前冲，五纬分芒，八风喷响，激火珠而沸海，制金汁以排山，十荡水决之师，七纵七擒之阵。不能说这不是真实情况，因为皇帝前来阅兵，被检阅的军队会有充分准备的。但是也不能说这些都是真实情况，因为毕竟天下太平已久，不少文武官员沉醉在腐化享乐之中。就拿清朝军队中最精锐的满洲八旗来说吧，许多人经常出没在戏园酒馆，以数日之用度供一时之糜费，等到打起仗来，有的还没有见到敌人踪影，一闻虚信，就已狼狈逃回。绿营军的腐败也很严重，平时装模作样出操，等到遇有任务，就显得特别软弱无能，尤其是在战场上，丢盔弃甲，如鸟兽散，谎报军情，编造战绩。江南地区一些军队里，将军喜欢坐轿而不骑马，士兵喜欢吹箫而不习武。有一次乾隆皇帝南巡阅兵，射箭箭虚发，驰马人堕地，使乾隆皇帝非常恼火，因此还撤消了一些高级将领的职务。又有一次，是阅武较射，有的士兵还没有开始射箭，弓就先掉在了地上。多亏有的大臣出来解释，说士兵要受皇上检阅，昨天练得太累了，把胳膊都练疼了，乾隆皇帝才没有发作。

乾隆皇帝六下江南，也是为了游览那里的名胜古迹、园林风景。关于名胜，我们前边已有介绍，这里只就园林情况，再作一些补充。

乾隆皇帝喜欢江南园林，这从下面的几个事实中可以看出。嘉兴南湖的烟雨楼，建在浙江省嘉兴市南湖湖心岛上。每当细雨如织，景色迷人，凭高远眺，心旷神怡。乾隆皇帝南巡时，曾多次登楼赏景。为了表示喜爱之情，他还命人把烟雨楼风景绘成图，于乾隆四十五年（1780），在避暑山庄仿其制建楼于青莲岛，也题名烟雨楼。苏州狮子林是著名花园，园中怪石闻名天下。乾隆皇帝南巡时，几次到这里游玩，还写诗赞美。诗中"却爱狮林城市间"，"古树春来亦芳街，假山岁久似真山"等句，流露出乾隆皇帝对狮子林的喜爱。也正是因为这种喜爱之情，乾隆皇帝后来命人参照所绘狮子林图，在北京长春园，蓟县盘山静寄山庄，以及承德避暑山庄，仿狮子林样式，各建小园，都以狮子林命名。各园建成后，乾隆皇帝写诗，说是"最忆倪家狮子林"，"为便寻常御苑临"，显然也是出于一种喜爱。

那么，江南园林的哪些方面是乾隆皇帝最喜爱的呢？

首先是山石。江南园林多以堆土或叠石来象徵山。然而这种假山，都是模拟真山的特征，看上去石骨嶙峋，植被苍翠，使人不由得想起深山老林。江南园林中的山并不突出高，至多不超过一两层房屋，而是园中地势些微的起伏变化，与山相联系，造成一种峰峦起伏的气势，来龙去脉清晰可见。山路盘道迂曲，利用茂树浓荫造成一种深山幽谷的山林气氛，给人以真实感。另外，江南园林中的山，特别是独立石峰和成组的叠石，多选用太湖石。这种太湖石，是一种经水溶蚀的石灰岩，主要产于太湖而得名。太湖石洞窝极多，形态奇特，很为人所喜欢。扬州的南园，就是以九块峰石，合称"九峰石"而著称。乾隆皇帝南巡，因园中有九峰石而赐园名为"九峰园"。他还选九峰石中特别好的两块，运往北京的宫苑中。由此也可以看出乾隆皇帝对江南园林中山石的喜欢。总之，江南园林中山的形态丰富，能够表现出峰、峦、台地、崖壁、峡谷、山洞、山涧、磴道等很多形象，加以太湖石自然形态的美，往往是一带青山，几座峰石，就可勾画出大自然的景观，在江南园林中，造成千姿百态、引人入胜的景象。而这些正是乾隆皇帝喜欢的。

其次是清流秀水。江南园林中的水，根据它的风景面貌分成不同类型，有湖泊、池塘、河流、溪涧、濠濮、泉源、渊潭、瀑布等。经过园林艺术加工而造成的不同水型的景象，给人以不同情趣的感受。湖泊型的水，水面广阔而集中，可以描写十里风荷，悠悠烟水的湖泊风光。无锡寄畅园的水景就是这样。乾隆皇帝南巡，多次到这里游玩，还写了很多关于寄畅园的诗，其中"轻棹沿寻曲水湾，秦园寄畅暂偷闲"句，无疑反映了他对江南园林中水景的喜爱。池塘有整形与自然的不同形式，整形形式更容易给人以端方砚台的联想。苏州沧浪亭西部御碑亭下石山坳谷之间，那一岸壁陡峭的渊潭景象，则给人以如临深渊的感觉。江南园林中的水景，反映了江南水乡的湖光天色，可以使人联想到立足浩森旷远的太湖之滨，天宽水亦宽；妩媚的西子湖畔，长堤烟柳一线绿，水底明霞十顷光；河湾水巷深处，一弯虹桥如满月初升。的确，当人们坐在狮子林中湖心亭里向西眺望，那层层叠叠的石山上座落的向梅阁，映到湖中的倒影，随着清风荡漾，使人看后顿觉清爽宜人。难怪乾隆皇帝南巡中，写了那么多有关江南园林中水景的诗歌和匾联，例如"清泉石上流"，"船泛春波天上坐"等等。

第三是回廊曲院，亭馆轩榭。这些人工建筑，与山水环境相结合，依山逐势，屈曲迂回，还有这些建筑自身的柔和曲线，都显示了自然的情趣。其中，轩榭一般体量不大而玲珑透剔，松、柱之间上有花楣，下有雕栏，极富情趣。楼阁是登高眺远的最好设施，同时，它的形体高出林梢，也最富有景象构图的想像力。舫是江南园林中最有特色的建筑，一般仿照画舫楼船的形式创作，有的在水中，有的在水边。游人置身画舫，可以感受到碧波荡漾。亭，具有了望、观赏的功能，也是凭眺、休息和观赏的对象。江南园林中的亭，体量较小，体型多是四角、六角攒尖瓦顶或歇山瓦顶，有的接近生活，有的显得庄重。廊，有空廊、暖廊、半廊、复廊等区别。园林中建廊，不仅增加了景深层次，丰富了趣味，也起到了似隔非隔地划分空间的作用。同时，廊本身也具有一定的观赏价值。桥梁，不仅是江南园林中游览通行的设施，也是衬托不同类型水景的必要手段。桥有石板桥、曲桥、石拱桥、廊桥、石梁等几种形式，有的和路亭结合在一起，有的与山水浑然一体，各具特色。乾隆皇帝南巡，对江南园林中的这些建筑，也非常喜欢。他不只一次地写诗赞美寄畅园中的画舫，以及听雪阁、鲈乡亭等建筑。

历史的传说

围绕着乾隆皇帝六下江南，社会上有许多传说。有些传说，涉及乾隆皇帝的文学活动和文学侍臣的关系。

有一次，乾隆皇帝南巡御舟到达横塘镇，该地以出烧酒著名。乾隆皇帝便以"横塘镇烧酒"为上联，令群臣对出下联。结果，大臣们一个个瞠目结舌，都对不出来。因为这五个字看似简单，实际上它们的偏傍是按木、土、金、火、水五行排列的，所以对起来很难。

还有一次，乾隆皇帝游西湖，恰巧天降春雪，风景格外迷人。乾隆皇帝禁不住诗兴大发，随口吟道："一片一片又一片，三片四片五六片，七片八片九十片。"最后一句怎么结尾，乾隆皇帝一时没有想好，怔住了。这时恰巧江南著名诗人沈德潜在一旁，他看到皇上发愣，赶忙走上前去说："请皇上让臣下把这首诗续完。"乾隆皇帝正求之不得，立即答应。沈德潜脱口而出："飞入梅花都不见。"乾隆皇帝听后非常高兴，也很佩服，就把身穿的貂皮大衣脱下，赐给沈德潜。

又有一次，乾隆皇帝南巡驻跸镇江金山寺，有人请他题写匾额。乾隆皇帝苦思冥想，一时竟想不出合适的词语。幸亏皇上还机灵，他拿起笔，装作在纸上写了几个字，递给侍候在一旁的纪晓岚说："你看看这样写可不可以？"纪晓岚是个大学问家，知道乾隆皇帝的用意，就接过纸，看了看说："好一个江天一览"。乾隆皇帝听后，赶忙挥笔写下"江天一览"匾。

有一种传说涉及了乾隆皇帝的身世。这种传说认为，乾隆皇帝的生父不是海宁陈阁老，而是雍正朝的大臣杨林，说乾隆皇帝出生不久就被雍正皇帝以公主偷偷掉换入宫，而杨林因为恐惧、悲愤，便装疯作傻流落江湖。乾隆皇帝即位以后，知道自己的身世，于是多次南下，寻找自己的生父。当然，这个传说不是历史的真实，其荒诞不经之处显而易见。

社会上关于乾隆皇帝南巡的传说中，有一种认为乾隆皇帝下江南是为了访寻高僧。这个传说虽然歪曲了乾隆皇帝南巡的真正动机，但是也并非完全虚构。乾隆皇帝每次南巡都要访问寺院，会见僧人。有的书中记载说：第一次南巡时，乾隆皇帝到达江宁以后，宏济寺和尚默默迎驾，乾隆皇帝问他多大年纪了，默默回答说有102岁。乾隆皇帝听后笑着说："和尚还有二十年寿。"并赐给和尚紫色衣服一件。过了四年，即乾隆二十年的时候，默默果然圆寂了。人们这时才想起乾隆皇帝当年讲过的话，个个都惊叹天语成了谶语。当然，乾隆皇帝的话和默默和尚的去世，完全是一种巧合。况且，二十年寿也并非专指是乾隆二十年，人们也可以理解成是二十年的时间呢。

微服出访的故事在乾隆皇帝南巡的传说中占有重要内容。有这样一种说法：乾隆皇帝在一次游玩中把钱花完了，万般无奈，只得当了衬衣。当铺的掌柜看见衬衣上镶着许多珍珠，见财起意，便想方设法把这件衬衣换掉了。乾隆皇帝发现以后，和掌柜的吵了起来。不料掌柜的和官府有勾结，把乾隆皇帝关进了监狱，几次受刑，饱尝了皮肉之苦。大臣刘墉见皇上多日未归，派人四下寻找，终于从监狱中把乾隆皇帝救了出来。结果，掌柜的、当官的以及打手们都被判了死刑。当然，这个传说不是历史事实，只是反映了普通老百姓对社会上黑暗势力的痛恨罢了。

还有一种说法是：有一次，乾隆皇帝南巡微服出访，路上遇到一个约莫十六七岁的赶车孩子。乾隆皇帝问他："你年纪这么小，为什么不上学念书？"孩子回答："还不是因为乾隆皇帝那个老王八蛋！"乾隆皇帝听后虽然很生气，但是表面上没有发脾气，继续询问，才知道了事情的原委。原来这个孩子的父亲当过知府，因为当地有个告老还乡的内阁大臣为非作歹，抢男霸女，弄得民怨沸腾。这个知府不畏权势，为民做主，几次上奏朝廷，揭发那个告老还乡内阁大臣的罪恶，都被乾隆皇帝驳回了，以致告老还乡的内阁大臣气焰更加嚣张，竟设计把知府害了。因此赶车的孩子对乾隆皇帝非常痛恨。乾隆皇帝听完小孩叙述后非常重视，他又进一步深入调查，完全弄清了那个告老还乡内阁大臣的罪恶情况后，便将其斩首，为江南百姓除了一大害。而那个赶车的小孩也被乾隆皇帝提拔到京城当官去了。当然，这个传说也不是历史事实，仍然是反映了老百姓的一种美好心愿，

有关乾隆皇帝南巡的传说中，反映他题诗作对、舞文弄墨的故事很多。有一个传说是：一次，乾隆皇帝南巡路过江苏通州，突然想起直隶也有个通州，就在京城东边，便出了个上联："南通州，北通州，南北通州通南北"，让随侍大臣们对下联。谁知道随侍大臣们对出许多下联，乾隆皇帝没有一个满意的。一天，乾隆皇帝和一个小随从外出游玩，看到街上有许多当铺，小随从灵机一动，竟对出了下联："东当铺，西当铺，东西当铺当东西"。乾隆皇帝听后连连称赞，把小随从官升三级。

还有一个传说是：一次，乾隆皇帝乔装外出，在镇江一家酒楼和告老还乡的大臣张玉书共饮，一个姓倪的歌姬唱曲助兴。一曲唱罢，乾隆皇帝口出一联："妙人儿倪氏少女。"张玉书知道此联由"妙"、"倪"二字拆合组成，但不知怎样对才好，一时愣住了。谁知这位歌姬非常聪明，她也不知道出上联的竟是当今天子，便随口答道："大言者诸葛一人"。乾隆皇帝听后禁不住拍案称绝，赏这个歌姬连饮三杯。

《风俗小品图册·乡村买卖》局部

又有一个传说是：乾隆皇帝微服私访，看见一个小孩正在农家小院里临摹字帖，那副样子极其认真，便走进院里和他交谈起来。乾隆皇帝问小孩会不会对对联，小孩回答说会。于是乾隆皇帝出了个上联："冰冷酒一点两点三点"。小孩想了一会儿对道："相香花百头千头万头。"乾隆皇帝夸奖小孩儿说："小小年纪就这么聪明，可真是状元之才。"谁知小孩听后立即下跪说："谢皇上赐状元之恩。"乾隆皇帝很是惊奇，忙问小孩："你怎么知道我是皇上？"小孩回答说："天底下谁敢点状元？只有当今皇上才有资格。"乾隆皇帝无可奈何，又觉得小孩儿的话有理，便封这个小孩为"童状元"。

另外一个传说是：一次，乾隆皇帝南巡路过一个村子，看见一户人家门上贴着这样一副对联："惊天动地事业，数一数二人家。"乾隆皇帝立即被吸引住了。他想，当今天下除了皇家以外，谁敢以这种口气写对联，便派人调查。结果回报说，贴对联的是一家普通百姓，写对联的却是朝中大臣纪昀。乾隆皇帝便召纪昀责问："你是大学问家，怎么能随意写对联呢？"纪昀回答说："这家人有两个儿子，一个在集市上量粮食，经常数数，所以臣说"数一数二人家"，一个专为殡丧人家放三眼枪，因而臣说他是"惊天动地事业"。乾隆皇帝听后，尽管心中不高兴，也无可奈何。

乾隆皇帝六下江南，在民间留下许多传说，这些传说大多不是历史事实。但是，这些传说不论对乾隆皇帝是褒是贬，都只是反映了普通老百姓的一种心愿。而更主要的，这些传说所反映的乾隆皇帝六下江南这一事实本身，对中国历史发展产生的影响，则是值得人们深思的。

功过后人评

　　乾隆皇帝南巡，陆路的御道非常讲究，帮宽3尺，中心正路宽1丈6尺，两旁马路各7尺。路面要求坚实、平整。御道还要求笔直。此外，凡是石桥石板，都要用黄土铺垫。经过的地方，一律清水泼街。水路坐船。乾隆皇帝南巡船队大小船只达1000余艘，浩浩荡荡，旌旗蔽空。乾隆皇帝的御舟称安福舻和翔凤艇。乾清门侍卫和御前侍卫的船只行进在船队的最前面，内阁官员的船只随后，御舟在船队中间。御舟所用拉纤河兵3600人，分为六班，每班600人。河兵一般由壮丁和民夫充当，不是正规部队。御舟经过的港汊地方，以及桥头村口，有士兵守护，禁止百姓的船只出入。

　　乾隆皇帝南巡途中，建有行宫等供住宿。行宫一般由商人出资兴建，看上去非常气派。比如天宁寺行宫，有楼廊房屋500多间。行宫规模很大，乾隆皇帝起居、听政、游乐等各种设施一应俱全。像盐商修建的扬州高旻寺行宫，有前、中、后三殿，包括茶膳房、西配房、画房、西套房、桥亭、戏台、看戏厅、闸口亭、亭廊房、歇山楼、石版房、箭厅、万字亭、卧碑亭、歇山门、右朝房、垂花门、后照房等，亭台楼阁几百间。行宫内部布置得富丽堂皇，陈设古玩珍宝、花木竹石、书籍、字画、磁器、香炉、挂屏等。

　　除行宫外，乾隆皇帝南巡沿途许多地方还搭黄布城和蒙古包帐房，用以住宿。有的地方相隔几十里还建有尖营，是乾隆皇帝暂息之所。御舟停靠的码头上，一般铺陈棕毯，设50丈的大营供乾隆皇帝住宿。码头上还设有四方帐心、圆顶帐房、耳房帐房等，用来备用。这些帐房在乾隆皇帝的船队出发后就拆掉了。

乾隆皇帝南巡时，沿途的地方官一般都要搭盖天棚，以备遮阳。最初的时候只是某些地方，在乾隆皇帝回銮时，临近五月天气搭盖。后来由于相互攀比，就不管地方和季节，一律搭盖。结果，漫漫御道，彩棚相连，形成了一种特殊的风景。在运河两岸，有的地方官盖有办事草亭，一个个小巧别致，各具情态。这些小亭实际上无事可办，只是为了点缀运河两岸的风景，专供乾隆皇帝欣赏。

乾隆皇帝南巡途中，生活起居方面的条件和设施并不比宫中差，也没有太大的变化。每天早晚照例击鼓奏乐。茶房所用的奶牛多达75头。膳房所用羊1000只，牛300头。这些都是提前从京城运经各地，准备好的。每天的泉水、冰块也供应不断。在直隶用京西玉泉山泉水，在山东用济南珍珠泉水，在江苏用镇江金山泉水，到浙江用杭州虎跑泉水。乾隆皇帝有一个特制的艮斗，可以测定泉水的等次。

回避是皇帝巡幸时一般百姓遵守的制度，乾隆皇帝南巡应当也不例外。不过，乾隆皇帝是一个勤政和比较体察民间疾苦的皇帝，他不希望巡幸途中看不见百姓，有损于自己的形象。因此，在首次南巡时，乾隆皇帝就谕示：朕巡幸江浙，听说士民父老念君情切。现在朕前往南方，到达百姓聚居的地方，前来观看的百姓完全可以满足爱君望幸的愿望，朕也可以乘机体察民间风俗。朕最担心的是地方官害怕道路拥挤，发生堵塞，便事先拦阻百姓，与朕隔离，所以特别规定：凡朕经过地区，确实因道路狭窄，或者积水，难以容纳多人，可令百姓侧处路旁，不得喧扰。如果道路宽阔，不担心拥挤堵塞，则不许禁止百姓观看，以免阻塞百姓爱君之意。尽管乾隆皇帝这样强调，一些臣属仍然特别讲究回避礼仪。乾隆皇帝第三次南巡时，巡漕给事中汪海就曾奏请从通州南下船只全部回避，这实际上就是禁止千里运河上有商旅往来。乾隆皇帝感到这样做太不成体统，予以驳回。不过实际上，即使乾隆皇帝允许百姓瞻仰圣颜，百姓也不一定看得见皇帝的面孔。有人记载说，当有的百姓从几里地以外跑到淮安、苏州观看乾隆皇帝南巡盛典时，"只见一片黄旗安流顺发而已"。

乾隆皇帝南巡所经过的 30 里地以内，地方官员都要穿朝服前往迎接。此前，朝廷要派专员到各地教演迎送仪式。士绅、年老的百姓在开阔地跪伏，80 岁的老人则要身穿黄绢外褂，手捧高香跪迎。乾隆皇帝提倡尊重老人，所以各地接驾的老人很多；据说乾隆皇帝游畅春园，接驾的 9 人，年龄加起来有 600 岁，最大的已有 90 多岁。由于乾隆皇帝希望看到南巡时有更多百姓欢迎的场面，所以只要不是回避的地方，地方官对百姓争相一睹圣颜并不加以阻止。乾隆皇帝南巡游扬州上方寺时，寺院周围聚集了成千上万的百姓，甚至乾隆皇帝离开以后，人们还在那里拥挤观看。

乾隆皇帝南巡过程中，沿途的士人绅商一般都要进献礼品。进献者身份不同，礼品的种类也不一样。读书的士子们家境一般不富裕，但是社会地位高，受人尊重，他们进献的礼品都是诗赋、字画和文集，反映了他们平时饱读诗书、格调高雅的情况。也有的士子进呈和时事有关的政论文。乾隆皇帝对读书人的进呈一般都从优回赏。第一次南巡时，生员俞塽进呈《治河方略》，乾隆皇帝赏给他缎 1 匹，皮 3 张，大荷包一对。对一般进呈诗赋的士子，乾隆皇帝也都回赏缎与荷包。绅商人家资财雄厚，经济实力强，进呈的礼品既名贵，种类又多。乾隆皇帝第二次南巡过程中，长芦盐政进献绣缎，值银 3000 多两。第三次南巡过程中，长芦盐政官员金辉夫妇进献香纱、果脯、宫扇、念珠、金锭、手珠、曹扇等物品，价值不下 4000 两白银。第五次南巡时，浙江大商人姚经，进献猗园玉件，极为名贵。乾隆皇帝南巡，进呈的礼品中还有文房四宝以及食品等。第二次南巡中，有人进献南越（今云南南）人用海苔制成的侧理纸，这种纸质坚而腻，世间少有。进献的食品中有各种小菜、猪羊、海味等。江苏吴宁有人进献鸡肝一盘，味道鲜美，后来这道菜被称为"乾隆鸡肝"而名扬四海。对于绅商人家的进献，以及进献食品的人，乾隆皇帝也都要给予回赏。

乾隆皇帝南巡，军机处、各部院都有大臣随行，处理朝政并不间断。每次南巡，各地报告、奏章直接达到沿途驻跸行宫，乾隆皇帝认真阅读和批答。第二次南巡时，平准战争正在进行。他一边巡幸，一边批阅前方奏报，指示方略，发布各种命令。"身此南巡心西海，宵衣宁惮军书修"，这两句诗，乾隆皇帝是说身在南巡路上，仍在考虑和处理平定准噶尔的军务，应当说是符合实际情况的。在南巡过程中，乾隆皇帝利用召见官员的机会，注意考察他们的政绩。乾隆皇帝用朱笔写有"官员记载片"，片中记下了他接见官员时对官员的印象，以便作为今后任用、升迁这些官员时的参考。官员记载片中的内容十分丰富，语言却都非常简洁。有的上面写着"人明白，也出过力，但局面小，福薄些"，也有的上面记载"老实人，微有商家习气"，还有的上面写着"妥当，有良心，而非大器"等。乾隆皇帝最后一次南巡中，江西巡抚郝硕前来接驾。乾隆皇帝通过交谈，认为郝硕对地方政务毫无建树，对属员情况也茫然不知，不适合担任巡抚职务，就罢免了他。

乾隆皇帝巡幸江南，从第一次开始，无论是朝中大臣，还是民间百姓，都有反对的，由此引出了许多政治风波。

首先是卢鲁生伪撰孙嘉淦奏稿案。孙嘉淦官至尚书、大学士，以直言敢谏闻名，被乾隆皇帝倚重，上疏言事，多被采纳。乾隆十五年（1750），乾隆皇帝以首举南巡，令有司预为准备，两江总督黄廷桂供办铺张，督责严苛，属吏怨苦。于是，有人伪托孙嘉淦之名，撰写谏止南巡疏一篇，全稿长达万言，指斥乾隆皇帝失德，并煽劾廷臣鄂尔泰、张廷玉、纳亲等，暗中流传，及于内地17省。后经官方密加缉访，陆续在各地查出传抄伪稿案80多起，涉嫌被拿者千人以上，其中文武官员、贡监、旗员、商人、士庶、僧人、土司无所不有。因查办不力而受处罚的督抚大吏有十数人之多，直到乾隆十八年（1753）三月才查清伪稿系抚州卫干总卢鲁生所为。结果，卢鲁生被凌迟处死，其二子也被斩监候，秋后处决。

其次是一些大臣、官员因为反对乾隆皇帝南巡受到了不同程度的惩罚。内阁学士程景伊反对乾隆皇帝巡幸湖州。乾隆皇帝说：朕到湖州不是为了游玩，而是去看看那里种桑养蚕的技术。程景伊反驳说：皇上到湖州将看不见蚕桑了，那里将因为办差几代都恢复不了元气。结果，程景伊受到惩治，乾隆皇帝仍然决定前往湖州。浙江巡抚命绍兴知府沿河试航，清理障碍，以便乾隆皇帝的御舟通过。绍兴知府同样也反对乾隆皇帝巡幸湖州，于是在试船时，暗中把一些障碍物投入河中，使御舟无法通过。后来，乾隆皇帝巡幸湖州的愿望未能实现，便把这位绍兴知府革职了。翰林院检讨杭世骏是有名的骨鲠之士，他上疏论时事，说皇上巡幸所至，地方官一味逢迎，百姓大受其苦。乾隆皇帝览疏后，竟谕令对杭世骏处以重刑。内阁学士尹壮图上疏言事，谈及各省督抚以办差为名勒索，属员、商人、百姓为此多蹙额兴叹。乾隆皇帝阅后诘问尹壮图从哪儿听到的怨言，在何处看到的情况。尹壮图无奈，只好低头认罪，乾隆皇帝命将他交刑部惩治。

看到公开反对乾隆皇帝南巡的人受到处理，有些人便采取委婉的方式讽喻。乾隆皇帝第一次南巡时，内大臣博尔奔察随侍，在苏州灵岩山，看见一棵梅树，枝干挺拔，花朵鲜艳。博尔奔察想叫人把它砍倒，乾隆皇帝问为什么，博尔奔察回答说："我恨它为什么不生长在圆明园中，以致于皇上您风尘仆仆，经历那么多江湖风险。"江苏无锡顾栋高精通学问，被地方官员推荐进京受乾隆皇帝召见。乾隆皇帝对他说："朕看你年纪太大了，身体又不好，所以准许你回家休养。将来朕巡幸江南的时候，我们还可以相见。"顾栋高听后却说："难道皇上还要南巡？"乾隆皇帝见他这种反问的态度，心中不快，不久就封顾栋高一个虚街，让他回原籍了。

乾隆皇帝六下江南，无论是当时还是后来，都产生了一定的影响。以浙江海塘为例，通过乾隆皇帝南巡，大规模的修筑，抵御了海潮的侵袭，减少了潮灾所带来的严重危害，安定了太湖流域的农业和工商业，使这一地区的城乡经济继续得到繁荣和发展。唐宋以来，由于海潮冲击，浙西沿海不断遭受潮灾，海岸陆地往往被淹没冲塌。这不仅对沿海一带极有危害，而且还严重威胁着太湖平原的农业生产。这种特殊的地理形势，决定了浙江海塘的重要性，特别是海宁更首当其冲。因为海宁城南门外不多远即滨大海，全靠塘堤保障，而海宁塘堤又居杭、嘉、湖、苏、常等府的上游，所以，保海宁就是保嘉、湖七府。而保海宁最有效的办法就是修筑海塘。乾隆皇帝南巡，浙江海塘修筑成功，近海州县多年不再发生水患，海塘内桑麻遍野，农灶安恬。

浙江海塘的修筑，还保证了南粮北运的正常进行。海潮灾害对漕运影响很大，因为一旦海潮失去障御，就会发生运河中绝，有害漕运。清代江南七府是朝廷的主要财赋区，每年都有几百万石的漕粮，通过运河运到北京，以供宫廷和百官俸禄之用。正因为这样，乾隆皇帝非常重视漕运。而浙江海塘的修筑，对保证漕运起了一定作用。因为从杭州到嘉兴，正是江南运河的南部河段，与浙西海塘距离很近，如果海塘失修，潮水泛滥内流，整个江南运河势必受到侵害，南粮北运就有断绝的危险。乾隆皇帝南巡修筑浙江海塘大有成效，保证了漕运正常进行，使大运河在南北经济交流中继续发挥作用。

修筑浙江海塘，保证了浙西盐业生产的正常进行。浙西沿海诸县是重要的产盐地，每次海潮泛滥成灾，都要把盐场冲毁，严重妨碍盐业生产，使沿海地区以制盐为生的许多灶户破产，衣食无源。乾隆皇帝南巡视察浙江海塘，特别注意灶户问题。他曾写《塘上四首》诗，其中有"苇庐灶户日煎盐，辛苦蝇头觅润露。嘘潋胈胝耐燥温，厚资原是富商兼"，"灶户资生釜海存，剧沙煎卤事件盆。茅棚草窦何妨览，欲悉吾民衣食源"等句，反映了对灶户生活的关切。乾隆皇帝南巡大规模修筑浙江海塘，潮灾大大减少，沿海一带的盐场和灶户获得了较为安定的生产环境，使浙西地区的盐业生产继续得到发展。

乾隆皇帝南巡治河方面取得的成效也是显而易见的。他多次亲临各段河工视察，指划方案，布置河工，尽心尽力。结果，自乾隆二十一年（1756）到三十年（1765）近十年当中，南河一段没有决口。此外，黄河决口的频率也大大降低，这在当时黄河上下游植被破坏日益严重、水土流失加剧的情况下，取得这样的成绩已属不易。

乾隆皇帝六下江南，所经过的地方商人云集，买卖兴旺，客观上促进了江南地区商业经济的发展。江南百姓利用乾隆皇帝南巡修筑的御道，重新整治的河道、港汊等交通之便，加强了江南地区的经济联系。扬州、苏州、江宁、杭州等城市也日益繁荣起来。乾隆皇帝六下江南，对这些城市的发展，以及江南地区经济的繁荣，起了推波助澜的作用。

扬州滨临大江，居南北大运河的交汇点，是东南的一大都会。乾隆皇帝六次南巡，每次都临幸扬州。为迎接乾隆皇帝御驾，扬州官商作了充分准备，御道用文砖砌筑，其次等用石铺，再次等用土铺垫。御码头则用棕毯铺垫。每到夜晚，扬州城内华灯大起，各种彩灯斗丽争艳。乾隆皇帝当政年间，是扬州最繁荣的时期。在园林方面，由于乾隆皇帝六次南巡，各盐商穷极物力以供宸赏，自北门直抵平山，两岸数十里楼台相接，无一处重复。城内园林也有几十处之多，都是由人工精心设计构筑而成。在商业方面，这里百货畅销。无锡布匹运到扬州，一年的交易，不下数十百万。在扬州城内，聚集了巨额的货币资本，其中主要是盐业资本。扬州城内有山西、安徽商人百数十家，资本达七八千万两白银。乾隆皇帝南巡对两淮盐商实行特殊的优待政策，促进了扬州盐业的兴盛。这种特殊政策主要是增加纲盐卤耗斤两，加赏和豁免积欠，提引余利银两等。只乾隆皇帝第五次南巡时，就豁免了两淮盐商未交川饷银 120 万两，缓征银 27 万余两。

苏州在乾隆皇帝当政时期也有很大发展，城内居民不下 50 万人口，店铺 230 余家，五十多个行业。在苏州市场上，除了本乡本土的产品外，还有四川、广东、云南、贵州、福建、江西、浙江、山东等中外驰名的特产，甚至还可以见到一些山海所产的珍奇，外国所通的货币，四方往来千万里的商贾。

江宁很早就是我国丝织业的中心，到清朝前期丝织业更加发展，乾隆皇帝当政时期超过了苏杭。民间所产都在聚宝门内东西两边，不下千数百家。乾隆皇帝六下江南，多次和皇太后临视织造机房，表现出他们对江宁丝织产品的钟爱。江宁所产的丝织品，有绸缎纱绢罗等品种，质地优良，不仅供朝廷用，而且绝大部分供应国外市场，享有"江南贡缎甲天下"的盛誉。由于丝织业的发展，作为织户附庸的一些工商业也相应发展起来，人口也增多了。乾隆皇帝当政时期，江宁城不下八万余户，有四五十万人口。

杭州从宋朝开始就是我国三大丝织业中心之一，到清朝乾隆皇帝当政年间，机坊、机匠更加发展，官营的丝织业产品多供应朝廷，民间机户所织绸缎多运往国外。乾隆皇帝巡幸江南时期，杭州的工商业也十分发达，特别是锡箔业驰名全国。当时杭州城居民达 60 余万。

乾隆皇帝六下江南，广聚商人贸易，疏通货物流通渠道，促进了江南地区商业的繁荣，城市的发展和交换的扩大，客观上对旧的封建社会的生产方式起到了瓦解的作用，而对资本主义生产方式的萌芽则起了一定的催生作用。正是乾隆皇帝当政时期，中国已经有了一些资本主义生产关系的萌芽。

乾隆皇帝精通汉族封建文化，能诗善画，重视古籍整理，喜欢和江南文人士子交往，他在南巡途中对士人的怀柔政策，确实感动了一些封建文人。乾隆皇帝在位期间，江南学者的学术成果倍出。应当说，乾隆皇帝六下江南，对乾嘉学派的产生起到了促进作用。

乾隆皇帝退位之后，曾经对有关大臣说过这样的话："朕临御六十年，并无失德，惟六次南巡，劳民伤财，作无益害有益。"看来，乾隆皇帝也认识到，他的六下江南，在产生了积极作用的同时，也给社会带来了许多消极影响。

乾隆皇帝南巡，御道要求笔直，不得随意弯曲，结果，许多百姓的房屋被拆毁，坟墓被挖掘，良田遭毁坏。黄廷桂任两江总督时，为筹办乾隆皇帝第一次南巡事宜，严催急督，搞得百姓怨气冲天。丹徒县令负责修建御道，不忍心损坏百姓的祖坟，把御道绕了一里多路。黄廷桂知道后，说这个县台犯了"大不敬"罪，要求他重修，否则处以极刑。丹徒县令不得不辩解说："难道皇上从京师到丹徒，沿途一个弯都不拐？他又不是秦始皇，听到江南有掘人坟墓的事，会不动心吗？"

乾隆皇帝南巡途中戒备森严，有兵部官员带人清查道路，捉拿嫌疑犯。随驾兵丁更是凶如虎狼。一次，乾隆皇帝南巡途经扬州，一名女子在城楼烧火煮饭，御前侍卫见有烟火，认为是有人行凶谋反，便不问青红皂白，把那女子一箭射死。

为了筹办乾隆皇帝南巡，沿途各地官员不惜耗费资财，花样翻新，讨得皇上喜欢，为自己受宠升迁打开道路。乾隆皇帝第五次南巡时，镇江的地方官在运河岸上布置一个巨大的仙桃，绿叶映衬，颜色红翠鲜艳。当乾隆皇帝的御舟临近时，突然烟火大发，鞭炮齐鸣，巨大的仙桃从中轰然分开，原来桃内是一个可以容纳数百人的剧场。一旦乾隆皇帝御舟停靠，剧台上便开始上演寿山福海戏。也是第五次南巡时，乾隆皇帝从北京出发，正是元宵节前后，所过州县纷纷进呈烟火杂戏。直隶新城知县让人准备了一种功能特别的爆竹，不料燃放时误动机关，烧伤了人，造成了一起震惊朝野的爆炸事件，以致朝鲜使臣还把这一事件报告了本国国王。苏州的地方官为了迎接乾隆皇帝南巡，大肆修建园林。本已荒芜成为民居的狮子林，经过当地官府的修复，竟成了一座风景秀丽的江南名园。杭州龙井一带山水秀丽，风景优美，当地官员为了迎接乾隆皇帝南巡，竟在那里修房盖庙，张灯结彩，结果搞得不伦不类，白白花费了许多钱。两淮盐政伊龄阿为乾隆皇帝第六次南巡作准备，自作主张建造了一艘新的御舟"宝莲航"，但是乾隆皇帝根本不坐，因为他有自己的御舟，结果又浪费了许多钱财。地方官就是这样，为了迎接乾隆皇帝南巡，置办差务时不惜巨额资金，铺张奢华。各地官府和各个官员之间还相互攀比，造成更加奢侈。吉庆担任两淮盐政时，办理乾隆皇帝南巡差务，遍植奇花异草，非常豪华。普福后来继任盐政，为了准备乾隆皇帝南巡，又大兴土木，广备器玩。高恒是个大贪官，为了准备乾隆皇帝第三次南巡，更是派人到处搜罗珠宝，营造宫殿。

江南商人为了准备乾隆皇帝南巡，和地方官比较起来，更是绞尽脑汁，煞费苦心。他们平时依靠官府，利用自己掌握的经济特权取得的大量钱财，过着极其豪华的生活。由于他们对封建官府存着严重的依附关系，所以，每次乾隆皇帝南巡，江南商人都要积极参与筹办各种工程，为自己赢得新的荣誉和权势。一是捐银子。在乾隆皇帝第三、五、六次南巡中，两淮盐商每次都捐银100万两。在第五次南巡中，两浙商人捐银60万两。在第六次南巡中，长芦盐商捐银10万两。对于这些捐献，乾隆皇帝都接受，并把这些钱中的相当部分拿来充作南巡时各地办差及赏赐用。二是直接办理接驾事宜。每当乾隆皇帝南巡，长芦盐商都在直隶保定府用苏杭一带名贵彩缎结成各种布棚，供皇上观赏。这些布棚形状各异，有的像宝塔，有的像楼台，颜色绚丽，光彩照人。商人们还大肆修建行宫，行宫中布置古玩珍宝、花木竹石不计其数。乾隆皇帝第一次南巡时，扬州平山堂行宫本来没有梅花，商人们觉得景色不好，就捐资植梅一万株，作为点缀。结果，平山堂内外梅花盛开，乾隆皇帝非常满意。大兴土木，营造各种园林风景，也是商人们直接办理接驾事宜之一。为了乾隆皇帝南巡，扬州有18家富商出资建造园林亭台。两淮盐商还在扬州城郊数百亩荒地上，仿照杭州西湖风景，建筑亭台楼阁。为了修建一个湖泊，两淮八大盐商之一的汪氏竟独出数万金，招集工匠，修造"三仙池"。水池修好的第二天，乾隆皇帝就到了，他看后非常满意，对汪氏大加赞扬。商人们还聘请名流演员，为南巡的乾隆皇帝表演各种戏剧。当乾隆皇帝乘船航行时，商人们在御舟前面的两舟之间搭设戏台，演员在戏台上面对御舟演唱。乾隆皇帝对这种别出心裁的戏剧表演非常欣赏。三是供应日常所需。乾隆皇帝南巡队伍庞大，日常开支数目不小。有的商人负责供应薪炭，材料堆积如山，倾刻无余。有的商人负责沿途厕所，遍置盆盂，上加木盖，以备纤夫溺用，每县竟有千、万之多。

由于准备乾隆皇帝南巡，地方官和商人不惜耗费资财，结果，使得乾隆皇帝六次南巡，糜费惊人。前四次都是奉皇太后出游，随行王公大臣和扈驾人员达 2500 名，陆路用马 5000 余匹，四套骡马车 400 余辆，骆驼 800 余只，散调民工近万人。水路大小船只千余艘，拉纤河兵 3600 人。总计，乾隆皇帝六次南巡，国帑开支达 2000 多万两，再加上其他开支，糜费又达几千万两。正因为这些，乾隆皇帝退位后身为太上皇时，对军机章京吴熊光说："将来皇帝如南巡，而汝不阻止，必不以对朕。"看来，乾隆皇帝对自己南巡所造成的消极影响，确实是认识到了。

乾隆皇帝南巡，对大清帝国来说，有积极方面的作用，也有消极方面的影响。从积极方面来说，乾隆皇帝六下江南，对维护清朝社会稳定、促进江南经济文化的发展起到了一定作用。这些我们在前面已经说过了。其负面的作用，就是乾隆皇帝南巡，太讲究排场，太追求舒适，造成了社会财富的极大浪费，滋长了上层社会的奢靡之风，也一定程度上助长了官员的贪污腐败。

乾隆四十一年（1776），乾隆皇帝曾说："康熙年间，江南藩库亏帑二百余万两，部臣议请赔究，皇祖谕云：'此必因朕屡次南巡垫用之故。'朕为太平天子，省方观民，即动帑金以供巡幸，亦无不可。"可见，因为皇帝南巡，在康熙年间就已经出现了藩库亏帑的现象。但是，乾隆皇帝却以为自己是太平天子，动帑金以供巡幸也是很自然的事情。在这样的认识下，劳民伤财是必然的。

乾隆皇帝的南巡队伍非常庞大。除乾隆皇帝外，皇太后、皇后、嫔妃同行，另有众多扈从官兵，上至王公大臣，下至太监侍卫，如前所述，多达几千余人。乾隆四十八年（1783），上船后所需马匹：大江以北派绿营马 4000 匹，大江以南派八旗马 4000 匹，到浙江时添派马 2000 匹。銮驾到德州改由陆路行走，所有经过地方，应行办理尖营、道路、桥梁等项俱交该督抚备办。青州府副都统处备办满营马 800 匹，再交山东巡抚在绿营马匹内派出 1200 匹，共马 2000 匹，在泰安地方为随行官员兵丁所骑。官马内实在疲瘦的，还要预备更换。回銮时，直隶总督派绿营马 2000 匹，在德州地方预备补换。如前所述，乾隆皇帝巡幸中的生活几乎与宫中无异，这方面也是糜费惊人的。

《南巡盛典》

　　乾隆皇帝南巡对社会财富的极大浪费，也波及社会生活的各个方面，导致了许多领域腐败现象加剧。从治灾方面说，作为清代最大的灾害，水灾固然同许多自然因素有关，但更多的还是政治因素。在康熙朝，由于政治较为清明，注重河政，特别注重治理黄、淮和畿辅诸河，较有成效，所以水患减少。乾隆朝以后，朝廷上下许多官员置国计民生于不顾，追逐骄奢淫逸的生活，穷尽贪污之能事，致使河政日趋腐败，河防松弛，水利失修，河道梗阻，诸河频频漫口决口，堵而复决。当时河官河工积弊日深，每年抢修各工，甫经动项兴修，一遇大汛，即有蛰塌淤垫之事，原因就在于承办人员偷工减料，缺少监督或官工相互勾结，沆瀣一气，所谓防弊之法有尽，而舞弊之事无穷。正因为如此，乾、嘉时期水灾骤增，每年平均达 100 余州县，到道光朝一跃而成为 177 州县。由此可见政治腐败、河政松弛、水利失修与水灾消长之间的必然关系。

　　还应当看到，乾隆皇帝南巡对于社会财富的挥霍，严重影响了官员队伍的风气，滋长了他们的奢靡之风，进而导致了官员们愈加贪污腐败。

　　乾隆皇帝南巡时，大臣和官员进献的物品名目繁多，有名帖、名画、珍珠、玉佩、香囊、玉器、书籍、古砚、西洋珐琅刀、西洋自鸣钟表、瓷器、食品等。这里摘取一些档案所记，可以使人们了解更细的情况。

乾隆十六年二月十四日大学士史贻直进单

晋王羲之三月帖一卷，宋范宽江山雪霁图一卷，元钱选观梅图一卷，明沈周碧山吟社图一卷，明孙雪居花鸟一卷，四朝名绘一册，宋赵大年柳村高士图一轴，元王蒙松溪独钓图一轴，元黄公望赠泽民高士图一轴，元管道升兰石图一轴，明文征明松溪诗思图一轴，明仇英竹林禅话图一轴，明董其昌松岚烟霭图一轴，明张舒山水一轴，王时敏山水一轴，汉玉乾青水注一事，汉玉甪端水注一事，汉玉镶嵌镇纸二事，白玉万年松花插一座，白玉四喜鼎一座，白玉蟠龙剑佩一事，汉铜提梁卤一尊，汉铜花觚一座，汉铜万宝瓶一座，官窑笔洗一事，宣窑宝月瓶一座，宣窑蒺藜瓶一事，宣窑水丞一事，宫锭念珠一百串，宫锭手珠一百串，宫锭佩坠二百个，桂花衣佩一百个，玫瑰衣佩一百个，顾绣香囊二百个，顾绣连五香襆十八挂，溧阳歌扇一百柄，溧阳拾锦书裁二盒，香稻米十袋，青精米十袋，芽茶一百瓶。

乾隆十六年二月初十日高斌进单

商金方鼎成座，周太平象鼎成尊，周青绿蕉叶花觚成件，哥窑花囊成件，哥窑二酉尊成件，嘉窑碗成对，宋玛瑙笔洗成件，东坡端砚成方，天然朱端砚成圆。

乾隆四十九年闰三月十四日李质颖进单

洋珐琅嵌自鸣时刻表规矩箱成对，洋镶玛瑙嵌表盒成对，洋自鸣时刻三针表成对，洋珐琅时辰表成对，洋珐琅三针表成对，洋珐琅画挂片四对，洋珐琅小刀成对。

从以上这些进献可以看出，既有中国珍品，又有西洋上乘之作，它们是真正的无价之宝。大臣们的这些国宝，反映了当时大臣们的奢靡之风和贪污腐败。

乾隆皇帝晚年所信任的重臣和珅的抄家清单，也许使我们对这个问题有进一步的认识。下面是档案中和珅的抄家清单。

正房一所十三层共七十八间，东房一所七层共三十八间，西房一所七层共三十三间，东西侧房共五十二间，徽式房一所共六十二间，花园一座楼台四十二所，钦赐花园一座亭台六十四所，四角更楼十二座（更夫一百二十名），堆子房七十二间（档子兵一百八十名），杂房六十余间。

汉铜鼎一座，古铜鼎十三座，玉鼎十三座，宋砚十方，端砚七百十余方，玉磬二十架，古剑二把，大自鸣钟十架，小自鸣钟三百余架，洋表二百八十余个，玉马一匹（高一尺二寸、长四尺），珊瑚树八株（高三尺六寸），大东珠六十余颗（每颗重二两），珍珠手串二百三十六串（每串十八颗），珍珠素珠十一盘，宝石素珠一千一十盘，珊瑚系珠五十六盘，密蜡素珠十三盘，小红宝石三百八十三块，大红宝石二百八十块，蓝宝石大小四十三块，白玉观音一尊（高一尺二寸），汉玉寿星一尊（高一尺三寸），玛瑙罗汉十八尊（高一尺二寸），金罗汉十八尊（高一尺三寸），白玉九如意三百七十八支，宝石珊瑚帽顶一百三十二个，嵌玉九如意一千九百八支，嵌玉如意一千六百十支，整玉如意二百三十支，白玉大冰盘十六个，碧玉茶碗九十九个，玉汤碗一百五十三个，金碗碟三十二桌（共四千二百八十八件），银碗碟三十二桌（共四千二百八十八件），白玉酒杯一百二十个，水晶杯一百二十个，金镶玉箸二百副，金镶象箸二百副，赤金吐盂二百二十个，白银吐盂二百余个，赤金面盆四十三个，白银面盆五十六个，白玉鼻烟壶三百七十四个，汉玉鼻烟壶二百七十六个，镂金八宝大屏十六架，镂金八宝床四架（单夹纱帐俱全），镂金八宝炕屏三十六架，赤金镂丝床二顶，镂金八宝炕床二十四张，嵌玉炕桌二十四张，金玉朱翠首饰大小二万八千余件。

赤金元宝一百个（每个重一千两，估银一百五十万两），白银元宝一百个（每个重一千两），生金沙二万余两（估银十六万两），赤金五百八十万两（估银八千七百万两），元宝银九百四十万两，白银五百八十三万两，苏元银三百十五万四百六千余两，洋钱五万八千元（估银四万六百两），制钱一千五百串（折银一千五百两），人参六百八十余斤（估银二十六万两）。

当铺七十五座（估银三千万两，银号四十二座（估银四十万两），古玩铺十五座（估银三十万两），玉器库两间（估银七千万两），绸缎库四间（估银八十万两），磁器库二间（估银一万两），洋货库二间（五色大呢八百版、鸳鸯呢一百十五版、五色羽毛六百版、五色哗叽二百版），皮张库二间（元狐十二张、色狐一千五百二十张、杂狐三万六千张、貂皮八百余张），铜锡库六间（共二万六千九百三十七件），珍馐库六间，铁梨紫檀库六间，玻璃器库一间（共八百余件）。

貂皮男衣七百十三件，貂皮女衣六百五十余件，杂皮男衣八百六件，杂色女衣四百三十六件，绵夹单纱男衣三千八百八件，绵夹单纱女衣三千一百十八件，貂帽五十四顶、貂蟒（袍）三十七件，貂褂短罩四十八件，貂靴一百二十四双，药材库二间（估银五千两），地亩八千余顷（估银八百万两）。

看完这件清单，人们不禁掩卷沉思：乾隆皇帝庞大的南巡车队，从一个方面来说，碾轧出来的是上层社会的奢靡之风，官场的贪污腐败，以及清朝的日益衰败。

乾隆元年（1736）　正月二十五日，启跸谒陵。二十八日，谒昭西陵、孝陵、孝东陵、景陵。二月初二日，还京师。

二年（1737）　十月初四日，诣东陵。初七日，谒昭西陵、孝陵、孝东陵。十一日，还京师。十一月十八日，诣泰陵。十九日，祭告泰陵。二十二日，还京师。

三年（1738）　二月十六日，诣泰陵。十七日，祭泰陵。十九日，幸南苑行围。二十日，还京师。八月十九日，奉皇太后诣泰陵。二十三日，谒泰陵行三周年祭礼。二十八日，奉皇太后驻跸南苑，行围。九月初一日，还宫。

四年（1739）　九月十三日，奉皇太后诣陵。十六日，谒昭西陵、孝陵、孝东陵、景陵。十九日，还宫。十月三十日，幸南苑行围。

五年（1740）　八月二十四日，奉皇太后驻南苑。十月十一日，谒泰陵。十四日，还京师。

六年（1741） 七月二十六日，初举秋狝，奉皇太后幸避暑山庄。九月初八日，回跸。二十日，还京师。

七年（1742） 二月初一日，诣泰陵。初五日，谒泰陵。是日回跸。初八日，幸南苑行围。八月十六日，奉皇太后幸南苑行围。十九日，幸晾鹰台阅围。九月十一日，诣东陵。十四日，谒昭西陵、孝陵、孝东陵、景陵。十六日，幸盘山。十九日，幸丫髻山。二十二日，回跸。

八年（1743） 七月初八日，奉皇太后由热河诣盛京谒陵。十月二十五日，还京师。

九年（1744） 正月二十五日，奉皇太后诣泰陵。二十八日，谒泰陵。是日回跸。二月，奉皇太后幸南苑。八月二十五日，奉皇太后幸南苑行围。十月十二日，奉皇太后幸汤山。二十日，幸盘山。二十四日，还宫。

十年（1745） 二月十七日，谒昭西陵、孝陵、孝东陵、景陵。二十五日，还京师。七月二十八日，奉皇太后幸避暑山庄。九月二十四日，还京师。

十一年（1746） 二月初七日，幸南苑行围。九月十六日，奉皇太后启跸诣泰陵，并巡幸五台山。二十日，谒泰陵。二十八日，驻跸五台山。十月初三日，回跸。二十一日，还京师。

十二年（1747） 二月十二日，谒昭西陵、孝陵、孝东陵、景陵。十四日，幸盘山。二十三日，还京师。七月二十日，奉皇太后幸避暑山庄。二十七日，驻避暑山庄。八月初三日，奉皇太后幸木兰行围。九月初十日，回跸。十六日，还京师。

十三年（1748） 二月初四日，山巡山东，奉皇太后率皇后启銮。二十四日，驻跸曲阜县。二十五日，释奠礼成，谒孔林。二十八日，驻跸泰安府。二十九日，祭岱岳庙，奉皇太后登岱。三月初四日，至济南府，幸趵突泉。初八日，回跸。十七日，还京师。八月十九日，诣泰陵。

二十三日，谒泰陵。二十七日，还京师。十一月初七日，幸南苑行围。

十四年（1749）　三月十三日，诣东陵。十六日，谒昭西陵、孝陵、孝东陵、景陵。十九日，至南苑行围。二十五日，谒泰陵。七月十四日，奉皇太后驻避暑山庄。二十一日，幸木兰行围。九月初十日，回跸。十六日，还京师。

十五年（1750）　二月初二日，奉皇太后西巡五台山。十三日，驻跸五台山菩萨顶。三月初六日，还京师。八月十七日，奉皇太后率皇后谒陵，并巡幸嵩洛。二十日，谒昭西陵、孝陵、孝东陵、景陵。九月初三日，奉皇太后率皇后谒泰陵。十月初二日，幸嵩山。初七日，驻跸开封府。十一月初二日，还京师。

十六年（1751）　正月十三日，奉皇太后南巡。三月初一日，幸杭州府。五月初四日，还京师。七月初八日，奉皇太后秋狝木兰。十四日，驻跸避暑山庄。十六日，幸木兰行围。八月二十四日，还京师。

十七年（1752）　二月初三日，诣东陵。二十五日，谒昭西陵、孝陵、孝东陵、景陵。二十六日，驻跸盘山。三月初九日，还宫。七月十九日，奉皇太后秋狝木兰。二十五日，驻避暑山庄。八月十六日，幸木兰行围。九月二十二日，还京师。十月二十二日，诣东陵。二十五日，谒昭西陵、孝陵、孝东陵、景陵。十一月初三日，还京师。

十八年（1753）　二月初十日，诣泰陵。二十四日，幸南苑行围。八月二十五日，奉皇太后幸木兰行围。九月二十一日，驻避暑山庄。十月十三日，还京师。

十九年（1754）　五月初六日，奉皇太后巡幸盛京。十二日，驻跸避暑山庄。七月初五日，诣盛京。九月初五日，谒永陵。初十日，谒昭陵、福陵。十一日，驻跸盛京。十八日，自盛京回跸。十月十一日，还宫。十一月初三日，幸南苑。初十日，幸避暑山庄。二十三日，还京师。

二十年（1755）　二月十一日，诣东陵。十四日，谒昭西陵、孝陵、孝东陵、景陵。三月初六日，诣泰陵。初九日，谒泰陵。十七日，还京师。八月初六日，奉皇太后巡幸木兰。十一日，驻跸避暑山庄，十六日，至木兰行围。九月十一日，回驻避暑山庄。十月初八日，自避暑山庄回銮。十四日，还宫。

二十一年（1756）　二月十三日，诣泰陵。十六日，谒泰陵。十七日，幸山东。三月初一日，至曲阜，谒孔庙。初二日，释奠礼成，谒孔林。二十四日，谒昭西陵、孝陵、景陵。二十九日，还京师。八月十七日，奉皇太后秋狝木兰。二十四日，幸木兰行围。九月二十五日，回驻避暑山庄。闰九月十三日，回跸。十九日，还京师。

二十二年（1757）　正月十一日，奉皇太后南巡。二月二十七日，幸杭州府。四月二十六日，还京师。七月十八日，奉皇太后巡幸木兰。八月十六日，在木兰行围。九月十二日，回驻避暑山庄。二十二日，还京师。十月初三日，幸南苑行围。

二十三年（1758）　三月初四日，诣东西陵。初七日，谒昭西陵、孝陵、孝东陵、景陵。十四日，谒泰陵。七月十六日，奉皇太后秋狝木兰。二十二日，驻避暑山庄。八月十六日，奉皇太后幸木兰行围。九月十三日，驻避暑山庄。十一月初二日，回京师。初三日，幸南苑行围。

二十四年（1759）　七月初四日，奉皇太后幸木兰秋狝。十一日，驻跸避暑山庄。八月十六日，到木兰秋狝。九月十九日，还京师。

二十五年（1760）　二月初八日，诣东陵。十一日，谒昭西陵、孝陵、孝东陵、景陵。十八日，还京师。二十一日，诣泰陵。二十四日，谒泰陵。二十八日，还京师。八月十八日，奉皇太后秋狝木兰。二十五日，驻跸避暑山庄。二十七日，幸木兰行围。十月初一日，回驻避暑山庄。二十日，还京师。

二十六年（1761）　二月初十日，奉皇太后西巡五台山。十四日，谒泰陵。二十三日，驻台麓寺。三月十七日，还京师。七月十七日，幸木兰秋狝从京师启跸。二十六日，驻避暑山庄。八月二十五日，幸木兰。十月初六日，还京师。

二十七年（1762）　正月十二日，奉皇太后南巡发京师。三月初一日，临幸杭州府。五月初八日，还京师。七月初八日，奉皇太后巡幸木兰。八月初十日，回驻避暑山庄。九月十一日，回跸。十七日，还京师。

二十八年（1763）　二月二十二日，谒昭西陵、孝陵、孝东陵、景陵。是日回跸。三月初二日，还京师。初十日，谒泰陵。八月十七日，奉皇太后幸木兰行围。九月十一日，回驻避暑山庄。十六日，回跸。二十二日，还京师。

二十九年（1764）　二月十二日，谒泰陵。十七日，返京师。七月十七日，奉皇太后秋狝木兰。二十三日，驻跸避暑山庄。八月十九日，幸木兰行围。九月二十日，回驻避暑山庄。二十四日，回銮。十月初八日，还京师。

三十年（1765）　正月十六日，奉皇太后启跸南巡。闰二月初七日，临幸杭州府。四月二十一日，还京师。七月初八日，奉皇太后秋狝木兰。八月十六日，幸木兰行围。九月十一日，回驻避暑山庄。十六日，回銮。二十二日，还京师。

三十一年（1766）　二月初十日，谒东陵。二十日，还京师。二十二日，谒泰陵。二十八日，还京师。七月初八日，奉皇太后秋狝木兰。十四日，驻避暑山庄。八月十六日，幸木兰行围。十月初三日，还京师。

三十二年（1767）　二月二十五日，巡幸天津。三月十六日，还京师。七月二十日，奉皇太后秋狝木兰。二十六日，驻避暑山庄。八月十六日，幸木兰。九月初十日，驻跸避暑山庄。十六日，回銮。二十二日，还京师。

三十三年（1768） 七月初八日，奉皇太后秋狝木兰。十四日，驻避暑山庄。八月十二日，幸木兰行围。九月初十日，回驻避暑山庄。二十二日，还京师。

三十四年（1769） 八月十六日，幸木兰行围。九月初十日，回驻避暑山庄。十六日，回銮。二十二日，还京师。

三十五年（1770） 二月十八日，奉皇太后谒东陵。二十三日，回銮，驻盘山。三月初二日，还京师。初五日，奉皇太后谒泰陵，巡幸天津。初九日，谒泰陵。十七日，驻跸天津府。二十六日，还京师。八月十六日，奉皇太后幸热河。二十二日，驻跸避暑山庄。二十六日，幸木兰。九月十五日，回驻避暑山庄。十月初一日，回銮。初八日，还京师。

三十六年（1771） 二月初三日，奉皇太后幸山东。二十五日，登泰山。三月初四日，至曲阜谒先师孔子庙。初五日，释奠先师孔子。初六日，谒孔林。十九日，回銮。四月初七日，还京师。七月十九日，奉皇太后秋狝木兰启銮。二十五日，驻避暑山庄。八月二十五日，幸木兰行围。十月初二日，回銮。初八日，还京师。

三十七年（1772） 二月初九日，幸盘山。二十一日，回銮。五月二十五日，奉皇太后幸避暑山庄。六月初一日，驻避暑山庄。九月十六日，回銮。二十二日，还京师。

三十八年（1773） 三月初三日，诣泰陵，奉皇太后巡幸天津。初八日，谒泰陵。十六日，驻跸天津。二十日，回銮。二十七日，还京师。五月初八日，奉皇太后启銮，十四日，驻跸避暑山庄。八月十六日，幸木兰行围。九月初八日，回驻避暑山庄。二十二日，还京师。

三十九年（1774） 二月二十四日，诣东陵，并巡幸盘山。二十七日，谒昭西陵、孝陵、孝东陵、景陵。三月十一日，幸南苑行围。五月十六日，奉皇太后秋狝木兰。二十二日，驻跸避暑山庄。八月十六日，幸木兰行围。九月初八日，回驻避暑山庄。十六日，回銮。二十二日，还京师。

四十年（1775）　三月初四日，幸盘山。初七日，驻跸盘山。五月二十六日，幸木兰秋狝。六月初二日，驻避暑山庄。八月十六日，幸木兰行围。九月初八日，回驻避暑山庄。二十二日，还京师。

四十一年（1776）　二月初九日，谒东陵，并巡幸山东。十二日，谒昭西陵、孝陵、孝东陵、景陵。十五日，还京师。十六日，诣泰陵。二十日，谒泰陵。二十五日，奉皇太后巡幸山东。三月十六日，登泰山。二十四日，至曲阜，谒孔子庙。二十六日，谒孔林。四月二十七日，还京师。五月十三日，奉皇太后秋狝木兰。十九日，驻避暑山庄。八月十六日，幸木兰行围。九月初八日，回驻避暑山庄。二十二日，还京师。

四十二年（1777）　四月十八日，谒泰陵。二十三日，还京师。九月十四日，谒泰陵、泰东陵。二十日，还京师。

四十三年（1778）　正月十八日，诣西陵。二十二日，谒泰陵、泰东陵。三月初四日，诣西陵。初八日，谒泰陵、泰东陵。七月二十日，诣盛京谒陵。八月十七日，谒永陵。二十二日，谒福陵。二十三日，谒昭陵。九月二十六日，还京师。

四十四年（1779）　正月十八日，诣西陵。二十二日，谒泰陵、泰东陵。二十六日，还京师。五月十二日，秋狝木兰，十八日，驻避暑山庄。八月十七日，幸木兰行围。九月十九日，还京师。

四十五年（1780）　正月初二日，巡幸江浙。三月初四日，幸杭州府。五月初九日，还京师。二十一日，启程木兰秋狝。二十七日，驻避暑山庄。八月二十八日，诣东西陵。九月初七日，谒昭西陵、孝陵、孝东陵、景陵。十六日，谒泰陵、泰东陵。二十日，还京师。

四十六年（1781）　二月二十二日，西巡五台山。三月初八日，驻跸五台山。二十七日，还京师。闰五月初八日，秋狝木兰，十四日，驻跸避暑山庄。八月十六日，幸木兰行围。九月初七日，驻跸避暑山庄。十六日，回銮。二十二日，还京师。

四十七年（1782）　三月初三日，幸盘山。初五日，驻跸盘山。十七日，还京师。五月十二日，幸木兰。十八日，驻跸避暑山庄。八月十九日，幸木兰行围。九月初八日，回驻避暑山庄。十六日，回銮。二十二日，还京师。

四十八年（1783）　二月初十日，诣西陵。十四日，谒泰陵、泰东陵。五月二十三日，幸木兰，三十日，驻跸避暑山庄。八月十六日，自避暑山庄诣盛京谒陵。九月初十日，谒永陵。十五日，谒福陵。十六日，谒昭陵。二十二日，回跸。十月十四日，谒昭西陵、孝陵、孝东陵、景陵。十七日，还京师。

四十九年（1784）　正月二十一日，南巡。三月十六日，幸杭州府。四月二十三日，还京师。八月十六日，幸木兰行围。九月初八日，驻跸避暑山庄。二十二日，还京师。

五十年（1785）　三月初三日，幸盘山。初八日，驻跸盘山。十七日，还京师。五月十八日，秋狝木兰，二十四日，驻跸避暑山庄。八月十六日，幸木兰行围。九月初八日，回驻避暑山庄。二十二日，还京师。

五十一年（1786）　二月十一日，幸南苑行围。十八日，诣西陵，巡幸五台山。二十二日，谒泰陵、泰东陵。三月初二日，驻跸五台山。二十六日，还京师。五月二十九日，秋狝木兰。六月初五日，驻跸避暑山庄。八月十六日，幸木兰行围。九月二十二日，还京师。

五十二年（1787）　二月二十六日，诣东陵。二十九日，谒昭西陵、孝陵、孝东陵、景陵。三月初五日，回跸。五月初八日，秋狝木兰。十四日，驻跸避暑山庄。八月十六日，幸木兰行围。九月初八日，回驻避暑山庄。十六日，回跸。二十二日，还京师。

五十三年（1788）　二月十八日，巡幸天津。五月十九日，秋狝木兰。八月十七日，幸木兰。二十九日，回驻避暑山庄。九月十三日，回銮。十九日，还京师。

五十四年（1789）　三月初十日，幸盘山。闰五月初五日，秋狝木兰。八月十六日，幸木兰行围。九月初六日，回驻避暑山庄。十四日，回跸。二十日，还京师。

五十五年（1790）　二月初八日，诣东陵、西陵，巡幸山东。十一日，谒昭西陵、孝陵、孝东陵、景陵。十九日，谒泰陵、泰东陵。三月初五日，登岱。十四日，至曲阜谒先师庙。十六日，谒孔林。四月初七日，幸天津府。十五日，还京师。五月初十日，幸避暑山庄。七月三十日，还京师。

五十六年（1791）　三月初四日，幸盘山。五月二十一日，秋狝木兰。二十七日，驻跸避暑山庄。八月十六日，幸木兰行围。九月初四日，回驻避暑山庄。十四日，回跸。二十日，还京师。

五十七年（1792）　三月初八日，诣西陵，巡幸五台山。十二日，谒泰陵、泰东陵。二十二日，驻跸五台山。四月十六日，还京师。五月初十日，幸避暑山庄。十六日，驻跸避暑山庄。九月初一日，还京师。

五十八年（1793）　三月初四日，幸盘山。初七日，驻跸盘山。十四日，回跸。五月十六日，幸避暑山庄。二十二日，驻跸避暑山庄。八月二十六日，还京师。

五十九年（1794）　三月十三日，巡幸天津。二十五日，驻跸天津府。四月初七日，还京师。五月二十五日，幸避暑山庄。六月初二日，驻跸避暑山庄。八月二十日，回跸。二十六日，还京师。

六十年（1795）　闰二月十三日，诣东陵。十六日，谒昭西陵、孝陵、孝东陵、景陵。二十五日，谒泰陵、泰东陵。五月初六日，幸避暑山庄。十二日，驻跸避暑山庄。八月二十日，回銮。二十七日，还京师。

　　嘉庆元年（1796）　五月十八日，避暑木兰。九月初三日，还京。

　　二年（1797）　五月二十九日，避暑木兰。八月三十日，还京。

　　三年（1798）　五月十一日，避暑木兰。九月初三日，还京。

主要参考资料

《乾隆朝上谕档》，中国第一历史档案馆编，档案出版社 1991 年版。

《宫中档乾隆朝奏折》，台北故宫博物院 1982 年编辑出版。

《清高宗实录》，中华书局 1986 年影印本。

《钦定大清会典》，《钦定大清会典事例》，光绪二十五年刊本。

吴晗辑：《朝鲜李朝实录中的中国史料》，中华书局 1980 年版。

高晋辑：《南巡盛典》，光绪壬午年上海点石斋印本。

《清史稿》，中华书局 1977 年版。

《清高宗（乾隆）御制诗文全集》，中国人民大学出版社 1993 年版。

和珅：《钦定热河志》，乾隆四十六年刊本。

曾国荃等修：《山西通志》，光绪十八年刻本。

《（嘉庆）大清一统志》，上海书店一九八四年影印本。

于敏中等编纂：《日下旧闻考》，北京古籍出版社 1981 年版。

故宫博物院编：《清高宗御制诗》，海南出版社 2000 年 6 月版。

中国第一历史档案馆编:《乾隆帝起居注》，广西师范大学出版社 2002 年 12 月版。

中国第一历史档案馆编:《乾隆南巡御档》，华宝斋书社 2001 年 5 月版。

董浩:《西巡盛典》，北京古籍出版社 1996 年 11 月版。

中国第一历史档案馆藏:《扬州行宫名胜全图》。

天津图书馆藏:《治河全书》。

高士奇:《扈从东巡日录》，吉林文史出版社 1986 年版。

《畿辅通志》，河北人民出版社 1985 年版。

萧奭:《永宪录》，中华书局 1959 年版。

昭梿:《啸亭杂录》，中华书局 1982 年版。

赵翼:《檐曝杂记》，中华书局 1982 年版。

福格:《听雨丛谈》，中华书局 1984 年版。

祁韵士:《皇朝藩部要略》，道光二十八年刻本。

张穆:《蒙古游牧记》，咸丰九年刻本。

戴逸:《乾隆帝及其时代》，中国人民大学出版社 1992 年版。

杨鸿勋、王贵祥:《中国江南园林访古》，中国展望出版社 1984 年版。

铁玉钦、王佩环:《清帝东巡》，辽宁大学出版社 1990 年版。

王淑云:《清代北巡御道和塞外行宫》，中国环境科学出版社 1989 年版。

高翔:《乾隆下江南》，中国人民大学出版社 1989 年版。

马汝珩、马大正:《漂落异域的民族》，中国社会科学出版社 1991 年版。

《承德避暑山庄》，文物出版社 1980 年版。

姜相顺、佟悦:《盛京皇宫》，紫禁城出版社 1990 年版。

徐凯等：《乾隆南巡与治河》，北京大学学报 1990 年第 6 期。

张华：《乾隆南巡与浙西海塘》，南京大学学报 1989 年第 4 期。

朱宗宙：《乾隆南巡与扬州》，扬州师院学报 1989 年第 4 期。

朱诚如主编：《清史图典》第一至第八册，紫禁城出版社 2002 年 1 月版。

吴景仁辑注:《乾隆蓟州诗集》,天津社会科学出版社 2004 年 11 月版。

白新良：《乾隆帝巡幸盘山御制诗》，天津古籍出版社 2011 年版。

袁森坡：《清代口外行宫的由来与承德避暑山庄的发展过程》，《清史论丛》第二辑，中华书局 1980 年 8 月版。

左步青：《乾隆南巡》，《故宫博物院院刊》1981 年 2 期。

刘潞：《康熙南巡浅论》，《故宫博物院院刊》1983 年 2 期。

张英杰：《北京清代南苑研究》，北京林业大学 2011 年博士论文。

岑大利：《乾隆南巡与扬州繁荣》,《中国文化报》2014 年 3 月 19 日。